中国文库
综合·普及类

编辑忆旧

赵家璧 著

中国出版集团
生活·讀書·新知 三联书店

图书在版编目(CIP)数据

编辑忆旧/赵家璧著. —北京：生活·读书·新知三联书店，2007.9
(中国文库)
ISBN 978-7-108-02795-5

Ⅰ.编… Ⅱ.赵… Ⅲ.编辑工作—文化史—中国 Ⅳ.G239.29

中国版本图书馆CIP数据核字(2007)第125402号

责任编辑：叶　榕
整体设计：翁　涌　李　梅
责任印制：董文权

编　辑　忆　旧
Bianji Yijiu

赵家璧　著

生活·讀書·新知 三联书店 出版
北京市东城区美术馆东街22号　邮编：100010
北京瑞古冠中印刷厂印刷　　新华书店总店北京发行所经销
2007年9月第1版　2007年9月第1次印刷
开本：880毫米×1230毫米　1/32　印张：10.125
字数：270千字　印数：1—4500
ISBN 978-7-108-02795-5
定价：30.00元

"中国文库"出版前言

"中国文库"主要收选20世纪以来我国出版的哲学社会科学研究、文学艺术创作、科学文化普及等方面的优秀著作和译著。这些著作和译著,对我国百余年来的政治、经济、文化和社会的发展产生过重大积极的影响,至今仍具有重要价值,是中国读者必读、必备的经典性、工具性名著。

大凡名著,均是每一时代震撼智慧的学论、启迪民智的典籍、打动心灵的作品,是时代和民族文化的瑰宝,均应功在当时、利在千秋、传之久远。"中国文库"收集百余年来的名著分类出版,便是以新世纪的历史视野和现实视角,对20世纪出版业绩的宏观回顾,对未来出版事业的积极开拓,为中国先进文化的建设,为实现中华民族的伟大复兴做出贡献。

大凡名著,总是生命不老,且历久弥新、常温常新的好书。中国人有"万卷藏书宜子弟"的优良传统,更有当前建设学习型社会的时代要求,中华大地读书热潮空前高涨。"中国文库"选辑名著奉献广大读者,便是以新世纪出版人的社会责任心和历史使命感,帮助更多读者坐拥百城,与睿智的专家学者对话,以此获得丰富学养,实现人的全面发展。

为此,我们坚持以"三个代表"重要思想为统领,坚持贯彻"百花齐放、百家争鸣"的方针,坚持按照"贴近实际、贴近生活、贴近群众"的要求,以登高望远、海纳百川的广阔视野,披沙拣金、露抄雪纂的刻苦精神,精益求精、探赜索隐的严谨态度,投入到这项规模宏大的出版工程中来。

"中国文库"所收书籍分列于8个类别,即:(1)哲学社会科学类(哲学社会科学各门类学术著作);(2)史学类(通史及专史);(3)文学类(文学作品及文学理论著作);(4)艺术类(艺术作品及艺术理论著作);(5)科学技术类(科技史、科技人物传记、科普读物等);(6)综合·普及类(教育、大众文化、少儿读物和工具书等);(7)汉译学术名著类(著名的外国学术著作汉译本);(8)汉译文学名著类(著名的外国文学作品汉译本)。计划出版1000种,自2004年起出版,每年出版1至2辑,每辑约100种。

"中国文库"所收书籍,有少量品种因技术原因需要重新排版,版式有所调整,大多数品种则保留了原有版式。一套文库,千种书籍,庄谐雅俗有异,版式整齐划一未必合适。况且,版式设计也是书籍形态的审美对象之一,读者在摄取知识、欣赏作品的同时,还能看到各个出版机构不同时期版式设计的风格特色,也是留给读者们的一点乐趣。

"中国文库"由中国出版集团发起并组织实施。收选书目以中国出版集团所属出版机构出版的书籍为主要基础,逐步邀约其他出版机构参与,共襄盛举。书目由"中国文库"编辑委员会审定,中国出版集团与各有关出版机构按照集约化的原则集中出版经营。编辑委员会特别邀请了我国出版界德高望重的老专家、领导同志担任顾问,以确保我们的事业继往开来,高质量地进行下去。

"中国文库",顾名思义,所收书籍应当是能够代表中国出版业水平的精品。我们希望将所有可以代表中国出版业水平的精品尽收其中,但这需要全国出版业同行们的鼎力支持和编辑委员会自身的努力。这是中国出版人的一项共同事业。我们相信,只要我们志存高远且持之以恒,这项事业就一定能持续地进行下去,并将不断地发展壮大。

"中国文库"编辑委员会

"中国文库"第三辑
编辑委员会

顾 问
（按姓名笔画为序）

于友先　邬书林　刘　杲　许力以　杜导正　李从军　李东生
杨牧之　宋木文　张小影　柳斌杰　徐惟诚　龚心瀚

主　任：聂震宁

副主任：刘伯根

委 员
（按姓名笔画为序）

王之江　王　琦　王瑞书　边彦军　吕建华　刘玉山　刘国辉
刘健屏　李　岩　李保平　李　峰　杨　才　杨　耕　杨德炎
吴江江　吴希曾　吴尚之　吴　斌　何林夏　汪继祥　宋一夫
宋焕起　张伟民　张　琦　陈　鹏　胡守文　俞晓群　祝君波
贺圣遂　贺耀敏　栾世禄　黄书元　曹　铁　龚　莉　惠西平
程大利　焦国瑛　解　伟　薛炎文

"中国文库"第三辑编辑委员会办公室

主　任：刘伯根
副主任：刘国辉　宋焕起

成　员：（按姓名笔画为序）
于殿利　刘晓东　李红强　汪家明　林　阳
徐　俊　潘凯雄

出版编务组：
李红强　仵永成　蔡增裕　谢仲礼　乔先彪
仝冠军

目 录

我是怎样爱上文艺编辑工作的 1
使我对文学发生兴趣的第一部书 8
从爱读书到爱编书 10
我编的第一部成套书
　　——《一角丛书》 12
鲁迅为《良友文学丛书》开了路 29
为了出好书
　　——《鲁迅与书》序 43
重见丁玲话当年
　　——《母亲》出版的前前后后 46
丁玲赠我以《母亲》 59
鲁迅与《木刻连环图画故事》 61
鲁迅·麦绥莱勒·连环画编文
　　——参加连环画研究会有感 77
关于周扬编《高尔基纪念论文集》 88
话说《中国新文学大系》 92
鲁迅怎样编选《小说二集》 137
三十年代的革命新苗
　　——专为"左联"青年作家编印的《中篇创作新集》 150
记四十五年前的一部小说年选 158
鲁迅编选《苏联版画集》 165

关于曹靖华编译的《苏联作家七人集》...... 184
徐志摩和《志摩全集》
　　——纪念诗人逝世五十周年 194
商务版《徐志摩全集》序 222
徐志摩和泰戈尔 234
记郑伯奇在良友图书公司 239
追叙未完成的《世界短篇小说大系》 252
郑振铎和他的《中国版画史》 265
耿济之在"孤岛"的上海 285
悼念蔡元培先生 296
关于钱锺书的《围城》和师陀的《结婚》
　　——《晨光文学丛书》中的两本长篇小说 299
出版《美国文学丛书》的前前后后
　　——一套标志中美文化交流的丛书 302
一面战斗、团结的旗帜
　　——纪念生活·读书·新知书店成立五十年 311

后　记 315

我是怎样爱上文艺编辑工作的

1922年我进松江县立第一高小，国文老师王者五见我喜爱看书，就把教员办公室书橱里几包多年来尘封未动的《新青年》、《新潮》，一本一本地借给我带回家去。这使我第一次接触到定期刊物这一出版形式，并从中吸取了许多新思想；更为我打开了知识宝库的大门，发现课本之外还有一个极大天地。接着我便常去离家不远的松江县立图书馆，借阅新文艺小说和《小说月报》、《学生杂志》等。正巧这两年暑假，由共产党员侯绍裘担任校长的景贤女中，假图书馆大礼堂办了两期暑期学术演讲会[1]，应邀来松演讲者有恽代英、陈望道、邵力子、杨贤江、沈雁冰等，我和几位小朋友都去听了。当时说不上听懂多少，至多只能说是一知半解，但对最后两位演讲者印象甚深，因为我已从《学生杂志》和《小说月报》的版权页上，知道他们分别是两种杂志的编辑。1923年，上海创办了《弥洒》，这本曾被鲁迅认为五四时期具有一定代表性的文艺月刊，三位创办人中，赵祖康、钱江春都是松江人，胡山源正在景贤女中教书。这一刊物在小同学中广泛传阅，掀起了一阵热烈讨论的浪潮，这一则因为它是我们松江人编的，二则赵祖康的堂弟就在我们班里。事过后，我就和同级好友夏侠（松江叶榭人，天资聪慧，可惜升入交大附中后因厌世自杀）商议，我们自己不也可以编个刊物吗？这种天真幼稚的想法，在王老师的同意下，在毕业前几月，居然用油印机编印了几十本分送级友。至于刊名叫什么，内容如何，完全记不起来了；但《弥洒》的出版，确实给了我想长大了当个文艺编辑的第一个启示。

---

[1] 见茅盾：《我走过的道路》，第232页，人文版，1981年。1922年1月，曾出版《松江第一次暑期学术演讲会演讲录》，见翟同泰：《茅盾答客问》，《文教资料》，1981年6月，第13页。

1925年"五卅惨案"在上海发生时,我已考入上海圣约翰大学附中读一年级。6月3日,美国校长卜芳济在全体爱国学生面前,竟不让升半旗为死难烈士致哀,强把国旗夺下,踩在脚底,一场反帝爱国的学潮爆发了。暑假后,离校师生五百余人在学生家长张寿镛、王省三的支援下,独立自主地建立起由我们中国人自办的光华大学暨附中,我就转入附属中学读高中一年级。全校师生弥漫着一股奋发图强救中华的爱国反帝热情。附中有学生自治会的组织,下设编辑部,出版附中校刊《晨曦》,我被推为四个编辑之一。1927年我升入高中三,第二卷起由我主编。我便大刀阔斧地把从教会学校带来的校刊中中西合璧的英文部分砍掉了。编排方法、封面设计和用纸都来了个大革新。虽是综合性刊物,重点放在文艺上。每期十二万字,由校内师生执笔,用白道林纸印一百八十页,加套色封面。每期印一千册,向校外公开发行。印刷成本除自治会经费外,不足之数,分别向同学家长所办工商企业兜揽广告,以资弥补。这三年,我利用课余时间写了一些文章,除发表于校刊者外,也投向《小说月报》、《学生杂志》和《申报·艺术界》等。校刊的清样,我自己上浙江路华丰印刷所校读;书出版后,我们几个同学一起踏车去本市分销处送货。眼看手写的文稿,一旦排成铅字,顿时变了样;再印在白纸上,加上一个漂亮的封面,钉成本本,送到众人手中,就被赋予了一种独立的生命,在社会上起着它自己的作用。这个奇妙的过程,大大地吸引了我这个中学生,感到我的一股劲,从此有了使处了。直到今天,我的书柜里还保藏着两卷合订本《晨曦》,想不到它已成为我漫长的编辑生涯的起脚点,更增加我对这一纪念物的爱抚和珍惜。解放后,上海文艺出版社把它编入《中国现代文学期刊目录》[1],这是我所没有想到的。

我从附中毕业是1928年夏。这年春,我代表附中毕业生参加大学毕业生组成的《光华年刊》编委会,让我当印刷主任。通过一位广东籍同学的介绍,第一次去北四川路良友图书印刷公司委托代印,一谈就谈拢了。这家专营画报、画册和电影歌曲的别具一格的新型出版机构,华侨

---

[1] 此书列入《中国现代文学史资料丛书甲种》,第8页。

投资,实力雄厚,备有新式印刷机,颇具规模,经营作风也正派。中国出版史上被称为第一本大型画报——《良友画报》,远销全球华侨社会,是他们的一面旗帜。创办人兼总经理伍联德,广东台山人,在岭南大学读过书,曾在商务印书馆编辑儿童读物,为人热情豪爽,胸襟开阔,是一位具有爱国心、正义感的新型企业家。年刊印刷任务被接受后,我经常往"良友"跑,和伍联德一见如故,有很多共同的语言。年刊印成前夕,我向他告别,大家都有不胜依依之感。言谈间,我随便问他:"你们出了各种画报,如体育的、妇女的、电影的等等,为什么不出一种专给大学生看的呢?"他想了一下,就说:"你写个书面计划来吧!"9月中大学开学。有一天,他忽然驾车来校找我,说计划很好,邀我半工半读,立刻去担任编辑。这样的好运气,我连做梦也没有想到;但自问究竟不过是个大学一年生,决不敢独自去冒这个险。随后由伍另聘明耀五任主编,我任助编,1929年1月,《中国学生》月刊创刊了。可惜内容与我原计划的不同,销路呆滞。第二期起,明耀五辞职,去汉口教书,伍联德推我上台,就这样一直编到大学毕业前一年——1931年。

1927年最早参加编辑的《晨曦》书影

张天翼作《畸人集》精装本书影

我是沿着"良友"所出画报的传统方法编这个刊物,有一定的知识性,偏重于趣味,思想性很薄弱。那时,日帝魔掌已深入东北宝地,蒋介石提倡不抵抗主义,高喊"先安内后攘外",中华民族处于内忧外患交相煎逼的苦难深渊。1930年秋,学校里国民党特务学生挑起的一场学潮,我亲身挨到的拳打脚踢,大大地冲击了我那种不问政治的"清高"思想。1931年初,"左联"五烈士在龙华英勇牺牲;秋天,国民党反动政府颁布了《出版法施行细则二十五条》;反革命文化"围剿"随着在上海开始。四马路上的进步书店,正如鲁迅所说:"封闭的封闭,关门的关门,暗暗改换店主'重复旧业'的也有。"而"良友"独处北四川路,却像世外桃源,什么风浪也刮不到它。我虽在大学里读英国文学系,自己喜欢研究美国现代文学,搞些翻译,写些研究文章,但平日接触到的国内外形势和阅读到的革命书刊,给了我更深刻的教育。例假日去四马路看看开明、北新和其他进步新书业的文艺出版物,开始感到当编辑就得当个有理想的编辑,出书就得出推动时代前进而有益于人民的书;回头看我过去三年走过的道路,不免自惭形秽。再环顾新书业所遭受的迫害,使我对自己的前途提出了严肃的要求。再隔一年就要毕业,作为一个青年编辑,在这样一个大动乱的时代里,难道不能有所作为吗?"良友"过去也出版过三十多种文艺书,未受读书界的重视。我就暗自盘算:能否在这里另辟一条出文艺书的路子呢?如果得到伍联德的同意,就把《中国学生》停办,专编文艺书。伍支持我开始稳扎稳打,从小做起。于是售价一角的《一角丛书》从1931年9月初开始出版。

这套综合性的小丛书,主观上争取多出文艺方面的。当时我认识的成名作家仅有同乡施蛰存,他第一个出来支持我。徐志摩正在教我英国诗和小说;陈梦家、何家槐等青年作家就是在徐志摩家认识的。小丛书出了几种,反应平平。不到一个月,"九·一八"事变突然爆发,接着1932年1月28日,日本帝国主义进攻上海,国内风云,瞬息万变。我意识到组稿工作再打不开,便无法满足大时代激荡下万千读者的迫切要求。正在我彷徨苦闷的时刻,创造社老将、"左联"重要成员郑伯奇来到"良友"编辑部,他开始为《良友画报》写国际述评,随后主编《电影画报》和《新小说》。他的到来,真似天上降下了一颗大星星,照亮了我前进的道路，也使我懂得了革命的道理。暑假毕业后，伍联德把我留下，接受了我的要求，《中国学生》停刊，给我一个出版部主任的名义，专管画报以外的编辑工作。当时《良友画报》销四万份，是全国销路较大的刊物之一，总编辑先是梁得所，后由马国亮继任，另有助编三四人。其他画报和刊物都由一人负责。我从此时起，在伍联德的放手信任下，也单枪匹马地去闯个新天地了。

巴金同志《为上海文艺出版社成立三十年而作》的文章中说得完全对："我过去搞出版工作，编丛书，就依靠两种人：作者和读者。"[1]但对那时的我而言，前者比后者更重要，因为我是否能在这个公司里留得下去，实现我的理想，就靠我能否找到受读者欢迎的作者，所以"作者是我的衣食父母"这句话，对我来说，是千真万确的。那时，来了郑伯奇，我的胆子更大，我的编辑思路更活跃了。组稿局面既已打开，作者队伍迅速扩大。这五年多时间里，我能够编辑出版不少好书，第一要感谢支持过"良友"事业的许许多多作家同志们。

最早为《一角丛书》写稿的"左联"作家，有丁玲、阿英、周起应（周扬）、沈端先（夏衍）等，这套丛书共出八十种。1933年初，新创《良友文学丛书》，事前，由郑伯奇陪我去谒见鲁迅。鲁迅听我说愿意把文艺编辑作为自己终生事业时，他老人家亲切地鼓励我："这是一种非常需要而且很有意义的工作，我自己也是搞这一行的，其中也大有学问啊！"过了不久，《良友文学丛书》就以鲁迅的两本译作开了头，接着茅盾、巴金、老舍、郑振铎、叶圣陶、沈从文、张天翼等著名作家的手稿源源不断地到了我的手中。1934年《中国新文学大系》编辑过程中，由于鲁迅接纳了我的请求，收回成命，继续编选，才不致功亏一篑。这些往事，我都已写入《编辑生涯忆鲁迅》中。最近我把此书赠送给叶圣陶老先生，他给我复信中说的几句话，作了实事求是的评语。叶圣老说："鲁翁毕生致力于编辑极勤，主旨唯在益人，其于'良友'，即已尽力不少，信可感念。"

就在这一段时期里，我又编辑了《良友文库》、《中篇创作新集》、《苏联童话丛书》、《万有画库》、《世界短篇小说大系》和《徐志摩全集》等成

---

[1]《解放日报》，1982年7月1日。

套书；最后两套，因故未能与读者见面。此外单行本也出了不少。我从实践中逐渐认识到，编辑工作不仅是"为他人作嫁衣裳"而已，有些书也可以说是一种从无到有的创造性劳动。如果出了好成果，不但能推动革命，传布文化，保存下去，世代相传，也能为国家民族的文化事业做些积累的工作。

30年代因组稿关系认识的作家，在以后的岁月中，不少人与我建立了友谊。特别有几位著名作家如郑振铎、老舍、巴金等，在我此后数十年历经磨难的编辑出版生涯中，分别给予我终身难忘的鼓励和种种帮助。就靠这种雪中送炭的温暖的友情，才使我一直站在文艺编辑这个光荣的岗位上，没有退却，没有掉队。编辑和作者，为了一个共同的理想，结成了志同道合的朋友。

最近，《新文学史料》总第14期刊出郑伯奇遗作《左联回忆散记》，有一段话提到我。他说：

> "一·二八"事变以后，我应聘去作良友图书公司的编辑，我化名郑君平，不久身份就暴露了。好在这家书店以前是不问政治的，特务虽然来侦询过几次，我都躲避开了，店方也还应付过去。那时候，赵家璧同志刚从大学毕业，富于事业心，对新事物很敏感，对人也很热情。我们彼此有了相互了解，便着手商订《良友文学丛书》和《中国新文学大系》的编辑计划。在组织稿件方面，他奔走出力最多，因为有些作家，我是不便出面，也不愿意去见的。不可否认，这些丛书的内容并不令人十分满意，作者的名单也比较复杂，但在当时的情况下，这样的计划颇受读者欢迎，书店由此得到鼓励。

遗文末段所提的批评，完全符合当年的史实。因为如果不那样做，"良友"作为一个主要出版进步文艺书籍的据点，在白色恐怖的恶劣环境中，是不可能存在下去而不遭破坏的。今天回顾，从另一角度来看，组织不同流派作家的作品出版，对今天研究现代文学史的工作者，倒也有一定的好处，至少可以了解当年文艺界的全貌，也保存了一些有用的甚至是有益的资料。当时"良友"组稿的面是广的，但也并非广大无边。

回想30年代许多著名作家乐意把自己的心血之作交"良友"出版，还有一条至今为作家朋友们所津津乐道的，那就是"良友"书籍装帧好。我们的文艺书极大部分是布面或纸面精装，有的外加封套封腰，许多书用米色道林纸印，这就深得作者的欢心。张天翼的《畸人集》，共有八百页，布面精装一厚册，包封正面印上作者近影，底面介绍作者另外两部新作。当年天翼拿到样书时，逢人便夸说这部书："我的书第一次穿上西装，看多美啊！"可惜他所藏样书，十年浩劫中丢了。去年我去青岛开会遇见沈承宽同志，她说，天翼非常想念这个本子。她知道我手头还有，便托我照个书影给她。据说，病中的天翼见到这幅照片，还是高兴得合不拢嘴。这类装帧，鲁迅生前曾戏称它"良友式"；主其事者是"左联"成员汪汉雯，他经张天翼介绍，来"良友"负责文艺书的美术装帧设计，他是我唯一的助手。

1937年"八·一三"抗战爆发，"良友"所在北四川路陷入战区，公司经理（伍联德早已辞职）把能赚大钱的《良友画报》迁往香港，向香港政府登记出版。留在上海的职工全部被解雇，我也失业了。从童年时代就作为自己追求的理想——当一个文艺编辑，经过约十五年的个人奋斗，终于得到了实现，这时又告中断了。但我并没有灰心丧气，我要把这个辛苦经营、略有建树的据点重新建立起来，那就是在1939年在上海成立的良友复兴图书公司，我仍然负责文艺编辑。因篇幅关系，不属于本文范围之内了。

编辑是一门学问。解放后不久，罗竹风就提出：编辑是杂家，在我国古已有之。最近郭绍虞说："学有二，有个人专攻之学，有社会通力之学。"[1]后者就指编辑学吧。《书林》编辑部约我为"治学篇"栏写稿，此文怕不合规格，因为我仅把它写成又一节《编辑忆旧》而已。

1982.7

原刊于《书林》，1983年第1期，上海人民出版社。

---

[1] 郭绍虞为《萝轩变古笺谱》所作序，《上海文学》1981年9月号。

使我对文学发生兴趣的第一部书

使我对于文学逐渐发生兴趣的第一部书,是刘韦士·卡洛尔(Lewis Carrol)的《阿丽思漫游奇境记》(Alice in Wonderland)。

大约是十三岁那年,正在乡间的高等小学里念书。偶然地在学校图书室里《少年杂志》的广告上,看到一部叫做《阿丽思漫游奇境记》童话的出版,说是欧美的小孩子没有一个不读过,更没有一个不喜欢它。于是写了一张邮政片给正在上海学医的六叔,要他到商务去买一本回来。在我的童年时代,六叔是最爱我的一个。星期六的晚上,一本黄书面黑框子的童话,便如我所愿般的从上海带回来了。

第二天,我便依次读下去。第一篇当然看赵元任先生的"译者序"。接连念了两遍,却不知道译者说了些什么。既知人家不要看序,序却依然写下去;既说排版的人不必把这篇序文列入,事实上序文却依然印在那里。简单的头脑,像给他绕了几个圆圈一样,有些不知所从的感觉。于是我对于这部书先前所抱的奢望,顷刻间被这一篇文章打得粉碎了(这一篇译者序,在译者是有意模仿刘韦士·卡洛尔那种"滑稽"而"不通"的笔法,可是我至今觉得译者是有些东施效颦的)。

译者序虽然使我失望,但是他所说"说来说去还是原书最好"那句话,我是懂得的。书末所说:"我已经说最好是丢开了附属品来看原书,翻译的书也不过是原书附属品之一,所以也不必看",更使我想到译者既说译书不必看,而他又说过欧美的小孩子都看过,我已是十三岁的大孩子,为什么不去买一本原书来翻着字典念呢?于是从序文里把英文书名抄下了,等又一个星期六叔从上海回来,我就要他买一本原版书。当时他虽然表示过我不应当如此不自量力,但是四天以后,一本麦美伦袖珍本的 Alice in Wonderland 从邮局里寄来了。我在书内第一页上用钢笔谨慎地写上自己名字时那种不可名状的高兴,至今还能够体味到。这一部书，便在《英语模范读本》以外，成为我自己所有唯一的英文书。也从这一部书里，引起了我对西洋文学的趣味。

我童年生活的苦闷，比阿丽思所遭受的更厉害。既没有兄弟姊妹，母亲又把我管束得不许出家门一步。但是在辛苦地读着《阿丽思漫游奇境记》的时光，训练成了一种超脱实际生活的想象力。像跟了红眼睛的白兔子，钻入了另一个世界一样，游过了眼泪池，参加了疯茶会，倾听着素甲鱼的诉苦，而自己也逐渐地做起白日梦来。虽然像阿丽思的姊姊般同样明白只要把眼睛一张，就样样会变成平凡的世界，那些茶碗的声响，会变成羊铃的声音，那皇后的尖喉咙，更会变做牧童的叫子。可是我就从这部书里，发见了另外一座天地；也从这一部书里，使我知道除了教科书以外，有许多书是能引起我更大的趣味的。

就是这本麦美伦袖珍版的《阿丽思漫游奇境记》，成为我今日自己有限的藏书室里最先的一部。

1934 年

原刊于郑振铎、傅东华编《我与文学》

生活书店，1934 年，上海。

从爱读书到爱编书

当《书讯》最初约我为《我和图书》栏写稿时,我立刻想起30年代生活书店出版的《文学》创刊一周年时,该刊编辑郑振铎和傅东华合编了一部征文纪念特辑《我与文学》,我当时曾投寄了一篇,题名《使我对文学发生兴趣的第一部书》。文中叙述了当我在松江县立第一高小念书时,赵元任译的世界著名童话《阿丽思漫游奇境记》,怎样第一次打动了我的童心。去年春,报载这位八十余高龄的赵元任先生,思乡心切,自海外回国探亲,受到党中央和学术界的热烈欢迎。我又一次记起,就是这位语言学家,第一个启发我去试探世界文学的宝藏。

1925年进入光华附中时,又一本西洋文学名著原本吸引了我,那是王尔德的《陶林格莱肖像画》。我在课余写了一篇万余字的读书札记,潘序祖老师帮我修改润饰,还写了短序,慰勉有加,先发表在校刊《晨曦》上。1927年重加整理,投寄给郑振铎主编的《小说月报》,出乎我意外地被录用发表了,成为我在社会刊物上发表的第一篇文章。这件事,大大地增加了我对读书的兴趣,有时也梦想,将来自己能否也成为一个作家呢?1928年升入大学,在徐志摩先生的指导和影响下,闯入了西洋文学宝库的大门,而引导我对欧美文学作广泛涉猎,靠的是几套有名的国外出版的文学丛书。当时我已在良友图书公司当编辑,半工半读,写些文章还有稿费可拿。手头一有余钱,就往南京路外滩几家西书铺跑,那里开架陈列着各种不同名目的成套文学丛书,开本装帧统一美观,售价也较原版本低廉。其中最逗我喜爱的是一套软皮面精装袖珍本的《近代丛书》(Modern Library),收有近百种古今文学名著,选目精练。售价一律美金九角五分,方便读者。各书均按出版先后循序编号,《陶林格莱肖像画》就是第一种。我当时决心配购全套,新书买不到,就向各家旧书店找。当我阅读之余,抚摸着这一套整齐美观的丛书时,真有爱不释手之感。当时我们自己出的文艺书都是白报纸印纸面平装本；我在想，出版文艺读物，除了要求内容美以外，在出版形式上，是否也应当给读者以一种美的享受呢？

1932年大学毕业，良友公司总经理要我专管文艺书的编辑工作，我就有机会实现我的理想了。我就在出版形式上仿照《近代丛书》，从1933年起创刊了《良友文学丛书》，用软布面精装，外加彩印封套，书页选用米色道林，各书篇幅自二百页至四百页，售价一律九角，各书也循序编号。此外，还提前发行编号作者签名本一百册。这套丛书，在鲁迅、茅盾、老舍、巴金、沈从文、张天翼、施蛰存等著名作家的大力支持下，到1937年抗战爆发，共出了约四十种，另加特大本四种。现在已被文艺书爱好者或收藏者视作难以觅购全套的珍本了。

从这套丛书起，我从爱读书成为爱编书。随后又进一步认识到编辑成套丛书，不能仅仅满足于用统一的形式，把作家已写成的作品，汇集编合在一个丛书的名目之下，更有意义的工作，还在于要把编书当做一种具有创造性的劳动来干。如果先在编辑头脑里酝酿形成一个出版理想，然后各方请教，奔走联系，发动和组织作家们拿起笔来，为实现这个出版计划而共同努力，从无到有，创造出一套具有特色的丛书来，那么，一旦完成，此中乐处，就别有滋味在心头了。去年由上海文艺出版社影印重版的十卷本《中国新文学大系》，就是我当年在这方面的第一次尝试。

1982年元旦已经来临，我已活到了一个世纪的四分之三。回顾自己所走过的道路，读书、写书、编书、出书，几乎天天在和书打交道中；而每个老知识分子，都可以写一篇他一生中是依靠怎样几本书的启发教育而逐渐成长的历史。青年人寻求知识，为国家四化作出更大的贡献，最主要的还在多读书！目前正在提倡精神文明，加速智力投资，书的重要作用显得更为突出了。我们的出版社更有责任要认真编好书，出好书；而编辑，这个光荣的工作，更是大有可为的！

1981.12

原刊于《书讯报》，1982年1月10日，
上海。应该报"我和图书"征文所写。

我编的第一部成套书

——《一角丛书》

我编辑过几套至今还为人所熟知的文学丛书，例如 30 年代的《良友文学丛书》（四十七种）、《良友文库》（十六种）、《中篇创作新集》（十种）等，和 40 年代的《晨光文学丛书》（四十种）等。这些丛书的作者中，极大多数已被写入中国现代文学史；有些书已成为作者一生的代表作或重要作品，被列入各种文集、选集，或继续得到一印再印的机会，有的还被翻译成世界各个语种，蜚声国际文坛。我没有编过文学期刊，对成套书，特别是文学方面的成套书，却在大学读书时代，早已心向往之，把将来也编几套文学丛书作为自己的理想。向这方面努力的结果，数十年来终于略有所成，这主要依靠许多前辈作家的热情支持。当年怎样迈出了第一步，以后又怎样会得到这么多左翼作家和进步作家对我这个文学青年的信任和帮助，还应当从头说起。那是 1931 年，距今已半个多世纪前的旧事了。

一

那一年，阵阵乌云笼罩着神州大地，中华民族处于内忧外患交相煎逼的苦难深渊。国民党反动派对日本帝国主义步步退让，对上海的革命的和进步的文艺界进行反革命文化"围剿"，白色恐怖越来越严重。年初，"左联"五烈士在龙华英勇就义；接着鲁迅被迫离寓避难。入秋，无理查禁了二百二十八种进步书刊，又颁布了《出版法施行细则二十五条》。四马路上进步的中小书店，有遭封闭的，有自动停业的；能维持下去的，对出版进步书刊也等待观望。官办的书店门可罗雀，刊物印了没有读者。那真是文化遭难、书业凋零的年头。但我当时已在那里工作的良友图书印刷公司,却还如世外桃源,什么政治风浪都吹打不到它。

这家国内最早以公司命名的书店,是广东台山人伍联德于 1925 年 7 月集资创办的。他看到国外图文并茂的新型刊物,如美国的《星期六晚报》、英国的《伦敦画报》等,便跃跃欲试。当时上海市上已风行单张四开画报,他先办良友印刷公司,以承印这类小报式画报为主要业务。1926 年 1 月首创《良友画报》,这个大型八开本的现代化画报,现在已被公认为中国出版史上的创举,也为良友公司以后的出版事业打下了基础。1927 年 1 月,租下北四川路上的双开间铺面和后部工厂办公室房屋,扩大业务,增出体育、妇女和电影三种画报,改称良友图书印刷公司。当时国产电影开始抬头,美国的有声电影正在上海不断上映,新出的电影明星画片和电影歌谱等,极受欢迎。北四川路蓬路(现称塘沽路)口的大玻璃橱窗里,挂满了用美女做封面的各种画报和画片,琳琅满目,吸引着过路行人。《良友画报》行销世界各地华侨社会,是国内唯一能赚大量外汇的出版物。当时印刷设备已大加扩充,仍然兼营承印业务。我就在 1928 年春,为了委印《光华年刊》而与"良友"发生了最早的接触。那时大学毕业班,按照教会大学的传统,都要编印一本印刷装帧极为精美而内容全是戴方顶学士帽的个人像和各种各样团体照的纪念册,名为年刊,由大学毕业班组成编委会。因我在附属中学里已编了三年校刊《晨曦》,这年是中学毕业生,被认为熟悉印刷业务,选我当印刷主任。在一位广东同学的介绍下,拿去交"良友"承印;我就经常往"良友"去看图版样,校文字稿,慢慢地就与伍联德见面谈天了。他是一位热情坦率、心胸宽广的年轻企业家,对图像出版事业怀有极大兴趣,为人有胆识,有魄力。我和他一见如故,有许多共同的语言,很快得到了他的重视和信任。1929 年 1 月起,他接受了我的一个编辑计划,聘我去主编一个以大学生为读者对象的图文各半的月刊,名为《中国学生》。我半工半读,在大学三年的读书生活中,同时编了这个刊物。

1930 年冬,光华大学里国民党特务学生掀起的企图夺取这个民办大学的学潮,使我这个自命清高、实际脱离生活的青年,开始认识到时代的潮流已冲击到我的身边。1931 年反革命文化"围剿"的矛头,虽未触及"良友"这个芙蓉镇,但我日常观察到的现实社会,和读到的一些革

13

命书刊，逐渐使我觉悟到再隔一年，就要正式踏入社会。国家民族已到了生死存亡的关头，我既已走上了这条道路，并有意把编辑工作作为终生事业，但是看到伍联德的经营思想，比较重视读者趣味，开始感到有些美中不足。良友公司除画报、画片外，还编辑出版过大型画册《中国大观》，畅销海内外；还有《北伐画史》、《中山特刊》、《远东运动会特刊》等画册，通过图片，为重大历史事件留下珍贵的记录，在出版界独树一帜。文艺方面也出版过田汉、叶鼎洛、孙师毅、梁得所和朱应鹏、张若谷、傅彦长等的作品约三十余种。但总的来说，由于良友公司本身所具有的许多特点，例如专业方向是画报画册，主事者是广东人，所在地又僻处北四川路等，因此，在业务上或人事上与四马路上中小进步书店很少交易或接触。国民党反动派对它十分放心，进步文化界也没有重视它。我试图摆脱按"良友"传统编的月刊《中国学生》，去实现我渴望已久的编成套书的理想，当然不是一件轻而易举的事。

我这一理想是在两种生活上的长期接触而酝酿形成的。我在大学选读英国文学，为了学习上的需要，经常往图书馆西洋文学部门的藏书库去找书读，整套整套的作家全集，莎士比亚的，巴尔扎克的，托尔斯泰的，深深地吸引了我；另外，因职业关系，常去四马路的商务、世界、开明等书店浏览，见到成套的《万有文库》、《ABC丛书》等，也引起我的遐想。对我影响最大的，还是开设在南京路四川路附近的几家西书铺，如别发洋行和中美图书公司等。午休时间或下班以后，我常在那里徘徊欣赏、乐而忘返。各种进口图书，特别是成套的文学丛书，例如《哈佛大学古典文学丛书》、《万人丛书》和《近代丛书》等，一律开架陈列，随你翻阅。我像跨进了一个知识的宝库，不但作品、书名、作者开阔了我的眼界，单单那些丛书的编排、扉页、封面装帧、整体设计和大小开本等，都保持统一的规格，我被这种排列整齐美观、内容丰富多彩的成套书迷住了。我问自己，将来是否也能为中国文学出版事业，编辑这样规模的成套书，来满足我国的文学读者呢？根据我当时的实际情况，那当然是纯属梦想，但我自信先可从小的做起！

有一次，我在西书铺里看到一套用淡蓝色书面纸做封面的袖珍小丛书。六十四开骑马钉，社会科学和自然科学各门学科都有，一个专题薄薄一册，都出自专家学者之手，售价一律美金五分。丛书名《蓝皮小丛书》(Little Blue Book)，几十种小书排满在一张小方桌上任你选购。我就在这张桌子前站住了，呆呆地想出了神。第二天回到办公室，就同专管出版印刷和成本会计的同事商量，经过反复核计，拟订了一个初步规划。用半张白报纸六十四开，可得六十四页，能排一万五六千字，售价一角，销三千册可保本。就在这样一种小规模的出版形式基础上，第一套丛书的蓝图，经过一段时间的努力，逐渐描绘了出来。考虑到自己认识的知名作家寥寥无几，三年来编的《中国学生》上，发表的文艺作品为数不多；自己虽爱好文学，一开始就编一套限于文学方面的丛书，条件尚不成熟。所以丛书内容，将包罗多种门类，计划关于国内外政治经济等知识性方面选题将占半数，小说、散文、传记等将作为争取的重点。小丛书取名《一角丛书》，这不但从售价上取义，也含有并非大块文章，都是短小精悍之作；非文艺书也仅触及知识之一角。最初计划出版周期为每周一种，全年五十二种，每种循序编号，所以最早的广告上用了一个"定期丛书"的新名称，说它时间上既是定期出版，内容形式又是一本本独立的小丛书。以后仅做到每种编号，出版周期没有严格遵守。这也说明当时手中并无大量存稿，更没有一个事先考虑周到的规划。当这样一个事先不收预约，成本有限，规模不大，可进可退的丛书计划，送给伍联德审阅时，他认为颇有新意，点头同意了。

二

经过几个月的筹备，9月上旬在《良友画报》上用一整版刊出《一角丛书》新书广告：第一批书目十二种，先出五种。第一种书名《今日四大思想家信仰的自述》，从美国的《论坛》杂志上请人译了胡适、韦尔斯、爱因斯坦和杜威写的四篇《我的信仰》；这是第一炮，用了加倍的篇幅，仍售一角。第二种是从美国人利文所写第一本有关斯大林的传记节译而成。第四种是介绍英国韦尔斯等新著《生命知识》的九卷本巨著，故名《生命知识一瞥》。这些从外国书刊七拼八凑编译而成的小册子，说明这套丛书早已患了先天不足之病。另外两种是陈梦家和穆时英的创作小说。谁知新书刚刚问世,没过几天,震惊全世界的"九·一八"事变爆发了。一夜之间,全国人民所关心的只有两个字——东北。读者迫切需要知道,东北事变的原因何在?东北现状如何?是否会引起中日战争?第二次世界大战会不会因此而发生?《一角丛书》刚开始出书,立刻被日帝在沈阳挑起的侵略炮火打哑了。放在门市部的书简直无人问津,外地书商反应冷淡。眼看自己的第一个理想有彻底垮台的危险,感到心灰意懒、前途茫茫。再细细检查第一批十二种选题和作者队伍,才发觉即使不发生"九·一八"事变,这样内容的丛书也是没有生命力的。不考虑到时代的和群众的呼声,不闯向社会去找在读者中有权威的作家,编辑工作势必面临失败之一途。回顾这一段时间,虽然估计不过两三天,在我漫长的编辑生涯中,可以说是关键性的。我开始认识到必须大胆地冲向社会,向具有影响的作家组稿。得不到作家的支持,编辑将束手无策、一事无成!我要用最快的方法,把急需的精神粮食,送到千千万万的读者手中去。

《一角丛书》部分书影

主意已定，就要物色作者。最先想到的是进步政论家胡愈之，他是商务印书馆《东方杂志》主编，刚从苏联考察回来，他的新著《莫斯科印象记》轰动了读书界。但我和他既无一面之缘，也没有朋友可以为我作介绍。退而求其次，便想到在光华大学执教的罗隆基，当时他经常在《新月》杂志上发表进步的政论。我便于9月20日在校园里找到他，出了个题目，请他为丛书写稿。第二天一早，他就写了一篇《沈阳事件》，以满腔热血的爱国激情，向国民党反动政府响亮地提出"改组政府"，"共赴国难"的要求。文章不够印成一本书，便另加两篇资料作附录。排字房和印刷厂工友同我密切配合，26日出书。封面上双色套印，一摊鲜红的血迹，象征了全国军民要求浴血抗战的决心。这本突击出版的第六种丛书，广告在各报上刊出后，十天中销了两版，共印九千册。就靠这一本书，把已出的五种书也带动了。我看到方向对头，单独去找胡愈之的信心和勇气也增加了。

当时的《东方杂志》编辑部设在旧法租界辣斐德路（现称复兴中路）一幢小洋楼里。10月上旬的一天，我大胆地怀着试试看的心情，独自去找胡愈之先生。我递了名片后，就在会客室中静静地等候着。我深怕他本人不接见，派个助手来敷衍一番，把我打发走了事，这是颇有可能的。正在提心吊胆时，矮个子、头发已开始脱落的胡愈之先生非常热情地亲自接见了我。他握着我这个青年编辑的手，我真是受宠若惊。我把已出的六种小丛书送给他，请他批评指教。原来这以前，他还没有见到过这套小丛书呢。我自我介绍一番后，并直截了当地要求他为我们写一本有关当前东北问题的小册子，他马上颔首答应了。他早知道《良友画报》，但对这样一种别开生面的小册子丛书，认为是普及知识的好形式，值得把它好好出下去。他问我对这样一套小丛书有什么长远打算。这位前辈编辑的话，一下子击中了我的要害，因为我当时限于条件，正在应付危局，根本没有作这方面的考虑。他知道我还在大学读书时，就问我毕业后是否还要继续做编辑工作。我表示想把这个工作作为自己的事业时，他说："图书编辑工作是值得有志青年干它一辈子的！"我告别出门时，简直不相信第一次向一位知名作家和大编辑组稿，会获得如此顺利的结果。不到一星期，他写的《东北事变之国际观》手稿寄来了。文章一开始就说:"这次东北事变是第二次世界大战的一种准备,亦犹之 1911—1912(年)的巴尔干战争是第一次世界大战的准备一样。"历史的发展证明这个科学的预见是完全正确的。10 月底作为丛书的第九种出版,又是一本轰动全国的畅销书。此后,我的胆子壮大了,组稿对象逐渐打开。其他专家又写了《东北抗日的铁路政策》、《日俄对峙中的中东铁路》及《国际联盟理事会的剖视》等,这些有关时事问题的丛书,受到读者的普遍欢迎。到 1931 年底,出满了二十种,四个月中销了十余万册。一度气息奄奄、几乎中途夭折的丛书计划,起死回生,销路逐渐稳定,可以说初步站住了脚跟。回忆这最初一段试编丛书的曲折过程,如果当时得不到著名作家胡愈之、罗隆基等热情支援,我那个编成套书的梦想,可能就到此结束了。

三

　　初期出版的二十种丛书里,文艺方面的占八种。有小说、散文、杂文等。从作者阵营看我最初跨入文艺圈子时,联系作者的面是多么狭小啊!仅仅局限于同乡、同学、同事和老师。写《老毛的日记》的梁得所和写《生活的味精》的马国亮是编辑《良友画报》的同事。当时新月派人物,很多在光华大学执教,如胡适、张歆海、罗隆基、潘光旦等,徐志摩是我的老师,我和他比较接近。我向他组稿时,他就把一篇散文《秋》给了我,他飞机失事后一星期,列入丛书出版了。陈梦家是在徐志摩家认识的,他的创作小说《不开花的春天》就是由徐志摩介绍给我的。这篇爱情故事由一对青年男女间二十三封来往通信组成。上半部是一个女子在夏天所写如诗样的小札,十分可爱。下半部是另一种空气,一个男子在忧伤之余想到从前的日子,要读到末一封信才明了两人间过去的恋爱经过。他写此书时,《梦家的诗》已出版,由他编的《新月诗选》也已问世。这两位作者已先后去世,文学史家称他们为新月派诗人。

　　穆时英是我的同学,低我两班,但因大家爱好文学,颇有交往。当我开始编辑丛书前,他的处女作《黑旋风》已被施蛰存从来稿中发现,

1930年发表在他为刘呐鸥所办的水沫书店主编的《新文艺》月刊上。我约他写稿时,他的成名作《南北极》正在《小说月报》上刊载。他给我的一个中篇,题名《被当作消遣品的男子》。那时,我们学校已实行男女同校,新的女生宿舍也盖起来了,有一个女同学开始和他搞得火热,随后把他丢了。于是他把他的生活经历用表现都市生活的新的技巧手法和意境,创作了这篇富有意识流风格的小说。结尾是这样的:"孤独的男子还是买支手杖吧。第二天,我就买了支手杖,它伴着我,和吉士牌的烟一同地、成天地、一步一步地在人生的路上彳亍着。"这样内容的一本书,最近日本学者谷行博在日本的中国文艺研究会出版的《野草》上,用它替穆时英大做文章。[1]说穿了也不奇怪。穆时英在这本小说里所写的女学生,自称喜读日本横光利一和中国刘呐鸥的小说,这就是作者的夫子自道。而横光利一是日本新感觉派小说的代表人物,生长在日本的台湾人刘呐鸥是最早把这一流派小说引进中国的。穆时英当时出现在中国文坛,确实如阿英所说:"在1931年,《南北极》的发现,使读者感到新人穆时英的存在。"但这位左翼评论家接着指出:"穆时英完全从流氓无产阶级意识出发,反映在作者笔下的是一个'个人英雄主义',……作者的前途完全基于他以后能否改变他的观点和态度。横在他面前的是资产阶级代言人与无产阶级代言人的两条路,走哪一条路都有可能。"[2]穆时英后来在灯红酒绿的上海滩上逐渐堕落下去,终于走上前一条路,是我亲眼目睹的。我曾几次劝说过他,可惜都没有起到什么作用。他先同一个比他大好几岁的舞女结婚,去香港住了一阵;回来当上了国民党的审查官。上海成为孤岛时期,继刘呐鸥之后,担任汪伪报纸《国民新闻》社长,1940年6月28日和他的前任一样,被刺身死。最近从上述那篇文章里,才知道穆死后,日本的《文学界》还出版了《穆时英追悼号》,横光利一还写了纪念文章《穆时英氏之死》。一个很有天才的文学青年,像一颗彗星,在夜空中闪了一道光,立刻没入黑暗之中。前年,香港有人写

---

[1] 1982年5月的《野草》上,在题为《以穆时英为例看'第三种人'争论的焦点》一文中,把《被当作消遣品的男子》说成是被瞿秋白评为"外面皮是红的,里面肉是白的"对象,说明文章作者对这篇小说内容误解了。见《文学研究动态》1983年第4期。

[2] 《北斗》第2卷第1期,1932年1月,湖风书店,上海。

文章，以《为穆时英雪冤》为题，说什么："穆时英死了，他死得冤枉！他蒙了一个汉奸的罪名而死了！但他不是汉奸，他的死是死在国民党双重特务下。"接着说穆是中统特务，却死在军统特务的枪下。[1]这两者从中国人民的眼里看来，分别是不大的。

施蛰存是我的同乡。他的父亲是杭州人，在松江经营一家织袜厂，设在我老家附近的一条横街上。蛰存长我四岁，那一年执教松江县立中学，早已在《小说月报》上发表了成名作《鸠摩罗什》，以善写心理分析小说驰名文坛。我例假日回松江探亲，常和他见面，还有同时在松中教书的朱雯和陆贞明。我开始计划编辑丛书时，施蛰存为我出了许多点子，也给了我很大鼓励。在我编辑生涯中，蛰存是第一个提携我的作家。他为丛书写的《李师师》，用宋徽宗所宠幸的名妓李师师与词人周邦彦的恋爱故事，演成一篇历史小说，另附两个短篇，都运用弗洛伊德精神分析法，正如他自己所说，企图"在创作上独立去走一条新的路径"[2]。适夷曾在当年《文艺新闻》上写过一篇题为《施蛰存的新感觉主义》[3]的评论文章，指出了施在创作方法上的这一特点。1932年春，现代书局经理张静庐把他从松江请来上海编《现代》杂志，从此我和他有了更多晤面的机会。我也为《现代》写文章；他不但为我此后编的丛书提供他自己的小说集，也为我介绍了许多著名的作家，我记得巴金的第一部作品就是通过他组到的。《现代》杂志发表过很多左翼作家鲁迅、茅盾、冯雪峰等和进步作家巴金、老舍等的作品，但也有它自己的特色。由于施蛰存个人的艺术倾向和审美观点，《现代》不但介绍了日本新感觉派作家的作品和法国象征派诗歌等，也发表不少用意识流手法写的文艺创作。他自己对西方现代派作品也很感兴趣，我当年对美国作家格特鲁德·斯坦因、海明威、福格纳进行研究，写了评价文章；《现代》出版特大号《美国文学专号》时，我为它写第一篇《美国小说之成长》长文，多少受了蛰存的影响和鼓励。最近几年，我们的文学研究工作者正在对中

---

[1] 司马长风著《新文学史话》，第230—233页，香港。
[2] 施蛰存：《我的创作生活之经历》，载于鲁迅等编《创作的经验》，北新书局，1933年。
[3] 《文艺新闻》，1931年，第33期，上海。

国现代文学思潮流派问题进行讨论，对 30 年代初期形成的以《现代》杂志为发表基地的心理分析小说派流，也开始予以历史的科学的公正的研究和评价了。

四

1932 年"一·二八"事变发生，国民党反动派卖国投降，3 月中，同日帝签订了《淞沪协定》。良友公司地处战区，停业三个月。4 月初复业时，创造社老将、"左联"重要成员郑伯奇，改名郑君平，参加《良友画报》编辑部。5 月号《良友画报》上第一次出现了他用笔名虚舟写的国际时事述评。此后每期都有他用笔名写的这类评论，用马克思主义观点，分析当前国际形势，或介绍苏联的社会主义建设等。这在《良友画报》的出版史上揭开了新的一页。郑伯奇的到来，对良友公司出版方向所起的巨大作用，最先表现在《一角丛书》的选题和作者队伍的变化上。当我发现郑君平就是大名鼎鼎的郑伯奇后，我几乎每天和他去共进午餐（当时广东同事都回家吃饭），促膝深谈。我把思想上的苦闷，编辑工作上打不开一个局面的困境都对他谈了，也坦率地说出了想编辑成套文学书的抱负。他以忠厚长者和前辈作家的一片深情，既肯定我已有的成绩，也指出我对编辑出版事业应当具有的严肃认真的态度：一要跟上时代，二要面向群众，出版有益于广大读者的书。他答应为我介绍"左联"、"社联"方面著名的作者，也要我不放弃已有组稿关系的老朋友。伯奇始终处于参谋的地位，一切由我作主。就在这样的默契下，《一角丛书》的面目从"一·二八"后大有改观，大批"左联"、"社联"、"剧联"的作家，陆续给丛书写稿。1932 年下半年，续出三十种，总数销到五十万册；1933 年续出三十种，到年底出满八十种时停刊。从作者和内容看，"一·二八"是一条明显的分界线。现在我把后一阶段的丛书，分类简要介绍部分重要作品，并顺便谈谈有关的人和事。

"一·二八"事变爆发后，广大群众对中日关系和国际形势的前途更加关心，我们继续在这方面组织更多的文稿，由"社联"同志执笔。"社联"负责人林伯修（杜国庠）著《美俄会联合战日否?》和《特克诺克拉西》两种；何思敬（何畏）著《第二次世界大战》和《英美不免一战》两种。郑伯奇配合他在《良友画报》上发表的国际时事述评，用郑虚舟笔名写了《日本的泛系运动》，揭露日本法西斯运动的发展过程，预言日帝将在二次大战中扮演什么角色。董林、佩萱合译《什么是法西斯蒂》，对意大利的法西斯制度从理论和实践上进行探讨。这些书为配合当时的反法西斯运动提供了参考资料。

针对读者渴求了解第一个社会主义国家苏联的建设成就，丛书列入了许多介绍苏联的选题。董明（董秋斯）和蔡咏裳夫妇根据美国进步作家斯特朗所写的小册子，合译了《苏联的现代农场》，对苏联的集体农庄组织作了详尽的报道。领导"社联"工作的钱啸秋（钱亦石）写了《苏联的新妇女》，用数字和事实驳斥了资本主义国家报纸所造"妇女国有"的海外奇谈，介绍了苏联建设事业中产生的劳动女英雄。担任"剧联"领导的赵铭彝在《苏联的演剧》中介绍苏联第一个五年计划期间，苏联戏剧运动的发展和成就。在苏联留居多年的林克多，回国后曾写过一本《苏联见闻录》，鲁迅作序，当时与胡愈之的《莫斯科印象记》同样受到读者欢迎，他为丛书写了《苏联的教育》。同时担任"文总"负责人的林伯修，利用日文资料，写了《第二个五年计划》，对苏联即将进行的第二个五年计划作了学术上的探讨。

郑伯奇来"良友"后，周起应（周扬）常来看他，我有时同他们一起聊天，逐渐熟识了。我请他为丛书写稿，他答应了。这就是译自英文的《苏联的音乐》。译者在后记里对十月革命后苏联音乐界的新成就作了分析评介。我在1979年就准备写这篇回忆史料，曾去信周扬同志请他共同回忆这本小册子的写作过程。他复信说："所问《苏联的音乐》一书，我已记忆模糊了。我因不懂俄文，当时遇到英文书籍中有关苏联文化艺术的资料，便先睹为快。不论其内容价值如何，迅即迻译，以供参考，兼获少许报酬，以资糊口。"

"左联"作家为丛书写了许多种传记文学。值得一提的有欧阳山用罗西笔名写的《马可尼传》，用讲故事的笔法，写无线电发明家的生平和他为人类"缩短空间距离"的伟大贡献。主编"左联"机关刊物《文艺新闻》的袁殊是《新闻大王哈斯脱》一书的作者。当时盛传法国革命作家巴比塞将代表世界反帝同盟到中国调查日帝侵占满蒙的真相,"左联"还发表了"中国著作家欢迎巴比塞代表团启事"。我们在他来华之前,请研究法国文学的沈起予赶写了《巴比塞评传》。他在文章最后结尾处说:"我想巴比塞来华调查过后,一定会作一篇解放殖民地的意见书而得着中国成万成亿的劳苦大众的欢迎。"虽然巴比塞因事未来,改由法国左翼作家古久烈代表来沪调查访问,这本小册子当时也起了一定的作用。

传记文学中还有夏衍用沈端先笔名写的《高尔基评传》,是当时介绍这位苏联伟大作家生平和作品的最早的一本小册子。出版时正当高尔基创作四十周年纪念的前一年,受到国内文艺界的重视。"文革"前二年,他曾托巴金同志转我一信,要我为他在上海旧书店中征求这本旧作,没有找到。我一直认为这是夏衍为"良友"所写最早的也是唯一的一部作品。前年读到他的《悼念田汉同志》一文,才知他在日本读书时,曾把一本从日文翻译的有关戏剧理论的稿子寄给在上海的田汉,要求田汉设法找个地方出版,田汉此后并无回音给他。夏衍回国问起田汉,田说没有,记不清楚了。夏衍在回忆文章中说:"我以为一定是寄丢了。可是不久,我在书店里看到了已经出版的这本书。到良友图书公司一问,在他们的本子上明明写着:此稿由田汉介绍,翻译者所在不明。这是我和他第一次交往。这件事也很能说明田汉的性格。"[1] 1979年第四次文代大会期间,我见到夏衍同志时,我问他书名和原作者名,他告诉我是日本菊池宽作的戏剧理论。我这次修订本文准备发表前,查到1927年6月的《良友画报》上,有田汉的三种理论著作:《文艺论集》、《文艺概论》、《戏剧概论》的新书广告;原书上海各大图书馆均无存,也无夏衍译本的书目。我又去信夏衍同志要求提供更多的线索,蒙他于4月17日复信给我,信中说:"我的第一本译书菊池宽的《戏曲论》,的确是我寄给田汉,托他介绍出版的,但那是1923年由日本寄出的,1924年(?)我暑假回国,向田汉问起此事,他已经完全忘记了,直到后来在四马路书铺看到此书,才知是良友出版的。此书是小开本,黑色封面,书名是《戏曲论》(按在日本,戏曲包括话剧),解放后我曾找到过一本,出版年月记得是1924或

---

[1]《收获》1979年第4期。

1925，已记不清楚了，现在，连这本仅存的书，也在'文革'中被抄走了。"一位作家到了晚年，对自己写的或译的第一本书，总是怀着深厚的感情。我没有能够把前辈作家的旧作找到，深表歉意。有人告诉夏衍同志说："北京图书馆仍有。"希望真是如此。

五

后一阶段丛书中的文艺创作，我联系的作家队伍，大大地开阔了。著名"左联"作家和进步作家，纷纷为丛书写小说、散文、报告文学；文艺理论也出了一种。这些作品为我今后出好文学成套书打下了基础。现在选择几种一方面受到读书界重视，另一方面也遭到国民党反动派注意，从而被禁止发售的作品内容，略作介绍。

主编"左联"机关刊物《北斗》的丁玲，把她创作的一个中篇小说《法网》给我们编入丛书。故事叙述汉口的一位工人，为了害怕自己失业，误以为邻居工人背后向老板挑拨离间，出卖了他，因而糊里糊涂地把邻居工人的老婆杀了，逃往上海。几年后，在他写给邻居工人的信中已认识到这样一条真理："杀你老婆的其实不是我，同使我失业的不是你一样，我们看来都是兄弟，都是贫苦的兄弟啊！"但是两个工人家庭都在所谓天网恢恢的国民党反动法律统治下，遭到了悲惨的命运。据丁玲同志前年来信告诉我，她当年写"《法网》是由于在报纸看到一条新闻，引起慨叹，据此写成一篇小说"。郑伯奇用真名写了《宽城子大将》，故事描写"九·一八"事变之夜，发生在长春（旧称宽城子）的一个故事。当时担任铁路稽查处处长的汉奸，听到日本进攻的消息，偷偷地给日帝军官捎信表示欢迎。日军派兵去解除他手下士兵的武装时，下级军官和士兵奋起抵抗。他出外阻止他们，被士兵打了一枪。他便奔向日本军官求援，反而被俘。几天后，长春陷落，他被日军判"叛逆"罪处死。这是一篇描写无耻汉奸卖国求荣不得好死的暴露文学，对当时蒋介石的卖国政策是一大讽刺。上述两本小说出版后，不久都遭到国民党反动派下令查禁。前者的"罪名"是"宣传普罗文学"；后者的"罪名"是"鼓吹阶级斗争"，揭露民族矛盾的小说，被说成是鼓吹阶级斗争，真令人啼笑皆非。但从此,"良友"的出版物开始受到国民党文化特务的注意,白色恐怖的魔掌,慢慢伸向我们这个素来不受人重视的安乐土了。

出版后受到查禁的另一本丛书是阿英用钱杏邨真名著的文艺理论,书名《创作与生活》,在当时文艺界受到过好评。作者提出文学作品是"认识世界改造世界的有力武器"。他主张作家"必须到劳苦大众中去,走向工人,走向农村"。他还提倡作家写报告文学,并把一位日本作家反映日本工人反对侵华战争的报告文学作品作为附录。这给当时处于抗日斗争激情中的中国读者,上了无产阶级国际主义的一课,具有深远的教育意义。被查禁的理由是说该书为"普罗文艺理论"。

丛书中有一本署名徐衍存的《灰色之家》,封面画一幅狱中放风图,几根又粗又黑的铁栅里,看得见一排穿蓝色横条囚衣的监犯在缓步行走。这是一本描绘上海租界最大的提篮桥监狱生活的报告文学作品,在丛书中,这样的题材是前所未有的。作者是谁我已记不清楚,好像是阿英,但有的老同志说,阿英确曾在上海租界被捕,但不久就出来,不会关进提篮桥监狱,因为当时规定要判了刑才关进那里。我写信问了吴泰昌同志,他告诉我,1946年3月11日阿英在梁家四山写的《自著年表》,注有"《灰色之家》,此为余1929年监狱生活之叙录,出狱后追记写成,《一角丛书》本"。据泰昌说,阿英生前谈过此书署名的渊源,为了避免敌人的追查,第一次用了徐衍存这个与钱杏邨谐音的笔名,以后再也没有用过。他生平就只被捕过这一次。在租界上同时被捕者二十七人,国民党公安局要求引渡,租界法院法官不准。捕房律师因被告等人数太多,捕房容纳不下,所以把全部被告寄放在××(即"提篮"二字)桥监狱。这些经过,书中都如实地反映了。作者在短短的日子里所亲身经历的西牢中的非人生活,以及进步政治犯在狱中所领导的斗争,都用感人的文笔生动地记录下来。最后作者虚晃了一枪,说:"二十六号(日),又去了一次(指法院),这才分别的被判了徒刑,正式的开始了狱中生活。但以后的事情,在这本小册子里是容纳不下的,留在以后叙述吧。"事实上,作者没有被发觉真正的身份,很快就获得了自由。

左翼作家为丛书写文艺创作的还有张天翼的《脊背与奶子》,何家槐的《恶行》,蓬子的《浮世画》等。沈从文的童话小说《慷慨的王子》,彭家煌的《在潮神庙》，林徽音的《西泠的黄昏》和杜衡的《红与黑》等，也都编在后一阶段的《一角丛书》中。这套小丛书虽到1933年底才停刊，但我在1932年9月，已在筹划编辑《良友文学丛书》了，那是我大学毕业后三个月，伍联德已正式委任我担任文艺读物的编辑。关于我怎样在郑伯奇同志陪同下，第一次去内山书店谒见鲁迅先生，从而使我在文学出版方面编成套书的理想终于得到实现，我已另写过专文了。

六

郑伯奇参加《良友画报》写国际时事述评后不久，原任总编辑梁得所辞职，由马国亮继任。马国亮在郑伯奇影响下，《良友画报》的编辑方针也逐渐转向进步。仅仅从每期画报所刊载的一两篇文艺作品的作者来看，"左联"的和进步作家的名字，一个个都出现了：茅盾、巴金、老舍、郁达夫、鲁彦、何家槐、丁玲、适夷、黎烈文、施蛰存等。良友图书公司出版方向的转变，第一当归功于郑伯奇同志！最近香港三联书店出版的郑延顺编郑伯奇著《忆创造社及其他》一书中，有一段文字提到他进"良友"的经过，他说："'一·二八'事变以后，我曾应聘去作良友图书公司的编辑，我化名郑君平，不久身份就暴露了。好在这家书店以前是不问政治的，特务虽然来侦察过几次，我都躲避开了，店方也还能应付过去。"但当时"左联"重要成员郑伯奇怎么会来到我们这个素来不问政治的良友公司的呢？

我准备写这篇史料文章远在1979年。为了解决这个问题，我那年曾去访问刚从江西回上海定居的石凌鹤同志。他是伯奇的老战友，他们在"左联"编在一个小组，30年代常来"良友"看望伯奇，那时伯奇正在主编《电影画报》，我也是从那个时候起和凌鹤同志熟悉的。我在上海万体馆对面大楼见到他时，他的健康情况刚恢复，我们有几十年不见了，他知道我在写回忆史料，鼓励我这样做。我说明来意后，他坦率地告诉我，"左联"在1930年成立后的最初两年里，执行的是王明那套"左"倾机会主义路线，用墙头刷标语，上街举行飞行集会一类赤膊上阵的斗争方法，牺牲很大，收获不多。在文艺出版战线上，也执行"左"的一套，不讲策略。夏衍在《"左联"成立前后》中也说过:"当时这些文艺工作者和对文艺有兴趣的革命工作者,除了鲁迅、郑伯奇、杜国庠等极少数人年纪较长外,都是不到三十岁的青年人,……但在立三、王明'左'倾思想占统治时期,还根本不了解统一战线的革命意义,不了解统一战线是进行新民主主义革命的重要武器。"[1]凌鹤告诉我,1932年"一·二八"事变后,开始采取另外一种方法,由"左联"成员各自向中间地带开拓阵地,团结可以团结的进步力量,共同开展革命文化工作,用以反击国民党反动派的反革命"围剿"。他自己就是通过与申报馆总编辑陈彬龢的私人关系,从1932年至1935年,替《申报》编《电影专刊》,为进步影评界创造了一个阵地。阿英与明星电影公司的一个老板有同乡之谊,后来和夏衍、郑伯奇组成一个党小组,打入了上海国产电影圈。凌鹤又说,伯奇虽非党员,但是他一直接受党的领导。伯奇就在这样的形势下参加了良友图书公司。凌鹤笑着对我补充了一句:"这样,不是又多了一个出版进步书刊的阵地了吗?"我听了凌鹤的解释,懂得了当时的一点历史背景,但这仅仅答复了问题的一半。在"良友"工作的重要职员,大多数是广东人或与伍联德有私交的,我就是属于后一种。那么是谁介绍郑伯奇进"良友"的呢?这一点凌鹤同志是无法答复的。

我为此继续思索,并与马国亮同志交换了意见。我想起了甘乃光来。他是国民党左派人物,曾与伍联德在岭南大学同学。国共分裂后,他郁郁不得志,在上海当寓公,曾为"良友"编过《中山全集》和《美术摄影大纲》等,经常出入"良友"。我有几次发现他和郑伯奇相见时,亲热如老友。我问过伯奇,他告诉我,他们在北伐时期,同在广州黄埔军校执教,早就相熟了。这样就把问题的另一半也顺利解决了。

关于《一角丛书》的有关史料,拉拉扯扯地写了不少,最后还要补叙一笔。

我从西方出版的成套文学书的扉页上,看到都有一幅图案设计作出版标记,这也引起了我的兴趣。正巧在一位老同学处看到一幅国外的藏书票,这幅木刻画虽带有点洋味儿,但我欣赏它线条粗犷有力,含意深

---

[1]《左联回忆录》上册,第37页,1982年,中国社会科学出版社。

《一角丛书》出版标记

远,便请美术家加了几笔,用做《一角丛书》的出版标记(见附图)。画面上一位头戴阔边草帽的农民,在春天广袤的田野里,左肩挂着谷粒袋,右手正在向条条麦垄撒播种子。我就把它印在每种丛书的里封上,并在第一种丛书的书前,写了一段短短的发刊词,谈了选用这幅播种图的意义和希望。此后,我编的《中国新文学大系》、《良友文学丛书》和《中篇创作新集》等的里封、环衬或包封上,都印上这幅图,因而成为"良友"版成套文学书的出版标记了。

1983.5

原刊于《新文学史料》,1983年第3期,人民文学出版社,北京。

鲁迅为《良友文学丛书》开了路

一

30年代鲁迅曾大力支持良友图书公司的出版工作,当我编辑《良友文学丛书》时,第一本书便是他的译作。但在此以前,早于1928年他就和"良友"建立关系了。

大革命失败后,鲁迅于1927年10月初自广州来沪定居,10月8日自共和旅馆移居闸北景云里二十三号。因邻近北四川路,曾几次到"良友"门市部购书,店员就告诉了当时主编《良友画报》的梁得所。梁的同乡好友、著名画家司徒乔常来编辑部聊天,他的早期创作《四个警察和一个女人》,前一年在北平举行画展时,受到鲁迅赏识而被买下,一直挂在西三条胡同卧室的墙上。这时他与鲁迅同在上海,时有往来。1928年2月25日,梁得所由司徒乔陪同去景云里鲁迅寓所看望鲁迅。他们是为着同一个目的去的。司徒乔约定为鲁迅画像,三天后再去,二星期后画成炭笔素描速写头像一幅。梁得所约期为鲁迅摄影,准备连同司徒乔的画像,编成一组专题,刊登在画报上。据梁得所的回忆,他是要求为鲁迅摄影后,发表在《良友画报》上,当时还送他几本新出的画报。鲁迅翻阅一阵后,他就说:"这里面刊登的都是总司令等名人,而我并非名人。"梁对鲁迅说:"读你著作的人很多,大家都喜欢看看作者的像。"鲁迅回答说:"我近来实在有些怕,"他说着从抽屉中拿出一封信来,"这是一封从杭州寄来的信,信中说'孤山别后……',可是我从未到过孤山。前几天,又接到北京朋友来电,据说我死了,我真不明白,这些都为了什么理由。若是《良友画报》发表我的照相,我的敌人不免又要说:'咳,又是鲁迅！'攻击和谣言一定更多了。"[1]根据《鲁迅日记》，3月16日记有："晚梁得所来摄影二片，并赠《良友》一本。"3月21日记有："晚得梁得所信并照相三枚。"这就是我们常见的鲁迅端坐在景云里寓所藤椅上，以成排书架做背景的那幅生活照片，也是鲁迅最后十年开始在上海生活和斗争所留下的第一幅单人摄影[2]。其中两幅就最先同司徒乔的速写像，加上转载的一篇鲁迅《自传》，用两个整版篇幅，发表在1928年4月号的《良友画报》上。

我就在这一年底，半工半读，参加良友图书公司，主编一本图文各半的《中国学生》月刊。1932年大学毕业后，我专业担任文艺编辑，计划编一套全部收新创作的《良友文学丛书》，准备约请第一流作家执笔，用米色道林纸印，软布面精装，不论厚薄，书价一律九角；试图从装帧、印刷、售价上，对当时流行市上的纸面平装文艺出版物来一个突破。这是个大胆的尝试，总经理伍联德全力支持我去开辟一个新局面。

考虑到组稿对象时，第一个想到的作者，当然是最受读者爱戴、左翼作家联盟的旗手鲁迅先生了。但像"良友"这样商业气息浓厚，一贯以出版画报、画册为专业的书店，是否能争取到鲁迅的文稿呢？我很怀疑。当我和郑伯奇商量时，他热诚地鼓励我不妨去一试，并自愿尽介绍之责。当时鲁迅生活在白色恐怖下，经常受到国民党特务的监视，住处是保密的，平时轻易不接见生客。我在伯奇陪同下，于9月初一个秋高气爽的下午，第一次去谒见鲁迅先生。事先伯奇已为我作了安排，到内山书店时，鲁迅已在那里等候了。

关于鲁迅，当时文艺界中人有一种流传的看法，把他说成是一位非常严峻、有时近于怪僻而不易接近的老人。我那时是初出茅庐的青年编辑，刚刚双脚跨出校门，对鲁迅虽怀有崇敬之情，还不免心存畏惧。尤其是这一天去谒见他，希望他为我准备编辑出版的一套文学丛书带个头，这对我一生事业的关系极大，所以一见面，一握手，连话也说不出

---

[1] 见梁得所在《良友画报》1928年4月号发表鲁迅照片时所写的一段说明文。
[2] 根据《鲁迅1881—1936》图片集，1977年，文物出版社。这一天共摄四幅，三幅坐像，一幅立像，均梁得所摄。1927年10月4日，初抵上海后，曾与许广平、周建人、林语堂、孙伏园合摄过一幅照片。

口。直到鲁迅在前引路，把我们两人引进旁屋二楼内山的会客室坐下时，我才舒了一口气。其实伯奇和鲁迅有深厚的友谊，关于良友公司和我的一般情况，他早已作过介绍，所以坐下后，鲁迅就亲切地问到我怎么爱好起搞文艺编辑出版工作来了。他对我说："这是一种非常需要而且很有意义的工作，我自己也是搞过这一行的，其中也大有学问啊！"接着又说，"良友"出版的画报和画册印得都很好，他经常走过我们的门市部大橱窗，总要站着看看。他问起"良友"的营业情况，我告诉他，这是广东商人开的，《良友画报》等各种画册，主要读者是海外侨胞，所以业务很发达。乘机便把设想中编辑出版一套《良友文学丛书》的计划向他简单地谈了。他便说："素来不大出文艺书的'良友'，怎么忽然要挑这一条路走呢？"伯奇代我谈了我爱好文学，希望在这方面出些好书，"良友"老板已答应另辟一个部分，让我专搞这方面的组稿编辑工作，至于老板的目的，当然是为了扩大营业面，提高书店的名誉地位。接着他为我说出了我们访问的意图，恳求他给我们一部书，以便列为丛书的第一种，带一个头。鲁迅便幽默地说："你们最好回去先向老板说清楚，出鲁迅的书是要准备有人来找他麻烦的。"但是接着又笑着说："现在上海出好书的书店实在不多，经营作风老老实实的更不多见。'良友'愿意这样做，我倒是可以尽力帮忙的。"我听到这句话，像在暗地里见到了一线阳光，我的顾虑也打消了，胆子突然壮大起来，便把具体要求提出了。因为丛书准备全部发表创作，每册字数平均十五万字上下，所以希望鲁迅能给我们一部文艺创作。

这一下，却大出我们的意外，原来鲁迅手头正有一部即将编成的《新俄作家二十人集》，约二三十万字，他说，如双方同意，可以很快交给我们。但是把翻译作品列为丛书第一种出版，是否会破坏丛书的体例呢？接着我又想到能组织到鲁迅的文稿不是一件容易的事，而且是现成的，立即可用，一部唾手可得的译稿，怎么舍得放弃呢？我们问他有无小说集或散文集之类。他说："小说久已不写，杂文集对你们是不适合的，一开头就害了你们，我是不干的。"在这一情况下，我就和伯奇低头细语，决定接受这部译稿，并破例列入丛书中。于是我们请求鲁迅，为了顾全丛书的篇幅和售价，可否一分为二，各立书名，他点头同意了，并答应将来如有适合给"良友"出版的创作文集,当予优先考虑。于是我们谈了关于版税率、预支版税数字和交稿日期等等,很快取得了协议。回家的路上,我心中说不出地兴奋,不但因为今天一出马,就拿到了鲁迅的文稿,他为《良友文学丛书》打开了一条路;尤其是亲身经历的两小时亲切的谈话,发现鲁迅是一位热情诚恳、和蔼可亲的长者,虽初次见面,感到平易近人。他对良友公司这样一个刚刚试图出些进步文艺书籍的书店,既伸出温暖的手来扶植它发展成长,又抱着精心爱护的心肠,不让它因此而遭到什么意外。鲁迅这种在白色恐怖下,多一个出版好书的阵地,对革命文化事业总是添一分光、增一分热的伟大胸怀,在此后四年多我亲身体会的许多事例中,感受越来越深。

二

　　这次会见的确切日期,《鲁迅日记》并无记载,但9月11日,鲁迅给曹靖华信中第一次说到这件事。信中说:"近日与一书店接洽,出《新俄小说家二十人集》二本,兄之《星花》即收在内,此外有它夫人译的两篇,柔石译的两篇,其余皆弟所译,有些是在杂志上发表过的,定于月底交稿。"据此推测,会见当在9月上旬。从《日记》上看;我们谈妥后,鲁迅于13日夜,就动手把十篇编为上册,以其中厘定的《竖琴》篇名做书名,都是同路人作品。同路人作品共十二篇,因照顾丛书篇幅,有两篇放在下册的最前面。19日把下册也编完了,以绥拉菲摩维支的《一天的工作》篇名用作书名;另收无产者作品八篇。上下册字数基本相等。

　　现在查阅有关资料,鲁迅计划用比较法,编译这样一部既介绍同路人,又介绍无产者两个部分的苏联短篇小说集,是在1928年翻译介绍马克思主义文艺论著同时开始。他怀着一颗火热的心,要把这些反抗黑暗统治、争取光明未来的"为人生"的俄罗斯文学的力量,来启发中国人民反帝反封建的民主革命运动。对于大量介绍同路人作品,鲁迅这样做,在当时也有一定的现实意义。他说过:"左翼作家并不是从天上掉下来的神兵,或从国外杀进来的仇敌。他不但要那同走几步的'同路人',

还要招致那站在路旁看看的看客一同前进。"〔1〕

　　他在1928年译了《竖琴》和斐定的《果树园》及伦支的《在沙漠上》三篇，后两年又发表了四篇，另有两篇编集时未发表。鲁迅最先翻译的都是同路人作品，他认为作者虽非革命家，却"身历了铁和火的试炼"，因此有生活，中国读者既可以从中了解十月革命前后的俄罗斯社会面貌，而作者的写作技巧，都是"较为优秀的"。此外两篇同路人作品是柔石生前所译；至于曹靖华译的拉甫列涅夫的《星火》，早在20年代译者在莫斯科工作时，已应苏联外国文艺书籍出版局之约，在苏联印行过了。

　　八篇无产者文学作品中，有两篇是瞿秋白夫人杨之华所译，发表时署名文尹，即鲁迅信中所称的"它夫人"。鲁迅所译聂维洛夫的《我要活》，曾发表于《文学月报》，其余五篇，收入文集时都是未发表的原稿，仅在汇编交稿前，重校一遍，作为定稿，究竟何年何月译成的，现已无从查考。鲁迅在该书前记中说"可惜我所见的无产者作家的短篇小说很有限"，所以仅选八篇。但当他和前面十二篇同路人作品相比时，作了精辟的分析。他说："我们看起作品来，总觉得前者虽写革命或建设，时时总显出是旁观的神情，而后者一落笔，就无一不自己就在里边，都是自己们的事。"寥寥数语，画龙点睛，就写出了一段最值得后人学习的"译者前言"。两书之后，还为二十位作家分别写了二十段作者简介，名为后记，完成于9月19日，更是值得翻译工作者学习如何写好后记的典范。

　　第二天，9月20日，鲁迅亲自到良友公司送稿来了。我记得那天郑伯奇有事外出，我们是在门市部后面一间小小会客室里相见的。鲁迅身穿一件深色的夹袍，脚蹬一双他经常穿的橡胶鞋，还戴了棕色的旧呢帽。坐下寒暄几句后，他就打开一个日本制花布包袱，里边两叠整整齐齐的原稿，都是毛边纸印的方格稿纸，分别用白细麻绳在四边扎住，面上用白纸填写上下两册的书名。当他仔细向我交代时，我静静地听着。最后又交给我一封信，上书郑君平先生收，那是伯奇在良友公司工作期间用的名字。那天初次接待鲁迅，我情绪紧张；由于他老人家自己来交稿，更受感动。我说："只要电话通知，让我们自己去内山书店领取好

---

〔1〕《论"第三种人"》，《鲁迅全集》第4卷，第439页，1981年版。

了。"他谦逊地说："这一带我经常路过，并非特地来此，顺便带来，就不用你们跑了。"临别时又说，关于排版时应注意之点，都写在信中了。

伯奇回来看信，信中说：

《新俄小说家二十人集》译稿，顷已全部编好，分二本，上本名《竖琴》，下本名《一天的工作》，今一并交上。

格式由书店酌定，但以一律为宜。例如人地名符号，或在左，或在右，一段之下，或空一格或不空，稿上并不一律，希于排印时改归划一。

版税请交内山老板。需译者版权证否？候示遵办。

第一次在编辑工作上和鲁迅接触，就给我一个译者对编辑出版工作既极内行，又抱着严肃认真、一丝不苟态度的深刻印象。11月6日，《竖琴》清样校毕，第二封信也是寄给郑君平的，信中说：

《竖琴》已校毕，今奉上，其中错误太多，改正之后，最好再给我看一遍（但必须连此次校稿，一同掷下）。

又下列二点，希一并示知：
1. 内缺目录，不知是有意删去，抑系遗失？
2. 顶上或有横线（最初数页），或无，何故？

两信中所提排校上的细节，说明鲁迅对出版工作的高度负责精神。

从1933年初起，鲁迅开始和我直接通信了。这时《一天的工作》正在排校中，1月8日给我的第一封信是这样说的（见书前插图）：

《一天的工作》已校毕，今送上，但因错字尚多，故须再校一次。改正之后，希并此次送上之校稿，一并交下为荷。

此书仍无目录，似应照《竖琴》格式，即行补入也。

第二封信是他看了清样后寄我的。因为错字不多，仅提出"但这回只要请尊处校对先生一看就可以，不必再寄给我了"。2月6日突来一信，在校对工作上提了一个重要建议：

> 今天翻阅良友公司所出的书，想起了一件事——
> 书的每行的头上，倘是圈、点、虚线、括弧的下半（L）的时候，是很不好看的。我先前做校对人的那时，想了一种方法，就是在上一行里，分嵌四个"四开"，那么，就有一个字挤到下一行去，好看得多了。不知可以告知贵处校对先生，以供采择否？

可见鲁迅非常关心良友公司的出版物，无意间发现了我们在排印上的这个通病，立即把他的宝贵经验，专函告诉我。这在解放前通行直排本时，许多书店都没有注意过，是鲁迅第一个想出了这个补救办法。得信后，我们就通知了排字房，以后其他书店都跟着改了。现在我们实行横排，同样也不宜把标点符号放在最左第一个字的地位。鲁迅还对我说过，书的开头和每个题目前后，应多留空白，增加"读书之乐"，不要"不留余地"，塞得满满地透不过气来；整本书的前后，也可多留几面白页。就在这些无人想到的小地方，鲁迅处处煞费苦心，随时为读者设想，增加书的美感，我在此后的编辑出版工作中，是深受教育的，这仅仅是一次开端而已。我为此曾去信表示感谢，他于2月10日复信说：

> 来信收到。关于校对，是看了《暧昧》的时候想起的。至于我的两种译本，则已在复校时改正，所以很少这样的处所。

鲁迅给我的信中，经常提到"印证"或"印花"，今天的青年读者不易了解，原来这与解放前的稿酬办法有关。当时出版社结付作者稿酬有两种办法：一是按字数每千字数元，一次卖绝版权；二是作者按书的定价照实售册数抽取版税，一般每年分春秋二季结算一次。当时卖稿千字三元至十元；版税百分之十至二十。良友公司对文艺书都用版税制，一般都是百分之十五，对鲁迅的著作，参照其他书店的惯例，按百分之二十计。交稿时，预付部分版税。那时上海四马路有批投机出版商，眼看鲁迅的书好销,经常盗印,所以鲁迅后来规定,出版他的著译,都要在版权页上贴上他自己盖有鲁迅二字阴文印章的印证,以资证明。至今旧书店出售或图书馆所藏解放前鲁迅著作的版权页上,都还黏有这种印证或印花。

这两个译本中都有他人的译作,鲁迅收到版税,都按比例分送。1932年10月3日《日记》,记有"以《竖琴》付良友公司出版……,下午收版税二百四十,分靖华七十。"11月4日《日记》,记有"以《一天的工作》归良友公司出版,午后收版税二百四十,分与文尹六十。"这都是书店所付的预支版税。在《鲁迅书简(致曹靖华)》[1]一书中,"良友"以后数年每次结付版税后,鲁迅都通知曹靖华应得的数字,有时即汇,有时代存,几乎笔笔都有交代。我读到这些信,深感鲁迅在为友人做事时的负责精神。

三

时间进入1933年,我们不但在《一角丛书》中出版了大批左翼作家如丁玲、钱杏邨(阿英)、周起应(周扬)、沈端先(夏衍)、林伯修等的作品,《良友文学丛书》继鲁迅的两种后,在6月份,还把刚刚被捕的丁玲创作未完成的长篇小说《母亲》,大事宣扬地出版了。一向平安无事的良友公司也开始引起国民党特务机关的注意了。12月13日上午,门市部的大玻璃窗忽然被人用大铁锤击破。出事后,在楼上办公的经理和编辑们都下来了,只看见玻璃碎片散满在马路人行道上,橱窗上端和两边还挂着击破的残片,陈列在橱窗里的书面上,像刚落下一场冰雹般,盖满了闪闪发光的玻璃碎片,还四散着一层雪白的玻璃粉屑,行人围观如堵,只听到群众议论纷纷。公司中人开始大家瞠目相对,不知所措,慢慢地心中才猜到了一些,但真正解开这个谜,是在傍晚看到《大晚报》的新闻报道以后。大题目写的是:"今晨良友图书公司突来一怪客",副题写的是"手持铁锤击碎玻璃窗,扬长而去,捕房侦查中"。同一天《大美

---

[1]《鲁迅书简(致曹靖华)》,1976年,上海人民出版社。

晚报》中文版的新闻栏中,还刊载了"艺华影片公司被'影界铲共同志会'捣毁"的消息。三天以后,"良友"经理收到这个所谓"同志会"的油印信,说明这次仅是对良友公司的"郑重警告",原因是出版"赤色作家所作文字,如鲁迅、茅盾、蓬子、沈端先、钱杏邨及其他作家之作品"。

鲁迅后来把这些反面材料,原封不动地编入《准风月谈》后记,起了"立此存照"的作用。还在后记中说:

> 一个"志士",纵使"对于文化事业,热心异人",但若不知何时,飞来一个锤子,打破值银数百两的大玻璃,"如有不遵",更会在不知何时,飞来一顶红帽子,送掉他比大玻璃更值钱的脑袋,那他当然也许要灰心的。然则书店和报馆之有些为难,也就可想而知了。我既是被"扬长而去"的英雄们指定为"赤色作家",还是莫害他人,放下笔,静静的看一会把戏吧。……

当时伯奇对我慰勉有加,"良友"老板也未被吓倒,我们还是照常行事。

国民党反动派耍的把戏,当然不会以击破一扇大玻璃窗为满足的。我记得上海特务头子、当时任上海市教育局局长的潘公展,事后曾施展流氓式的恐吓手段,威胁公司经理伍联德、余汉生把我解雇,同时还有《良友画报》主编马国亮(马继梁得所于1933年任主编后,受郑伯奇影响,画报上也连续发表左翼作家的文章)也被指名回家。最近我的单位退回的复查材料中,赫然发现潘公展亲笔写给余汉生和我两人的信,说:"兹有要事相商,务请两先生……惠临一谈。"在上海市教育局局长室的公函信封上,左上角还画着三个十字,以示特急件。十年浩劫一开始,我被"勒令"上交的七百多封作家来信手迹,至今下落不明,这封被"造反派"当作我"罪证"之一被放入档案袋中的信,倒给我留下了一个反面的纪念品。具有爱国心和正义感的两位经理,当时为我们两人据理力争,几经周折,终于把此事顶过去了。

对人以外,他们对书也施出了恶毒的一手。1934年2月,上海大批进步书籍被查禁,鲁迅于2月24日给曹靖华信中说:"上海靠笔墨很难生活,近日禁书至百九十余种之多,……良友图书公司也(有)四种(《竖

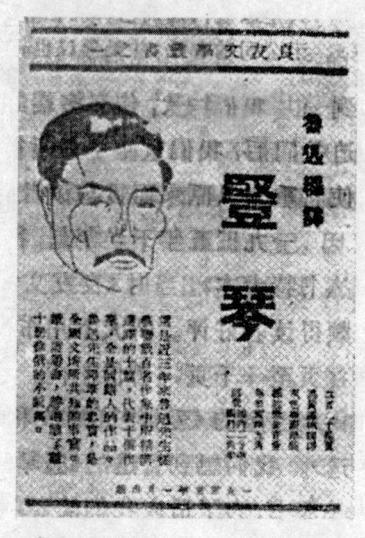

《良友文学丛书》书末插页广告

琴》、《一天的工作》、《母亲》、《一年》)。"[1]因为《竖琴》中收有曹译《星花》,有关版税收入,所以3月27日在给曹靖华信中,对禁书事表示了他的看法:"良友出之两本小说,其实并无问题,而情形如此者,一则由于文氓借此作威作福,二则书店怕事,有事不如无事,所以索性不发卖了。去年书店,不折本的,只有二三家。"[2]我们在接到查禁通知后,经编辑部仔细检查,内容毫无问题,反动派完全是无理取闹,经理支持我们,申述理由要求开禁。不久,接到一个执字1076号书面通知,内开:"查《一天的工作》、《母亲》……四种,尚无大碍,应暂缓执行禁令。"我们便把这个通知印了一张纸条,粘在取消禁令的每本书的第一页上,以作证明,恢复发行。至今留在我身边的一本第三版《母亲》上,就贴有这个字条。《一天的工作》禁令虽被取消,对《竖琴》的前记,还坚持非删不可。《竖琴》存书尚多,次年夏,经理为了保本,要我写信给鲁迅,提出把存书中八页前记剪掉后发售,我担心鲁迅不会赞同。5月25日接到复信,鲁迅慨然同意了。信中说:

> 中央怕《竖琴》前记,真是胆小如鼷,其实并无害,因此在别一方面,也没有怎样的益,有无都无关紧要,只是以装门面而已。现在剪去以免重印重装,我同意于公司的办法,并无异议也。

到1935年秋,作恶多端的审查会因"《新生》事件"被迫关门后,我们重

---

[1]《鲁迅全集》,第12卷,第341页,1981年版。
[2] 同上书,第362页。

印了一版《竖琴》,恢复了这篇前记,使它重新以原来面目与读者相见。

1935年下半年起,我们又计划出版《良友文学丛书特大本》,当时《良友文学丛书》已出了二十余种,颇得读者好评。特大本用布面精装白报纸印,每种七百页至一千页,售价不同。先出版了张天翼的《畸人集》,巴金的《爱情三部曲》和沈从文的《从文小说习作选》。我们想到鲁迅的《竖琴》和《一天的工作》原来是一部书,为了适应我们的要求才一分为二的,现在既出特大本,理应恢复编译者原有的打算,合出一册。我于1936年7月去信征求意见时,他复信说:

> 《竖琴》和《一天的工作》可以如来信所示,合为一本,新的书名很好,序文也可以合为一篇。

从1928年开始,鲁迅计划编译的《新俄作家二十人集》,经历了一段曲折的过程,终于在1936年8月,用《苏联作家二十人集》为书名,列为《良友文学丛书特大本》之一出版。

四

《良友文学丛书》全部刊印文艺创作,鲁迅虽最早以两个译本支持我们,我总感到美中不足。记得他从一开始就说过,如果将来有适合给"良友"出版的创作文集,答应优先考虑,因此我一直为此作不断的努力。回忆四年间我曾作过三次尝试,结果都是空手而回,失败了。但所有经过,作为出版史话,还值得一记,因为从中可以看到,鲁迅自始至终对这个出版阵地是关怀备至的。

1932年11月,鲁迅赴北平探望母病。在北平时,曾在北大、辅仁、北师大等大学作了五次演讲。这"北平五讲"是鲁迅在北平进行的五次战斗,当时北平和上海的报纸,曾大量刊登这些振奋人心的大讲演的新闻和照片。鲁迅的大声疾呼,增强了从关外进来的大批东北流亡青年的战斗力,唤醒了住在死气沉沉的故都的成千上万的爱国学生。当时《一角丛书》还在继续出,如果字数一二万,可以小册子形式分别列入小丛

书。我去信后,1933年2月10日接到复信说:

> 在北平的讲演,必不止一万字,但至今依然一字未录,他日写出,当再奉闻。

从语气上看,似乎颇有希望。现查《鲁迅日记》,两天后(12日),他写信给北平的台静农说:"在辅大之讲演,记曾有学生记出,乞兄嘱其抄一份给我,因此地有人逼我出版在北平之讲演,须草成一小册与之也。"我久候无回音,又去信催问,3月10日复我说:

> 来信收到,我还没有写北平五篇演讲,《艺术新闻》上所说,并非事实,我想不过闹着玩玩的。

当时的《艺术新闻》是什么性质的报刊,究竟谈了些什么,现在无从查考。但经常出版鲁迅著作的北新书局李小峰,这时也向鲁迅要这本《北平五讲》。鲁迅于3月15日复李小峰的信上说:"关于'北平五讲'之谣言甚多,愿之处亦甚多,而其实则我未整理。印成后,北新亦不宜经售,因后半尚有'上海三嘘',开罪于文人学士之处颇不少也。天马亦不宜印,将来仍当觅不知所在之书店耳。"既然连天马书店都不宜出版,那么,即使编成,鲁迅也不会给良友公司出的。《北平五讲》至今仅有书名,作者生前根本没有整理成书。

1934年8月间,我又去信鲁迅,要求把他最近发表的文章编集给《良友文学丛书》,9月1日复信说:

> 近一年来,所发表的杂文也还不少,但不宜于给良友公司印,因为文字都很简短,一被删节,就会使读者不知道说什么,所以只好自己出版。能够公开发行的东西,却还没有,也许在检阅制度之下,是不见得有的了。

鲁迅从爱护"良友"出发,不把杂文集给我们出版,这一点,在第一次见面时就对我们说起过,此信所说的杂文集,后来编成《伪自由书》,用青光书局名义出版。

但我心有未甘,总是想方设法要出一部鲁迅的创作集。1935年下半年,审查会关闭,检查关不存在了。这时我风闻鲁迅手头有一部创作小说集在酝酿中,我便再次去信要求。这部书,似乎已有到手的希望,结果还是落空了。为了写这篇回忆史料,我遍查有关资料,第一次发现我捐献给上海鲁迅纪念馆的鲁迅书信手迹(全部收入《鲁迅书信集》)四十六封外,另有三封信被丢失了。其中1935年12月13日一封与本文有关,内容很重要。

现查1935年12月21日来信说:

> 数日前寄奉一函,谅已达。近来常有关于我的谣言,谓要挤出何人,打倒何人,研究语气,颇知谣言之所从出,所以在文坛之闻人绅士所聚会之阵营中,拟不再投稿,以省闲气。前回说过的那一个短篇,也不寄奉了。

这里所说的"数日前寄奉一函",我遍找无着,而《鲁迅日记》记有12月13日,"得赵家璧信,即复。"可见确有此信无疑。再从21日来信语气中看,鲁迅表示不再把短篇创作集如约交给良友公司,那么,13日来信中肯定谈到过这个短篇集。可惜此信已失,究竟说了些什么,已无从查考了。鲁迅所以"不寄"的理由,是由于文坛的"谣言"。过去我也从未研究过这件事,十年动乱时期的最后一二年,来自四面八方的青年鲁著注释工作者,屡次要我谈谈这封信中所谓"谣言"的背景材料,我实在"无可奉告",事实也确实如此。幸而这几年,不但出版了许多有关鲁迅的文献资料,又有不少当年身历其境者写出了第一手回忆录,现在有条件能把当时有些无法理解的事弄清了。

查《鲁迅全集·书信集》,在12月21日发给我信的前两天,鲁迅写给杨霁云信中,同样说到常州报上,有由沪报转载的关于鲁迅的谣言。鲁迅说:"此种伎俩,为中国所独有,殊可耻。但因可耻之事,世间不以为奇,故诬蔑遂亦失效,充其极致,不过欲人以我为小人,然而今之巍巍者,正非君子也。倘遇真小人,他们将磕头之不暇矣。"这说明当时上海小报,确有不利于鲁迅的谣传。同一天写给曹靖华的信,谈到《译文》停刊的事,信中似有所指,颇感不平。现在核对黄源近著《鲁迅书简追忆》[1],其中对当时发生的有关《译文》和《译文丛书》停刊、复刊和易地出版的经过,记述甚详,说明那时确实发生过一些使鲁迅感到不快的纠纷,但此事与良友公司毫无关系。社会上好事之徒从中造谣,挑拨离间,各地小报互相转载,那是完全可以理解的。城门失火,殃及池鱼,我的一个美好的梦想,无端地被那些"谣言"所戳破了。这部短篇小说集就是历史小说集《故事新编》。由于生活书店拒绝接受《译文丛书》而改由文化生活出版社出版后,第一部由"文生"出的丛书就是鲁迅译的《死魂灵》;据黄源回忆:"同时鲁迅先生答应给巴金同志一部小说集,编在《文学丛刊》第一集,这就是鲁迅先生的最后一个小说集子,历史短篇集《故事新编》。"[2]

  鲁迅虽然没有来得及为良友公司写部创作集,但他为良友公司的《中国新文学大系·小说二集》、《苏联版画集》和麦绥莱勒的《一个人的受难》编选写序,还介绍葛琴、周文等的创作小说,梵澄、夏征农等的翻译作品给"良友"出版。特别值得一提的是,直到他逝世前三天,还在为曹靖华编译的《苏联作家七人集》写序,它是和《苏联作家二十人集》有着密切关系的,也是鲁迅介绍给"良友"出版的最后一部书。

1981.2

> 原刊于《新文学史料》,1981年第2期,曾收入《编辑生涯忆鲁迅》,原题名为《鲁迅给"良友"出版的第一部书》,此次有补充。

---

[1] 黄源:《忆念鲁迅先生》,第93—94页,1981年,人民文学出版社。
[2] 同上。

为了出好书

——《鲁迅与书》序

倪墨炎同志把新作《鲁迅与书》原稿给我，要我作序。这给我出了一个难题，我从未为他人著作写过序，真不知如何下笔，我回忆第一次去内山书店谒见鲁迅先生，他对我说了一段有关编辑出版的话："这是一种非常需要而且很有意义的工作，我自己也搞过这一行的，其中也大有学问啊！"

我当时刚刚跨出校门开始走上当编辑的道路，对"其中也大有学问"一点理解不深。通过此后的生活和工作实践，才逐渐懂得此话在当时所包含的两重意义。要出好书，首先要在政治上顶住白色恐怖，同国民党反动政府展开各种形式的斗争，既要在明处和图书杂志审查官斗，又要在暗处和文化特务斗。关于这方面的学问，鲁迅后期杂文中时有涉及，我自己从中得益匪浅。

为了出好书，还有一种应具备的业务上的学问，本书第一部分的几篇文章，作者正好提供了丰富的资料。它让我们看到鲁迅如何办出版社，如何编定期刊物，如何重视书籍的序跋、评介文章，以及装帧设计和插图等。读者从中可看到鲁迅不但以具体的行动、实际的工作为我们做出榜样，从选题组稿到校对宣传，件件在行；对书，更怀有一种深厚的感情。他的一生，除了自己写书以外，更关心的是如何通过编书、出书，把有益于人民有助于革命的书，送到千千万万的读者手中去。

鲁迅生前十分重视培养人才。本书第二部分介绍鲁迅序跋的书，提供了许多生动的例子。当鲁迅介绍青年作家周文、葛琴、梵澄等的作品交良友图书公司出版前后，他不辞劳苦，为他们改稿、写序，甚至为人抄录副本，一丝不苟。哺育之勤，抚爱之深，期望之切，感人肺腑。我对上述三位青年作家与鲁迅的关系，已分别写过回忆文章。现在周文早于解放初期逝世，葛琴在十年浩劫期间被迫害致残；只有梵澄于鲁迅死后数十年来，杳无音讯，我早认为无缘再见此君了。重读鲁迅写给我的四十九封书信中，竟有八封谈的都是梵澄译的《尼采自传》。当年我们接受出版后，鲁迅又为此书用哪号字排、着重句标点如何放等细节，关怀备至；又把自己藏书中的尼采像借给我们做插图。最令人难忘的是：自告奋勇，为梵澄校读全书的最后清样。这位受到鲁迅如此宠爱的学生，后来究竟到哪里去了呢？前年终于找到了。原来他一直在印度，1979年倦游回国，叶落归根，正在北京做研究工作；现在我又和他恢复了鱼雁往来。许广平解释鲁迅当年所以重视梵澄，是"因为凡有可造之才，不忍其埋没"。她又说："先生爱一切人，爱一切有专长的人。"在如何培养人才方面，像鲁迅这样具有远大的目光，宽阔的胸怀，无私地哺育后辈，至今还是值得我们学习的。

　　我在我写的《编辑生涯忆鲁迅》一书中，有一个问题存疑：那就是1933年3月初，我去信要求鲁迅在即将出版的《一天的工作》包封上，另外换一幅译者画像。《竖琴》上的画像是马国亮画的。鲁迅于3月10日复我信中说："小说封面包纸上的画像，只要用《竖琴》上用过的一幅就好，以省新制的麻烦。"经我再三请求，他答应另外给我一幅木刻半身像。刻的是中年时代的鲁迅，两眼炯炯有神，突出中式长袍衣领上的两颗盘香纽，刀法粗犷有力，颇有特色（见书前插图）。当年我也未问作者是谁，缩小制锌版后，用在《一天的工作》的包封上作广告用，这些包封纸，读者和图书馆早已把它丢弃了。我提起此画后，引起木刻界同志的重视，认为此画艺术技巧虽非上乘，但这是为鲁迅用木刻造像的第一幅，是罕见之物，而且画的是中年时代的形象，具有历史价值。我遍问京沪版画界朋友，都说不出是谁的早期作品。直到两个月前，才知道此画作者原来就是梵澄。他从1929年去德国留学，受鲁迅委托，在彼邦搜购大量德国版画原作，如珂勒惠支的版画，还买了大批画册，这是大家所知道的。但他还自己创作过木刻，而且鲁迅当年交我的那幅半身像就出于梵澄之手，这是出于我的意外的。我又查阅《鲁迅日记》，他曾于1930年8月至翌年11月间，四次把自作版画九幅寄赠鲁迅。我便托上海鲁迅纪念馆同志查阅鲁迅生前收藏的原刻版画中是否还有梵澄从德国寄来的作品,居然又找到了一幅梵澄用徐琥笔名签署的铜刻德国风景画。我把两幅复制品寄他鉴定时,他除表感谢外,又引起了他怀念鲁迅先生的感情。他说:"我稍一凝思,心情仿佛又回到当年刻画的时候了,……时代是过去了,不多不少,是半个世纪,然而一切事皆是……'古矣'!"他告诉我,他当年受鲁迅爱好版画的影响,在汉诺威大学读书时,就去旁听版画课,后转入另一所艺术专修科,从一位老年画师实习作版画,那幅鲁迅像就是当年的习作。我问他此后在版画方面是否还有所贡献。他说:"毫无贡献。只有鲁迅先生的期望与我的计划在这方面的失败,此时也不必提了。"曾受到过鲁迅先生雨露滋润的后辈,当自己也进入暮年而回顾一生所走过的道路时,往往会愧对老师的教诲。梵澄先生的这种心情,我是与有同感的。

1982.10

这是为天津人民出版社出版的《鲁迅与书》所作的序文的一部分,原刊于《人民日报》,1983年8月25日,有补充。

重见丁玲话当年

——《母亲》出版的前前后后

一

这次去北京参加第四届文代大会,暗中怀着这样一个心愿:今后机会越来越少了,要尽量设法看到或是去看望30、40年代对我在"良友"和"晨光"的编辑出版工作上,曾给我以种种帮助和支持的老作家、老朋友们。其中不少人已远离尘世,健在的简直无例外地经受了十年浩劫的考验,而丁玲同志遭遇的厄运,比别人更长十年。一到北京就听说她病了,但作协大会上亲聆到她如泣如诉、令人肠断心裂的发言。11月17日冯雪峰同志追悼会后,我终于在礼堂门口远远地见到她。我上前去招呼时,她大约已认出我来,说:"你是办'良友'的吧。"她热情地约我次日去友谊医院看她。我说:"等你病愈后再约见吧。"她坚持说:"不妨事,欢迎你来。"三天后的下午,由舒济同志陪我到了她的病房。她的爱人陈明同志虽属初见,同样亲切接待。

丁玲靠卧在临窗一张长沙发上,背后高高地垫了一床被。满头白发,脸上刻下了许多深深的皱纹,更显得这位老作家已历尽沧桑,受够了折磨,心中替她难过。但是我们一开口,自然而然地谈到30年代许多往事时,她的精神立刻抖擞起来,脸上不时露出笑容。我这次就是要告诉她《母亲》编入《良友文学丛书》出版的前后经过,有些事还要请教她帮我一起回忆。这些事,四十多年来一直没有机会向她谈。第一届文代会时,解放区和国统区的两支兄弟文艺队伍在京胜利会师,当时丁玲忙得没有余闲听我讲。第二届我没有出席。到1960年第三届文代会召开时,主席台上没有了她的席位,大会场里也未见踪影,据说她已远在北大荒劳动。粉碎"四人帮",党中央拨乱反正,我们才能在首都重新见面。我们的友谊是从1932年她第一次把小说《法网》交我编入《一角丛书》开始的。但最有历史意义的是在她被捕后的1933年,我把她未完成的长篇《母亲》编入《良友文学丛书》出版了。

　　1931年胡也频牺牲后,丁玲把孩子送给湖南的母亲抚养,回到上海时,已经有了这部小说《母亲》的腹稿。她经常向左联同志提起,她自己家里那个大家庭衰败和分化的情形,正是封建地主阶级没落的过程,而她的母亲恰恰是前一代革命女性的典型。但由于革命工作的牵制,迟迟没有动笔。1932年5月26日,党的江苏省委宣传部委托楼适夷主持创办《大陆新闻》日刊,约丁玲写个长篇连载,她才决定动手写《母亲》,预计每天刊一千字,十个月可以登完。不料小说发表不到二十天,日刊被迫停刊。但在该刊上发表的作者给楼适夷的一封信,叙述作者创作的动机和打算,是研究这部小说的珍贵资料(我后来把它全文刊在《母亲》再版本之前,未得作者同意,擅自用了"代序"的名义)。

　　1932年秋,我筹备编辑《良友文学丛书》时,知道作者有这部长篇的写作计划,便向她约稿,她答应了。考虑到丛书的篇幅,作者又变更了原定计划,把长篇分成三部曲,准备分出三册。作者回忆说:"《母亲》原打算写三部,详细的计划,我现在忘了。可能第一部写她从大家庭里走出来完成她的学习。第二部写她从事教育后的一些建树,直到1927年。第三部写她在大革命失败后,对革命的缅怀和向往,以及也频牺牲后又如何为我们抚育下一代。"当时她每写完一章就把原稿送给我。到1933年4月中旬,我们已拿到四章约八万字,原来计划再写二三万字即可成书,不料5月14日,作者突然在昆山路寓所与潘梓年同时被国民党特务绑架走了。

丁玲被捕后,出版《母亲》发售亲笔签名本时,刊于《申报》的广告

47

我们那天当然没有直接谈到关于被捕的事,但对当年营救最力者是什么人的问题,丁玲同志感慨系之地对我说:"过去有些书上的说法,似乎左联没有管我而是另外的什么人在营救我,这不合乎事实。你可问问楼适夷,他最清楚。"我留京期间,曾和楼适夷同志作了一次长谈。他告诉我,营救丁玲的事都是党主持的。由民权保障同盟出面,组织了丁潘营救委员会,适夷代表左联参加这个组织,曾在南京路大三元粤菜馆招待记者,宣布向国民党要人,也登过报。带头的有柳亚子、鲁迅、杨杏佛等,而以杨杏佛出力最大。那时一切商议都在李达家进行,李达爱人王会悟是丁玲的好友。适夷还谈到当时请外籍进步记者伊罗生和史沫特莱写报道,发消息给上海的西文报纸和国外进步刊物,同时发动上海的进步舆论界掀起一股抗议的宣传高潮。为了对付国民党反动派矢口否认的卑劣手法,当时有过这样一个设想:把丁玲的母亲从湖南接来上海,向法院正式起诉,可惜这件事没有如愿完成。不久,带头绑架丁玲的特务头目马绍武被我们派人打死在马路上,引起了社会上的极大轰动。适夷最后对我说,这些重大的历史事件都可在当时报纸上找到。

  我回上海后,得到两位文学青年的协助,很快把需要的材料都弄到手了。丁玲被捕后,上海各报都无报道,5月17日,英文《大美晚报》第一个揭露这条消息。5月23日,各报都刊登了蔡元培、杨杏佛、胡愈之、陈望道、柳亚子、林语堂、邹韬奋、叶圣陶等三十八人联名电京营救丁、潘的电文。6月14日,中文《大美晚报》报道说,蔡元培、柳亚子等诸人已组织了丁潘援救委员会,进行调查宣传。6月15日,《时事新报》记者访问了蔡元培、杨杏佛二氏,据杨杏佛谈:"外传鄙人等业已组织援救团,实际尚未成事实。丁潘二人现时究在何处,尚未得确实下落,因而无从着手援救,且援救亦须先待丁潘二人家属来沪,委托律师方可进行。……"同一天的上海各报,却在显著地位刊登了一则惊人消息:马绍武已在昨晚被击毙命,露尸街头。中文《大美晚报》详细介绍了马绍武是上海公安局督察员,昨晚他坐自备汽车去三马路小花园某妓院弄口,被中三枪,立即毙命。他坐的汽车牌号是4223号,报馆还接到一位读者电话揭发,丁玲被捕那天停在昆山路昆山花园路七号门口的汽车,挂的正是这同一牌号。这就充分证实楼适夷那天的谈话完全是有根有据的。

两天以后的6月18日,杨杏佛惨遭国民党特务的暗杀。20日杨杏佛追悼会在万国殡仪馆举行时,盛传鲁迅先生也已被列入黑名单,但他毫无惧色,置自己的生死于度外,与许寿裳同去吊唁。查《鲁迅书信集》载6月26日鲁迅致王志之信中,有这样一段话:"丁事的抗议是不中用的,当局哪里会分心于抗议。现在她的生死还不详。其实,在上海,失踪的人是常有的,只因为无名,所以无人提起。杨杏佛也是热心救丁的人之一,但竟遭到了暗杀。"[1]这是在鲁迅的书信集和日记中第一次提到丁玲被捕的事。其实这时,国民党反动派早已把她秘密地转移南京,不宣布,不审问,一直把她幽禁在那里。虽一度盛传被害,但慑于国内外进步舆论界的威力,国民党反动派始终未敢下此毒手。

二

我们那天有许多次谈到鲁迅。我看出丁玲同志对鲁迅怀着无限崇敬和衷心思念之情,我便把《母亲》提前出版的经过讲给她听了。

那时我考虑到不知何年何月作者才能继续把小说写完,这卷未完成的手稿,只有放进存稿柜的最后一格算了。但在作者被捕后三天,同事郑伯奇同志上班后轻轻地对我说:"鲁迅先生建议把丁玲的那部未完成长篇立刻付排,你可以写个编者按作个交代。书出得越快越好。出版时要在各大报上大登广告,大事宣传,这也是对国民党反动派的一种斗争方式。"我便立即把原稿重读一遍,5月20日发排了。

作者第一次交稿时,曾交我一幅她母亲的照片,我就把它制版后印在书前。这幅照片里,她母亲穿了清朝古装,坐在一架纺纱机前纺纱。对于这幅照片,后来有人对我说是不真实的,可能是画的。我为此要作者解释,她告诉我说,"你说的那张纺纱照片,是在我出生前1902年时,我们那个城常德县刚有照相馆,有一天,当我外祖母不在家时,我的舅舅们叫到家里来拍摄的。大家都照了相,都是正襟危坐,只有我母亲独

---

[1]《鲁迅全集》,第12卷,第190页,1981年。

出心裁照了一张生活照片，实际正如你的友人所说，我母亲那时并不纺纱，她会绣花，以绣花为女工的。……我母亲遗像中还有拿锄头的。大约她喜欢这种生活，虽不能做，但摆个样子，照张相也是高兴的。这是她喜欢的一张照片，给了我。因此我就把它寄给你们，放在书中首页了。"足见作者当年把这幅照片交给我也是含有深意的，我在书末还写了四百字的《编者言》作个交代。

我们的丛书都是软布面精装本，外加封套，初版本上印了作者画像，质量不高。再版时，换了一幅，在她那圆大清澈的两眼里，充满着青春的活力，点燃着对中国革命的无限希望。原照刊在苏联出版英文版《国际文学》1933年6月号上，同时发表的有《中国左翼作家联盟为了丁潘被捕反对国民党白色恐怖所发的声明》英文本，附刊丁玲小传及失踪消息一则。我就是从这本苏联刊物上翻印来的。

国外的文学出版界素有发行作者签名本的传统，售价奇昂。为了使中国读者也养成这种爱好作者签名本的习惯（实际上也是一种以广招徕的广告术），丛书创刊后，也引进了这个方法，每种新书出版，先在门市部出售编号的作者签名本一百册，书价相同。实行半载，并未引起读书界的特殊兴趣。我们想，这次丛书第七种《母亲》出版，社会上都知道作者已失踪被捕，现在发售作者亲笔签名本，肯定会大大轰动，这倒也可以给国民党反动派开个玩笑。书于6月27日出版，我们在6月25日的《时事新报》和6月27日的《申报》刊登了大幅广告（见第47页附图），特别注明28日晨在北四川路门市部先发售作者签名本一百册。这天上午九时铁门一拉开，读者果然蜂拥而入，签名本一抢而光，其余的也售出很多。下午，忽然来了两位身份不明的人，气势汹汹，声言要买十册签名本。门市部同事告诉他们早售完了，他们就在店堂中吵闹不休，高声咒骂："这种签名本完全是假的，大家都知道丁玲早已失踪被捕，你们的书刚刚印出，她哪里会来在你们新出的书上签字。你们骗人！要见经理！"我们的经理知道门市部出了事，下楼了解后，上楼和我商量。我们决定请他们上来，把真相摊给他们看。于是我们把将出的其他作者已签上名的两卷作者签名纸给他们看。原来我们和作者签订约稿时，就交他一百张编号空白的签名纸，签好后先交给我们保存，一待出书装订时，就把这一百张纸，作为里封衬页，裱在一百册布面精装封面的背后，这样就成了作者签名本。这两个家伙是有意来寻衅的，在事实面前见到无机可乘，无话可说，只得垂头丧气地溜走了。那天我讲到这里时，整个病房中的人爆发出了满意的笑声。

这一签名本在《鲁迅日记》中也有反映。6月27日日记载有："得赵家璧信并再版《竖琴》及《一天的工作》各一本，《母亲》（作者署名本）一本。下午达夫及夏莱蒂来。"我平时赠书给鲁迅，都不赠签名本，这次意义特殊，所以在正式出书前一天，就把签名本送去。鲁迅非常重视，在这一年的《书账》里也把它列入了。就在收到赠书的第二天（6月28日）的日记上，载有鲁迅当天所写两首旧体诗。日记载："下午为萍荪书一幅……。又为陶轩书一幅云：

    如磐遥夜拥重楼，
    翦柳春风导九秋，
    湘瑟凝尘清怨绝，
    可怜无女耀高丘。

二幅皆达夫持来。"就是这一首诗，9月底，改了几个字，发表在《涛声》上，作者冠以《悼丁君》为题。当时风传丁玲已被杀害，所以鲁迅引用屈原作《楚辞·离骚》中"忽反顾以流涕兮，哀高丘之无女"作典，写了这首诗，寄托了他老人家对丁玲的悲悼和思念之情。丁玲对这首诗一直铭记在心。

《母亲》出版后，立刻成为《良友文学丛书》中的最畅销书。第一版印四千册，一个月销光，10月和12月各再版二千册，这在当时书业界简直是个奇迹。年底结算，作者应得之版税，为数可观。但我们收到作者亲属从湖南来函要求汇款者不止一处，会计科很难处理。这个颇感棘手的问题是鲁迅帮我们解决的。我那天告诉丁玲同志说："鲁迅先生来信对我说，是蒋慕唐老太太来信就汇，但也不要一次全汇去了。"丁玲听到这里，心情极为激动，静默了一阵，才像吁了一口气，轻声地自语着："这些事，我过去都不知道啊！"在旁的陈明同志兴奋地指着我说："今天还能说出蒋慕唐老太太的名字来,除了我和丁玲二人外,恐怕只有你了。"接着他又感慨地说:"从这件事情来看,鲁迅先生对左翼作家的生活,多么地关怀备至啊!"

我在何时何地对鲁迅谈起这件事情的,一直没有记得起来。最近再查《鲁迅日记》,发现1934年1月15日,载有这样一条:"雨,下午成雪。往良友图书公司交《一天的工作》附记一篇,印证四千。"这足证我就是在鲁迅冒雪来访的这一天向他提出这个难题的。一星期后,1月22日,他复我一信,信中说:

顷查得丁玲的母亲的通信地址,是:"湖南常德、忠靖庙街六号、蒋慕唐老太太",如来信地址,与此无异,那就不是别人假冒的。但又闻她的周围,穷本家甚多,款项一到,顷刻即被分尽,所以最好是先寄一百来元,待回信到后,再行续寄为妥也。

鲁迅为丁玲母亲的生活所需设想得如此周到,至今读来,确是感人肺腑的。

三

我进病房时已有一位女同志坐在丁玲身边,看到她们非常亲密,预料不是普通的朋友,后经介绍,才知是已故左联老作家周文同志的爱人郑育之同志。当我把话题转到丁玲的另一本短篇小说与散文集《意外集》时,她们两人的共同回忆,向我提供了一个重要的线索。

丁玲在南京被幽禁三年后,经鲁迅、曹靖华、冯雪峰、张天翼等多方设法,在党组织的帮助下,于1936年9月逃离南京,秘密回到上海,准备取道西安,转赴中央所在地陕北保安。作者在停留上海的短暂时间里,把前一时期发表的五个短篇交我编入《良友文学丛书》出版。我记得交我的文稿只有四万多字,后来加了三篇作附录,仍不能凑足丛书所必需的篇幅。经与排字房工友商议,利用空铅,每面排二百五十字,凑足二百四十页,作为丛书第三十三种,于11月出书。但这部集子的组稿过程,我完全记不起了。当我提到此书时,丁玲同志用左手拍拍旁坐的郑育之同志说:"这个集子,完全是周文替我出的主意。当时我回到上海,正在筹划到陕北去,我的母亲在湖南,非常需要钱。周文就帮我把几篇东西凑成一个集子,还叫我写了篇序,送给'良友'出版了。"

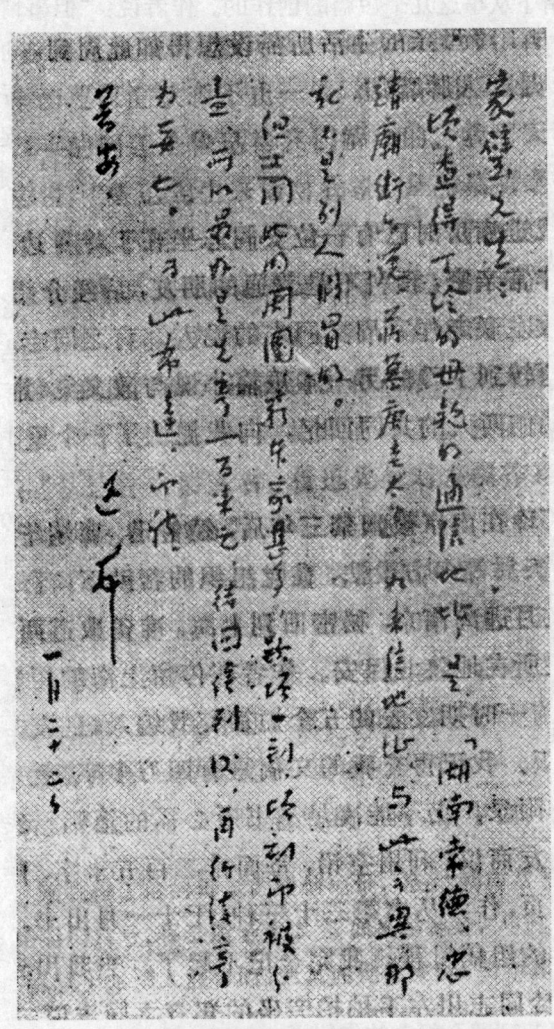

鲁迅为丁玲稿费事写的信,1934年

《意外集》中的五个短篇，据作者回忆："都是1935年底到1936年初陆续写成的。"发表于1936年4月至8月的津沪的文艺报刊上。作者在序文中说明这个集子"并不是一个很好的收获，却无疑是一点意外的渣滓"。但序文中有一段话提供了研究的资料，借此可以了解作者是在怎样的环境和心情下从事这几个短篇的创作的。作者说："但事情居然有出乎意外的，我得到了一个机会，离开了一切，独居在很清幽的居所，时间过去又过去，是狠狠的长的三年……有些熟人知道了我幸而还活在一个角落，又不十分明了我的心情，总是设法传递一些好的督促来，说，你要写啊！或是你莫让人疑心你是完结了，你要起来，重新提起你那支笔！这些都只有使我难受，然而结局我也就勉强地在极不安和焦躁的里面写下了一些，就是收在这集子里的几篇。"

至于附录中的三篇都是丁玲被捕前所写，有的没有写完，有的不准备马上发表的。这些文稿手迹、照片、信札等，据丁玲同志告诉我，是用一个小箱或小包袱保管起来，一直寄存在她的好友王会悟处。她被捕后，由冯雪峰、楼适夷取出，存放在南市谢澹如家里。当时为了有意识地扩大对丁玲的宣传，"左联"同志把其中的三篇拿出来公开发表，同时发表的还有照片和作者手迹等。我拿到《杨妈的日记》，刊于1933年8月号的《良友画报》上；《不是情书》和《莎菲日记第二部》，分别发表于《文学》的九月号和十月号上。这些短文，今天都已成为研究丁玲的生平和著作的宝贵资料。

现在事隔四十多年了，作者对《意外集》中的八个短篇，是否有些不同的看法呢？当时在序文中，作者说："我汇集起来不过作为自己的一个纪念。"我请问作者，这些文章过去收进过什么集子没有？作者答复说："我从未把任何一篇选入选集。最近人民文学出版社要我重新编选一本选集，我将其中的《松子》、《团聚》和《杨妈的日记》都编了进去。前两篇对当时凋零破败的旧中国是有所揭发的，还是沿着《奔》的道路前进的。后一篇虽未写完，但书中人物还写得可取。"这本书当时只印一版，接着抗战爆发了，所以中青年读者知道的不多，作者现在选入三篇，真正可以起到留个纪念的作用了。

丁玲于1936年7月间第一次秘密来沪时，行动不能自由。她为了要表示对鲁迅先生的尊敬和感谢，曾向冯雪峰同志提出要去拜见鲁迅。当时鲁迅已在病中，雪峰劝她不要去，她便在7月18日写了封信给鲁迅。9月间逃离南京；在沪暂留准备去革命根据地时，鲁迅已病入危境，她更无机会去看望他老人家。丁玲最近在给一位《鲁迅日记》注释工作者的信上说："万万没有想到，我在奔向苏区停留西安时，听到了先生病逝的噩耗，悲愤难已，曾用'耀高丘'化名，致函吊唁。"这个化名就是作者用了《悼丁君》诗末一句的同一典故。我这次查到这封唁函，是写给许广平的，其中说："我两次到上海，均万分想同他见一次，但为了环境不许可，只能让我悬念他的病躯，和他扶病工作的不屈精神！现在却传来了如此的噩耗，我简直不能述说我的无救的缺憾了。"两次都因作者处境恶劣，两次都在鲁迅重病之中，两代作家未及相见，因而成为丁玲的终身遗恨。

那天在病房中，坐在靠里边一角，还有两位研究丁玲著作的青年教师。在我们谈话的整个过程中，他们未置一词。丁玲同志最后风趣地对他们说："你们今天如果带了录音机来就好了，我们刚才谈的都是很重要的史料啊！"接着她又把我介绍给他们，说："他当时是没有派系的，只要进步的书，他就愿意出。"丁玲的这句话，使我想起了发生在上海"五七干校"时的一件事。

有一天，我们班开批判"国防文学"的会。造反派要我交代30年代"两个口号"之争时，我是主张哪一派，反对哪一派的？两个宣言中，我签在哪个宣言上？我坦率地说出了当时的情况。我在两个宣言上都签了名。第一份宣言是郑伯奇拿来的，我看到上面有周扬、夏衍的名，我签了。第二份宣言是靳以拿给我的，我看到上面有鲁迅、巴金的名，我也签了。我认为他们都是"左联"的进步的作家，我作为一个要求进步的文艺编辑，跟着他们走不会错。造反派就疾言厉色地责骂我，说我是个投机分子、两面派。当时我实在无法自辩，只好点头认"罪"。今天回头来看，我有什么不对呢？这些造反派就是对30年代的人物罗织罪名，企图一网打尽而已。

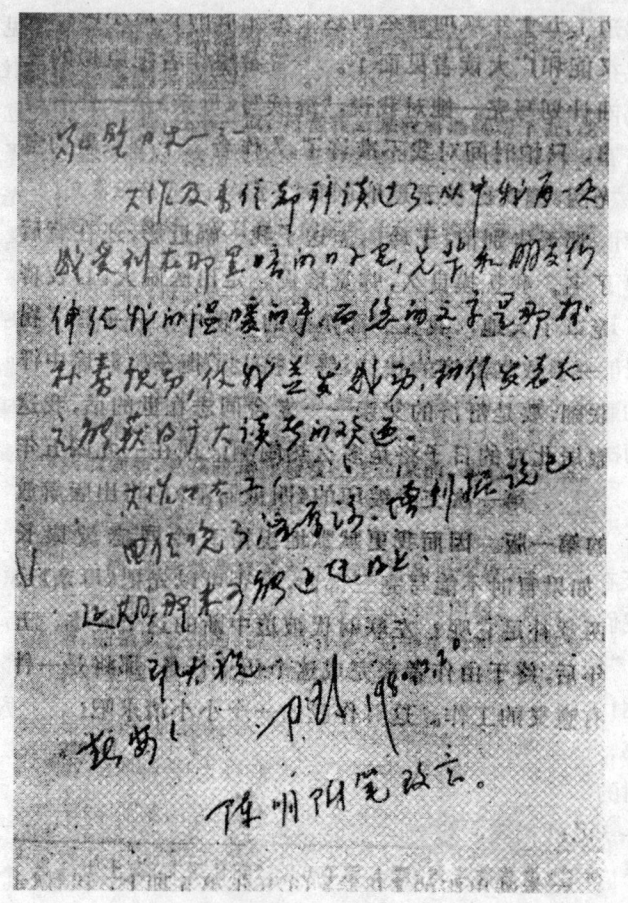

丁玲来信，1980 年

这次文代会期间，30 年代的人物都出来了。听了许多作家的发言，坦率无忌，推心置腹，大家说出了长期来埋在心底的真心话，使我也懂得了许多过去不能理解的事。通过大会，我们现在团结得更加紧密了。像丁玲这样 30 年代就已闻名国际的"左联"老作家，中断了 20 年的创作生活，现在又重新拿起笔杆子来。解放后出版的丁玲著作，最近已在陆续重版。最使我高兴的是，这部《母亲》已由人民文学出版社发排。据说，作者未加改动，仅在书前加写了一篇《我母亲的生平》。经历了 50 年坎坷命运的这个未完成的长篇小说,终于又能和广大读者见面了。我曾希望作者把原拟的三部曲计划写完。她对我说:"继续写《母亲》是一件有趣的事,只怕时间对我不准许了。"作者二十个寒暑的宝贵光阴,确实已被无理地剥夺掉了。

那天告别前,丁玲同志送了我一幅近影,还在背后签了名。我抚摸良久,弥觉珍贵。走出医院大门,夜幕已笼罩了大地,我在熙熙攘攘的人群中,一手拄了拐杖,一手依靠舒济的扶持,终于挤上了街车。归途中浮想联翩,要是舒济的父亲——老舍同志在世的话,我这次旅居北京的日子将是多么热闹啊!现在1945年老舍同志第一次交我编印的《四世同堂》也将出版解放后的第一版。因而我更默默地祝祷丁玲同志健康长寿,如果暂时不能写完三部曲,是否可以先把《母亲》最后两章补足它呢?"左联"时代被迫中断的这个残本,五十年后,终于由作者来完成这个历史任务,那将是一件极有意义的工作。这算作我的一个小小请求吧!

1980.2

附记:

在香港出版的《开卷》1979年第5期上,刊有《走访丁玲》的一篇访问记,作者冬晓。其中有几段丁玲答复有关《母亲》续编写作的话,转录于此,关心《母亲》的读者会感兴趣的。

丁玲:还有一篇,可惜我后来没有继续写下去,就是《母亲》。这是我在写那些短篇中间,觉得欧化了的文章还是不好,有意识的想用中国手法,按《红楼梦》的手法去写。我对自己的家庭生活比较熟悉,也比较适宜于这种写法,就写下来了。

问:《母亲》一书你原计划写三四十万字,出版的本子只有十万字,现在准备写下去吗?

丁玲:有人建议我写下去。他认为这篇作品比较民族化,跟中国传统小说比较衔接,而现在不少小说多少有些欧化。并且他认为,这本书里的人和事都是从旧到新,是从封建社会慢慢走过来的，也很有意思。而且写自己，写来不必花费很多时间，应该是可以写下去的。

问：那你接着写下去，就可把自传也完成了？

丁玲：我也考虑了，主要还是时间问题。要写出来，总是文艺性的，是文学作品，总得花脑筋。虽是真实的生活，但究竟还要提炼。

1983.11

原刊于上海《文汇月刊》1980年第4期；前半部曾用《丁玲的〈母亲〉怎样出版的》为篇名，编入《编辑生涯忆鲁迅》。现按原文仍用原篇名，除正文有补充外另加附记。

丁玲赠我以《母亲》

一年前就听说《母亲》要重印，薄薄的一本，照样姗姗来迟，好不令人焦急！1933年丁玲被捕后，这本未完成的长篇是受鲁迅和郑伯奇的鼓励，作为对国民党反动派进行斗争的一种方式，编入《良友文学丛书》，赶在半个月内印成出版的。

时临岁暮，地冻天寒，丁玲同志从北京来沪，将去南方休养写作。去年11月22日午刻，她托人通知我不要外出，将来虹口送我新出的《母亲》，才知道书终于出版了，而作者正在上海。我那天已约定上医院，便顺道去招待所看望她。见到丁玲同志虽经手术，身体恢复得比前年冬在京初见时丰腴多了。老作家的健康是万千读者的幸福！一坐下，她就把离京前人民文学出版社送她的样书赠我一册，并当面签上了名。开本放大了，书也增厚了，虽然改为平装本，封面设计予人以清新之感。作者亲切地指给我看，新版加插图四页，除照印旧版代序外，她新写了一篇代序，题为《我母亲的生平》。她告诉我，这是根据她老人家留下的一部六十年回忆录的遗稿写成的简传，还录入十多首律诗。将近五十年前经过我的手发稿的一本书，今天充实了新的内容，换上了新装，初版就印了九万册，将送到远为广大的新读者手中。回想当年此书算是畅销书，印了四版，犹未上万呢！我还是敦促作者去南方后把它继续写下去。她抱歉似的说："如果当时不出事，一鼓作气写下去，也许早就写成了。如今隔了这么长的时期，这股气已接不上来了。"我的愿望还是落了空。分别时，我和丁玲、陈明三人还在招待所花园里合影留念。

当晚回家，一口气从头到尾看了一遍，才发现新增的简传，极富史料价值，实际上，作者已把当年准备以她母亲一生写成三部曲的素材和缩影，揭示给读者了。四幅不同时代的母亲照片，通过形象更给人以历史的真实感。丁玲出生前所摄那幅丁玲称之为"摆个样子也是高兴的"

母亲纺纱图,和旧版一样刊在首页。辛亥革命那年与向警予烈士等七姊妹的合影,是一幅稀见的历史文物。从简传里,我们才知道向警予像一只报春的飞燕,带领丁母等共同筹组妇女俭德会,创办工读学校等,她们是一群反封建的先知先觉者。这些革命活动就是计划中第一和第二部的主要内容。大革命失败后,她母亲停止了社会活动,那时,革命的火棒已由她女儿接上了。作者说过,第三部准备写到母亲"对革命的缅怀和向往,以及也频牺牲后又如何为我们抚育下一代"为止,所以那幅摄于1931年丁玲送孩子回湖南时祖孙三代人的合影,正象征着三部曲的结束。因此新版正文虽仍然是四章,读者对未写出的部分和全书的概貌完全可以从中想象得之,这是新版《母亲》的一大贡献。更为珍贵的是解放后1951年,她母亲在北京安度晚年,展卷读书的一幅最后遗像,粗粗一看,简直像丁玲自己的近影。

新版最后把我发表在《文汇增刊》上的《重见丁玲话当年——〈母亲〉出版的前前后后》作为附录。对我这个老编辑来说,这也是一种精神上的鼓舞和安慰。

1981.1

原刊于上海《文汇周报》试刊号,1981年1月24日。该刊没有正式出版。

鲁迅与《木刻连环图画故事》

鲁迅战斗的一生中,特别是在上海的最后十年里,他在领导革命的美术活动方面同他在领导革命的文学活动方面一样,都起到了"这个文化新军的最伟大最英勇的旗手"的作用。在美术方面,除了大家所熟知的倾注全力于倡导和扶植新兴木刻版画运动外,他替当时在社会上广泛流行,为广大人民群众所喜爱,但不被文人雅士所重视的通俗文艺读物——连环图画,大声疾呼,挺身辩护。

30年代,上海文艺界掀起过两次有关连环图画的论争,鲁迅为此写过四篇文章。他又为第一次从国外移植来的《木刻连环图画故事·一个人的受难》写了序,又写专文讨论"翻印木刻"。更值得一提的是为了把"社会上流行的连环图画……加以引导",他曾试图对旧连环图画进行改造。后两件事,我都有幸参予其间。二十年前,我曾在《人民日报》文艺版写过一篇千字短文[1],略述梗概,因篇幅所限,语焉不详。现在一边回忆,一边查阅我所能找到的资料,有些事还请教了熟悉当时情况的赵宏本同志等,把有关鲁迅与连环图画的往事,写成这篇史话,以供参考。

一

第一次论争是在"左联"提出文艺大众化问题后引起的。

1930年3月2日,中国左翼作家联盟成立。在这以前二十多天(2月8日),鲁迅就给《大众文艺》写了第一篇题为《文艺的大众化》的文章。他提出"应该多有为大众设想的作家,竭力来作浅显易解的作品,使大家能懂爱看"。对于旧的流行的东西,他认为不能采取"迎合和媚

---

[1]《鲁迅和连环图画》,1961年9月26日《人民日报》文艺版。

悦"的方法，要有所增删，逐步变革，"以挤掉一些陈腐的劳什子"，在当前条件下，只可以进行一定程度的大众化而已。这种面向大众，逐步利用、改造，实事求是的态度，贯穿在他后来对连环图画的理论探讨和实践过程之中。虽然这篇文章中还只提到唱本，还没有述及连环图画。

"左联"正式提出利用和改造连环图画，是在1932年"一·二八"战争之后。3月9日"左联"所作"目前具体工作决议"里，在各委员会目前最紧要的工作项目下，虽列有"创作革命的大众文艺（壁报文学、报告文学、演义及小调唱本等等）"[1]，也还没有把连环图画包括在内。直到4月25日以小册子形式出版的"左联"刊物《文学》创刊，以《上海战争与战争文学》专号面目同读者见面时，一共三篇长文中倒有两篇提到连环图画。洛扬（冯雪峰）在《论文学的大众化》中说，"我们可以而且应当利用这种大众文艺的旧形式，创造大众文艺，即内容是革命的小调、唱本、连环图画、说书等。"史铁儿（瞿秋白）说得更具体，他说，"所以普洛文艺所要写的东西应当是旧式体裁的故事小说、歌曲小调、歌剧和对话剧等，因为识字人数极端稀少，还应当运用连环图画这一形式。"[2]据我所见，把连环图画提上文艺大众化的日程表，这是最早载于革命文献的。

当时民族危机和阶级矛盾日趋激化。日本帝国主义的大炮，惊醒了生活在十里洋场中的上海人民，而作为旧中国文化中心的上海，文化上的"围剿"和反"围剿"斗争也进入了白刃战的阶段。打着"自由人"旗号的托派分子胡秋原在《文化评论》上写文章反对"左联"领导的革命文学运动，恶毒咒骂文艺大众化。洛扬在6月6日的《文艺新闻》上痛斥他的"丑脸谱"。7月号《现代》上，该刊编辑之一杜衡，署名苏汶，打着"第三种人"的旗帜，跳出来和胡秋原一搭一档，攻击"左联"，讥讽主张改造连环图画的人。他说："他们鉴于现在劳动者没有东西看，在那里看陈旧的充满了封建气味的（就是说，有害的）连环图画和唱本，于是他们便要求作家写一些有利的连环图画和唱本给劳动者看……这样低

---

[1]《鲁迅著作注释有关材料》，人民文学出版社。
[2]《普洛大众文艺的现实问题》，《瞿秋白文集》第3卷，第863页。

级的形式还产生得出好的作品吗？确实，连环图画是产生不出托尔斯泰，产生不出弗罗培尔的……。"他接着还说，"终于文学不再是文学，变成连环图画之类，而作者不再是作家，变成煽动家之类。"〔1〕反动文人已结成一伙，向革命文艺全面扑来。他们主要围绕着"文艺自由"的问题，反对文艺为政治服务。由于苏汶在连环图画问题上坚持全盘否定的态度，因而在美术范围内，同时引起了一场论争。在这场论争中站在革命文艺方面的主将就是鲁迅。

鲁迅在这场论争中发表两篇重要文章。现在查得写成于10月10日的《论"第三种人"》是作者直接寄给苏汶的，这在发表此文的《现代》第二卷第一期末页编者所写的《社中日记》可作证明。鲁迅在文章中说："左翼虽然诚如苏汶先生所说，'不至于蠢到不知道，连环图画是产生不出托尔斯泰，产生不出弗罗培尔来'，但却以为可以产生出密开朗该罗、达文希那样伟大的画手。而且我相信，从唱本说书里是可以产生托尔斯泰、弗罗培尔的。"鲁迅对于苏汶，还是从团结的愿望出发，用说理的态度，等待他自己认识错误，转变立场。冯雪峰生前回忆说："鲁迅《论"第三种人"》最后一句，'怎么办呢？'是我加上的，引用苏汶的原话，意在给对方留个后路。"〔2〕鲁迅把这篇文章直寄苏汶交《现代》发表，也是从团结的愿望出发的一种宽大胸怀的具体表现（以后还在《文化月报》上重刊一次）。但是苏汶如何呢？他把这篇重要文章放在他自己所写为他的错误主张进一步辩解的《论文学上的干涉主义》后面。这种利用编辑职务上的便利所耍弄的不光彩的小动作，同鲁迅光明磊落的态度，正是一个鲜明的对照。最近，林默涵在《人民文学》上谈到当年鲁迅如何对待"第三种人"时，也说过这样一段话："鲁迅……那篇《论"第三种人"》的文章，在理论上毫不妥协，指出作家超阶级之不可能，同时又劝诱他们认识真理之意，而不是简单地骂。等到他们真正变成了国民党的鹰犬时，鲁迅先生就毫不留情地加以鞭挞了。"〔3〕

---

〔1〕《关于"文新"与胡秋原的文艺论辩》，《现代》第1卷第3期。
〔2〕《冯雪峰同志关于"左联"等问题的谈话》（1973年8月3日），见《鲁迅研究资料》第2期第173页。
〔3〕林默涵《解放后十七年文艺战线上的思想斗争》，《人民文学》1978年5月号。

第二篇文章写成于10月25日。从《"连环图画"辩护》这个题目看，就一目了然于作者卫护这一通俗文艺读物的坚定而明朗的态度。他说："苏汶先生的文章，他以中立的文艺论者的立场，将'连环图画'一笔抹杀了。自然，那不过是随便提起的，并非讨论绘画的专门文字，然而在青年艺术学徒心中，也许是一个重要问题，所以我再来说几句。"当连环图画在社会上不受重视，即使在进步文艺界中，也有人把它看做低级、粗俗、落后的读物而不屑一顾的年头，鲁迅却从这一文艺形式里看到了它深入民间的伟大的生命力，看出了它有一个光辉灿烂的美好前程，因而排除异议，站出来为它进行辩护。他引用古今中外的许多实例，"证明了连环图画不但可以成为艺术，并且已经坐在'艺术之宫'的里面了"，从而驳斥了连环图画不是艺术的论调。这篇文章的重要意义还在于鲁迅突破了当时对流行的连环图画的狭隘概念，从纵横两个方面扩大了我们的视野。从中国的《孔子圣迹图》、《耕织图》，印度的石窟画，意大利教皇宫殿里的宗教壁画，到达·芬奇的《最后的晚餐》，让我们在中外美术发展史上看到了流行的连环图画的最早的渊源。同时又让我们的目光转向当代国外美术园地，去接触一些从19世纪后半期版画复兴以来用多幅版画"汇成一帖的'连作'（Blattfolge）"。鲁迅在文章中列举了德、比、英、美四国六个作家的十七部代表作品。每书都附上英文译名，并对内容分别作了扼要介绍。这类美术作品是从西洋的书籍插图发展而来的，和文字一分开，也就近似独立的连环图画了。此外，介绍的画家中，如麦绥莱勒、珂勒惠支和梅斐尔德等，他们的作品还具有革命的思想内容，对中国连环图画大众化工作，更有值得借鉴之处。所以这篇文章的发表，在论争方面，起了击溃论敌的决定性作用；对进步文艺界来说，勾起了许多读者想一睹原作真面目的强烈愿望。刊载此文的《文学月报》，正好从这第四期起改由周起应（周扬）主编。编者似乎猜到了读者的心理，所以在这一期里，特别加印了一幅插页。用紫色油墨翻印了麦绥莱勒的三幅木刻，占一面，反面印的是珂勒惠支的两幅。麦绥莱勒的作品都选自《一个人的受难》。在当时条件下，文学刊物加印这样一张彩印插页确是难能可贵的。

苏汶对连环图画的全盘否定还遭到其他左翼作家的反击。其中特别值得一提的是茅盾。他和鲁迅一样用"连环图画"作题,发表了题为《连环图画小说》的文章[1]。他肯定了这种当时也称为"小人书"的连环图画"也是最厉害最普遍的'民众教育'工具"。他从文学角度出发,认为"这一种形式,如果很巧妙地应用起来,一定能够成为大众文艺最有力的作品。无论在那图画方面,在那文字方面(记好!这说明部分就是独立的小说),都可以演进成为艺术品!而且不妨说比之德国的连环版画还要好些"。他特别用一句加括号的话,说明他对连环图画文字说明部分的高度评价,并且称这种通俗文艺读物为"连环图画小说"。我们知道正是这一图文并茂、艺术与文学密切结合的特点是我国连环图画传统的民族形式,是国外木刻连环图画所不具备的。

这年年终,苏汶利用他替现代书局编选《中图文艺年鉴》的便利,又在书前写了一篇又臭又长的序文,称为《1932年中国文坛鸟瞰》,发出了他在这场论争中遭到惨败后最后的呻吟。他对鲁迅推荐德、比等国版画作品强词夺理地说:"但是鲁迅无意中却把要是德国版画那类艺术品搬到中国来,是否尚能为一般大众所理解,即是否成其为大众艺术的问题忽略了过去,而且这种解答是对大众化没有直接意义的。"鲁迅对这一点,直到次年把麦绥莱勒的四种木刻连环图画移植到中国来写了《论翻印木刻》时,才予以有力的答复[2]。苏汶还在《鸟瞰》中说,他的意见与胡秋原并无差别,他的主张和态度,主要的表现在《论文学上的干涉主义》那篇文章里。这篇文章就是我前面所说发表在与鲁迅的《论"第三种人"》同一期的《现代》上。苏汶这种顽固不化玩弄手法的卑劣行径,使鲁迅认识了他那不可救药的反动本质。所以次年4月,鲁迅在给日本友人增田涉信中说:"所谓'文艺年刊社',实际上并不存在。写那篇鸟瞰的人是杜衡,一名苏汶……自称超党派,其实是右派,今年压迫加紧,则颇像御用文人了。"[3]

---

[1] 《文学月报》第1卷第5—6期,1932年11月。
[2] 我于1961年9月26日为《人民日报》写的短文中,因当时未及查核有关资料,错误地认为苏汶的《鸟瞰》发表于良友出版麦氏画册之后,特此郑重更正。
[3] 《鲁迅全集》,第13卷,第570页,1981年版。

二

1933年春,有一次去见鲁迅先生时,谈到他同苏汶的论争,也谈到他文章中所提到的几种既有艺术价值又有进步意义的德、比版画作品。"良友"过去出过不少美术和摄影画册,但质量不高。鲁迅曾几次鼓励我们利用有利的印刷条件,出版一些有益的美术画册。那天他就说,如果能把德、比等国的木刻或版画连环图画翻印几种,可给我国的美术学徒扩大眼界,吸取营养;对改造旧连环图画,创造新连环图画,也可以有所启发,有所借鉴。他还笑着说,也可以让杜衡之流看看,连环图画是否已经成为艺术品了。他这番话我记在心头。

7月中,我听说江西路德国人开的壁恒书店到了四种袖珍本木刻连环图画,就是鲁迅文章中所说"每本三马克半,容易到手了"的麦绥莱勒版画作品的普及版。我去时早已卖光了。以后知道叶灵凤买到,向他借来一读,灯下翻阅一遍,画面黑白鲜明,利用巧妙的比喻,构图发人深思;故事情节结构,也富有艺术手腕。看完一本木刻连环图画,等于读了一本意味深长的文学小说。四种画册没有一个字说明,其中两种附有长序。我征得经理同意后,8月1日我把《一个人的受难》和另外一种寄给鲁迅,告诉他我们准备把四种全部翻印的计划,要求他在两书前各写一序,并把其中一篇德文长序译成中文。4日收到鲁迅复信说:

> 一日惠函,我于四日才收到。
>
> 译文来不及,天热、我又眼花,没有好字典,只得奉还,抱歉之至。序文用不着查什么,还可以作,但六号是来不及的,我做起来看,赶得上就用,赶不上可以作罢的。
>
> 书两本,先奉还,那一本我自己有。

他自己有的一本就是《一个人的受难》。可见《文学月报》插页中的三幅麦绥莱勒作品也是由鲁迅供给的。此信中虽说"序文六号是来不及的",但他为《一个人的受难》写的序文还是在7日就寄出了。附寄的信中说:

> 为《一个人的受难》写了一点序，姑且寄上，如不合用，请抛掉就是，因为自己看看，也觉得太草率了。

这篇不到二千字的序，前半介绍画家生平，后半为二十五幅连环画写了简单扼要的说明。这二十五节文字说明，至今还被连环图画编辑工作者称赞为"同样表现了他的语言的艺术力量"，是编文工作者学习的典范[1]。

有一百六十五幅木刻画的自传体连环图画《我的忏悔》（原译《我的祷告》），书前有德国著名作家托马斯·曼写的长序。这本画册我是寄给精通德文的郁达夫的。他也没有时间译长序，仅写了一篇短文。郁达夫给我的五六十封信，十年浩劫中都已不知去向，真是言之痛心。最近从孔另境编《现代作家书简》（1936年，生活版）中发现收有达夫给我谈《我的忏悔》的信，弥足珍贵，附录如下：

> Massereel 的画集 Mein Stunden buch 中所刻者，系他的自传，译作《我的忏悔》或比较适当。原书是有计时、历程的意思的。Mein 系 My, Stunden 系 hours, buch 即 Book 也。法文的成语 Livre d'Heures, 亦是 Book of the Hours 之意，此外有更适当的译法与否，我不知道。总之，此书是他的自传及经历，实无前后连贯的故事的。
>
> 余事面谈，序文这几日内写好，大约有二千多字，三千字不足。

来信的日子是8月24日。此外《光明的追求》（原译《太阳》）请叶灵凤写序。《没有字的故事》由我写一短文印在前面，既为故事写了说明，也谈了编辑出版的意图。这四种书都是鲁迅文章中所推荐的，我们总称之谓《木刻连环图画故事》，10月8日登报出书。我把样书于前一天送给鲁迅。他8日复信说：

> 惠函及木刻书三种又二十本均收到，谢谢。这书的制版和印

---

[1] 姜维朴《鲁迅论连环画》，内有《学习鲁迅先生论连环图画文章的体会》一文。人民美术出版社，1982年第二版。

刷,以及装订,我以为均不坏,只有纸太硬是一个小缺点;还有两面印,因为能够淆乱观者的视线,但为定价之廉所限,也是没有法子的事。

  M氏的木刻黑白分明,然而最难学,不过可以参考之处很多,我想,于学木刻的学生,一定很有益处。但普通的读者,恐怕是不见得欢迎的。我希望二千部能于一年之内卖完,不要像《艺术三家言》,这才是木刻万岁也。

这封信,对一个青年编辑,充满了鼓励和支持的热情。信末对《艺术三家言》所作的讥讽是因为在我进"良友"前,"良友"曾出版过一本由朱应鹏、张若谷和傅彦长三个自称为"艺术家"合写的文集,书出版后,堆存仓库,无人问津。我曾把此事无意间当笑话告诉过鲁迅,他就在此信中顺便扫了一笔,也说明他的爱憎分明,并寄厚望于这四种从国外移植来的奇花异葩。

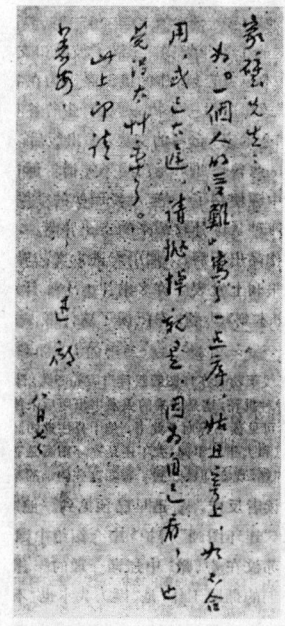

鲁迅来信,1933年

麦氏作品出版后,果然引起进步文艺界的注意,当时在各种报刊上发表了许多书评。11月6日,鲁迅以《论翻印木刻》为题,专门谈了这件事。文章是这样开头的:

  麦绥莱勒的连环图画四种出版并不久,日报上已有了种种批评,这是向来的美术书出版后未能遇到的盛况,可见读书界对于此书,是十分注意的。但议论的要点和去年已不同,去年还是连环图画是否可算美术的问题,现在却已经到了看懂这些图画的难易了。

这种读者反应,鲁迅早已预见到。他之所以把麦氏作品在《"连环图画"辩护》中介绍给中国读者,后来虽然看到苏汶在《鸟瞰》中强词夺理的一套,却仍然极力支持我们的翻印工作，是"因为我本也'不'在讨论将'德国版画搬到中国来，是否为一般大众所理解'；所辩护的只是连环图画可以成为艺术，使青年艺术学徒不被曲说所迷，敢于创作，并且逐渐产生大众化的作品而已"。提出移植来了是否就是中国的大众艺术这样的问题，只能说明苏汶的"低能"。鲁迅还在这篇文章中说："现在的社会上，有种种读者层，出版物自然也就有种种，这四种是供给知识者层的图画"。而且认为"总得翻印好几种，才可以窥见现代外国连环图画的大概"。可惜这个任务，我们没有继续替他完成。鲁迅自己于1936年1月为珂勒惠支的铜刻连环图画《农民战争》所写的文字说明，已编在《凯绥·珂勒惠支版画选集》中。该书精印限定本一百零三册出版于7月中，由他自己抱病折叠装订成书的。[1]据最近姜德明作《鲁迅与梅斐尔德的〈你的姐妹〉》[2]，得知1930年，鲁迅还曾把《你的姐妹》连续性木刻七幅编成一册，自己还为它设计了封面，在扉页上手书了五行小引，可惜当时没有出版。据说这批资料迄今完好地收藏在北京鲁迅博物馆，这对关心鲁迅与连环画关系的研究工作者是一件重要的发现。

对四种画册的移植，茅盾曾以《木刻连环图画故事》为题写过一篇书评[3]。他说："赵家璧先生在《没有字的故事》的序文中也说到近年来'深入民间'的中国连环图画小说急应改良和提倡一问题……我们很赞成。因为麦绥莱勒作品的'搬来'对于中国现在从事木刻而且打算创造新式的进步的连环图画小说的人们，确是一种有价值的参考。然而所谓'参考'也者，应当注重在形式——即技巧这一方面。"至于其他方面，茅盾认为我国流行的连环图画有它的"特殊的形式"，既有图，又有文字，而且图画本身上也附有文字，和麦绥莱勒的作品完全不同，但"要想从大众中驱走那些有毒的旧'连环图画小说'，目前尚只能'利用'这旧形式再慢慢加以提高"。他的观点是同鲁迅完全一致的。

我当时作为编辑工作者，在那篇序文中，确实表示过如下的看法。

---

〔1〕 鲁迅编选《珂勒惠支版画选》1936年有文化生活出版社的普及本，上海出版公司于1950年又重印一版。
〔2〕 见《中国现代文艺资料丛刊》第四期，第154—163页，上海文艺出版社，1979年。
〔3〕 见茅盾：《话匣子》第228页，良友图书公司，1934年。

我说："这几部书愿意在服役于小市民的旧式连环图画和来日成为大众文艺的中国木刻连环图画之间，当一次较有意义的媒介。"我这种认为短时期内就可以有一大批我们自己创作的木刻连环图画随之出现，而这种东西就是大众文艺的想法是非常幼稚和不切实际的，理应受到茅盾先生对我的批评。他说我"似乎倾向于纯用图画，不加文字，自然，在图画中人物身旁注了姓名，甚至从人物嘴巴里拖出两条线来注了重要对话——这种'形式'太没有'艺术相'了，可是这样的'形式'却正为文化水准低下的中国大众所了解，所需要"。后来鲁迅给赖少其的信中也说过："现在的木刻，还是对于知识者而作的居多，所以倘用这刻法于'连环图画'，一般民众还是看不懂。"

解放后，1949年8月我去北京参加第一次文代大会，参观了当时举行的第一次全国美展，才有机会看到解放区美术家创作的，既有高度艺术水平又具有革命内容的，我们自己的许多套木刻连环图画，其中如力群创作的《小姑贤》、《刘保堂》和罗工柳、张映雪创作的《李有才》、《小二黑》等。当时我已改在晨光出版公司担任编辑工作。1950年，编了一套《木刻连环图画丛刊》，把这些优秀作品都收入了，共出六七种，印数不多，但读者仍仅限于知识分子阶层。近30年来的实践，更证明木刻连环图画不是一种普及形式的大众文艺读物，它同广大人民群众喜爱的连环图画是各有所长的。

三

第二次论争发生于1934年4、5两月之间，主要围绕着如何利用旧连环图画的形式创作新连环图画的问题。战场就在上海《中华日报》副刊《动向》上。这个副刊由"左联"成员聂绀弩主编，4月11日创刊，12月18日停止出版。

单从论争文章发表于《动向》的时间上看，第一篇是4月19日魏猛克的《采用与模仿》，但追本溯源，引起争论的文章是发表于3月24日《申报》副刊《自由谈》上同一作者所写的杂文《"旧皮囊不能装新酒"》。魏猛克在这篇杂文中说：近来杂志上讨论大众化问题时，"引起了一二位真肯为大众教育着想的作家，由文字而注意到美术上的这'连环图画'，想要提倡一种改良'连环图画'的运动了。这实在是可喜的。但也有人提出异议，以为'旧皮囊不能装新酒'，应该从新创造一种美术上的新工具"。作者接着谈了有些日报上确已有人在创造新形式的连环图画，"但是那尝试的效果是很有趣的，不是弄得知识阶级认为非艺术而大众仍然看不懂，就是弄得不但大众看不懂，连知识阶级也看不懂"。作者从这里得到了"一个教训：就是在旧社会未彻底改革之前，想要立刻改变一种风气和习惯是极其艰难的。我们只能尽可能地利用它，慢慢的转变它。……我们对于'连环图画'的旧形式，必须有条件地接受过来，尽可能掺进新的思想去……"。这篇文章引起了不同的反应，因此他继续在《动向》上发表了《采用与模仿》，还加了一个副题：《关于投降旧艺术的问题》。文章中说到不久前他在《自由谈》上发表文章，"后来却有人因此牵扯到艺术家本身的问题，以为这便是'投降的艺术'"。魏猛克认为"从旧艺术中去采取其好处，我以为也不见得便是投降的艺术"。接着，作者说，关于这一问题，他曾写信与一位关心艺术的某先生讨论过，他认为这位先生的回答是非常中肯的，因此把他的话全部引录在文末。最后他说："倘关心艺术遗产的承受问题的人们，能够因此而展开更新的讨论，那也未尝不是很有意义的吧。"这样，一场论战就在《动向》上揭幕了。

鲁迅如何和何时参加这场论争的，过去一直没有弄清。许多鲁研工作者都认为他写的《论"旧形式的采用"》是第一次表态。1978年2月19日，《光明日报》发表新发现的鲁迅于1934年4月9日夜写给魏猛克的信，再证以《采用与模仿》中所引用"某先生"的话，说明魏猛克发表此文前十天，已经去信请教过鲁迅（《鲁迅日记》载，4月8日，"得魏猛克信"）。鲁迅在复信中讨论了古人的"铁笔画"和学吴友如画的危险之后，发表了如下精辟的论述：

> 新的艺术，没有一种是无根无蒂，突然发生的，总承受着先前的遗产，有几位青年以为采用便是投降，那是他们将"采用"与"模仿"并为一谈了。……既是采用，当然要有条件，例如为流行计，特别取了低级趣味之点，那不消说是不对的，这就是采取了坏处。

必须令人能懂，而又有益，也还是艺术，才对。

这一段重要言论，魏猛克引用在他文章中，仅仅由于当时国民党反动政府不准鲁迅的名字出现在读者面前，作者才用了"某先生"的名义。在《光明日报》没有发表此信以前，我们根本不知道文中所说的"某先生"就是鲁迅先生，而魏文的题目也来自鲁迅复魏信中的一句话。

五天以后，聂绀弩用耳耶笔名写了一篇《新形式的探求与旧形式的采用》向魏猛克交锋。文章引了猛克的一段话后说："以为一接受就是投降，恐怕应该叫作'左倾幼稚病'吧。但猛克先生的说法却也非常之类乎'投降'。"他一方面肯定"猛克先生不俨然成了旧艺术形式的辩护士吗？"另一方面主张："要艺术大众化，只有一条路，就是新形式的探求。新形式的探求才是艺术大众化的根本动力。"他还针对魏文中引用"某先生"的话加以嘲笑。他说："正因为立体派、达达派、未来派无法了解，我们还必须探求有法了解容易了解的新形式，而不能模仿已有定评的来路货。"这里所谓的"来路货"，不就是指鲁迅支持移植的麦绥莱勒和珂勒惠支等外国作品吗？

鲁迅本来是不准备在论争中出面写文章的，这可以从复魏猛克信中得到证明。当魏去信请教可否把讨论文章寄给日报时，鲁迅答复说："报上能够讨论很好，不过我并无什么多的意见。"但论争一开始，不但双方针锋相对，还有几个第三者也参加了。到5月4日为止半个月中陆续刊出了十三篇。这一天，鲁迅的《论"旧形式的采用"》在《动向》上用常庚笔名发表了，题目截取了耳耶文章题目的后半，所以加了引号。

5月6日，艾思奇的《连环图画还大有可为》一文是和耳耶抱同一观点的。他说："我以为若有活生生的新内容新题材，则要大胆地应用新的手法以求其尽可能的完美，大众是决不会不被吸收的。"又说："若能够触到大众真正切身的问题，那恐怕愈是新的，才愈能流行。"鲁迅于三天之后用燕客笔名再写《连环图画琐谈》作答。他说："不过要商量的是怎样才能够触到，触到之法，懂，是最紧要的，而且能懂的东西，也可以仍然是艺术。"鲁迅再次申述了一贯强调的要使大众"能懂爱看"的基本观点。此后论争又继续进行了20多天，到5月24日结束。

当时"左联"中有些对文艺大众化抱着偏激看法的同志,反对采取旧形式中值得继承的部分而主张直接探求新形式。至于"采用连环图画旧形式"问题的论争于见报前,"左联"内部是否讨论过,我曾去信请教魏猛克同志,他答复说:"大概'左联'曾有一些人漫谈过。"

四

1934年5、6月间,第二次论争已近尾声时,我有事去见鲁迅,顺便又谈到连环图画问题。他问我四种画册销路如何,听到些什么反应,读到些什么书评。我向他提到《大晚报》副刊上有人建议《木刻连环图画故事》不宜满足于放在书店的大玻璃橱窗里,应当扩大地盘,走向露天书店(指租书摊)去争取广大读者。鲁迅听了哈哈大笑。他说,这四种画册同流行的连环图画的读者之间距离太大了。要使连环图画真正做到大众化,光在报刊上写文章,发议论,争得面红耳赤也解决不了问题。隔了一会儿,他抬头问我:你有办法到出版连环图画的那个圈子里去摸些情况,做些调查研究工作吗?这类通俗读物如此广泛流行是有它历史的和社会的原因的。你在这方面下些功夫,然后到他们那里去找几位比较高明的画家,由我们来供应编好的文字脚本,请他们画中国历史上大家知道的人物和群众喜闻乐见的故事。他以旧小说中的《白蛇传》举例,他说,事迹不妨有所增删,对于白素贞那种百折不回的勇气可以强调,对于为了报私仇而水漫金山就不要过于渲染。至于绘画的构图技法,他认为可参考吴友如的《点石斋画报》和旧小说的绣像,不要用印象画,也不要用麦绥莱勒木刻画的明暗法,使还没有欣赏水平的人也喜欢看,看得懂。最后他对我说,把那些旧画家争取过来,开始不对他们提出太高的要求,通过我们的合作,可能闯出一条新路子。我提出例如高尔基的《母亲》和鲁迅的《阿Q正传》也可以请他们画。鲁迅说,这些题材慢慢来,不要急。

当时流行于上海的连环图画,最初被称为"小人书",虽脱胎于元、明、清各朝的说部和戏曲中的插图,却有它本身发生和发展的历史,是半封建半殖民地旧中国的产物。阿英的《中国连环图画史话》,对这方面也谈得很少。我为了写这篇文章，初次看到解放后由十多位旧连环图画画家集体回忆整理的一份珍贵史料[1]，提供了旧连环图画复杂的历史和背景。据他们说，1884年《点石斋画报》刊有记录朝鲜东学党事变过程的十幅图画是连环画最早见于石印画报的实例。1908年上海文益书局出版朱芝轩编绘《三国志》，有图二百多幅，是最早刊行的石印连环画。这两套画，承前启后，为后来的"小人书"开辟了先路。1913年，石印新闻画报风行一时。它采用旧年画的形式，单张四开，每份有图八至十六幅，具有图文并茂的特点，加上小贩沿街叫卖，极受群众欢迎。1916年，《潮报》第一家用有光纸把单张印成折子式，随后又装订成册，原来出版宝卷唱本的小书商便各寻门路去找画家，抢新闻，"小人书"就这样诞生了。这种袖珍本的特色，沿袭至今，迄无大变。1918年丹桂第一台开始上演连台本戏《狸猫换太子》，"小人书"内容有了新发展，书商从抢新闻转而抢京戏题材，连环画跟着连台本戏依样画葫芦地一本接着一本出；到电影院成为上海市民消遣场所，国产电影登上银幕时，题材范围更扩大了。无钱进剧场影院享受的劳动人民，就通过读"小人书"满足他们的文娱生活，对识字不多的人更是自学文化的捷径。少年儿童也是它的主要读者。1924年，亚光书局出版朱润斋画的《天宝图》，分成上中下三册。杨树浦工厂区几个经售唱本代售"小人书"的摊贩，想出了一个出租"小人书"的新办法。这对读者来说，租书比买书便宜；对出版商来说，天天有新书出，天天有新生意，周转方便，吸引读者。于是上海街头忽然出现了许许多多租书摊。茅盾在1932年写《连环图画小说》时，曾生动地描述了当时的景象。他说："上海的街头巷尾像步哨似的密布着无数的小书摊……谁花了两个铜子，就可以坐在那条凳上租看摊上的小书二十本或三十本。"他还同前几年相比说："记得是五六年前罢，上海这些街头巷尾的小书摊上主要还是些《时事苏滩》、《时事五更调》之类的唱本，'连环图画小说'绝无仅有。到现在，则从前居于主要地位的唱本已经退居于一角，有些摊子上简直没有。"这些经营书摊的人，有的文化

---

[1] 上海文献出版社保存有一部关于旧连环图画调查研究的原始资料，本文摘引自打印的总序《连环图画发生发展概况》。

水平很低,有的根本是文盲。后来他们看到出版"小人书"有利可图,便找画家,收学徒,随便取个什么书局的名字,一变而成为连环图画出版者。1932年左右,这样的书商约有三十余家,自称"大同行",霸占了连环图画出版业。他们很多是苏北人,店址集中在闸北开封路公益里,另有三四家设在四马路,形成一个封建行帮,不让别人插手。他们出版的书,内容极大部分是宣传封建迷信、神怪武侠、诲淫诲盗的。至于"小人书"改称为连环图画,是1927年的事[1]。规模很大的世界书局一度出版"小人书",那年3月,他们请赵丹旭画了一部《三国志》,用黄裱纸做封面,书名用大红颜色印上《连环图画三国志》七个字。从此,"小人书"有了连环图画的正名,虽然至今还有人沿用旧称的。

我听了鲁迅的话以后,感到这是件非常有意义的工作,通过这个方法,可以逐步"挤掉一些陈腐的劳什子"。但是搞旧连环图画的人我一个也不认识。鲁迅也知道这一点,仍然鼓励我不妨试一试。我便找现代书局张静庐介绍,去福州路一条弄堂里找到惜阴书店的店主,店堂里中间挂着关云长的画像,供着烛台香炉。我一看他,就是上海滩上的"白相人"。我向他直率地提出我的要求,希望他能介绍一两位画家同我们合作。他没有听完我要讲的话,干脆回绝了。他恶狠狠地对我瞪着双眼说:"我们的画家是从来不给别人画画的。"

我未甘失败,又辗转托人,认识了两位旧连环画家,恳求他们接受我们准备提出的文字脚本,替"良友"创作两部新的连环图画。他们告诉我,他们画一本连环图画,编文绘画,一人包干,根本不知道需要什么文字脚本。同他们深谈后,才了解了他们的痛苦处境。他们都受雇于店主,拜店主为师。店主利用封建的师徒合同,不论满师之前满师之后,都把他们的劳动成果据为己有,进行残酷的剥削。为了赶出新作抢时间,经常被关在旅馆里日夜不停地画,每天要画三四十幅,背景和人物身上的"衣花"等次要工作由学徒担任。学徒工资每月三四元,画家每绘二百四十幅也仅给七元钱。有的店主把画家隐藏在乡下,不让他们

---

[1] 根据曾担任过该书局经理的朱联保著《在上海世界书局工作的回忆》说,是1927年6月。

与外界接触。他们既没有创作的自由,连起码的人身自由也被剥夺。我记得同他们在一家茶楼谈话的结果,他们因为怕得罪店主,婉言谢绝。我的第二次尝试,也告失败了。

鲁迅在《论"旧形式的采用"》中曾说:"现在社会上的流行连环图画,即因为它有流行的可能,且有流行的必要,着眼于此,因而加以导引,正是前进艺术家正确的任务。"鲁迅这次给我的任务就是想通过具体实践来试加导引,可惜限于当时的社会条件,虽经努力,一事无成。当我把两次尝试的经过告诉鲁迅先生时,他虽表失望,但对我还是备加慰勉。他劝我不要再去找那些"霸头"了,他风趣地说,"你再去的话,可能把你痛打一顿。"他知道我作了努力而失败后,站起身来,乐观地对我说:"这条路,今天走不通,将来总会有人走过来的!"

解放后,中央和各省市都设有专业连环图画的出版机构,年销售量要以亿万册计数。一支连环图画创作队伍已茁壮成长,连环画家已成为美术界不可缺少的组成部分,优秀的连环画创作经常在国内外展出。编文与创作明确分工,因而与文学作品发生更紧密的关系。半个世纪前,在《文艺的大众化》结尾处,鲁迅曾说过:"总之,多作或一程度的大众化文艺也固然是现今的急务。若是大规模的设施,就必须政治力量的帮助,一条腿走不成路的,许多动听的话,不过文人聊以自慰罢了。"当鲁迅预期的美好的社会主义社会已在我们眼前成为现实,想想过去,比比现在,我们怎么会不感到鲁迅的伟大和正确!只有在党的领导下,在"百花齐放、百家争鸣"方针的指引下,连环图画才能在质和量的方面得到全面的飞跃的发展。万紫千红,满园春色,连环图画与人民大众真正密切地联系在一起了。

1980.3.2

原刊于《连环画论丛》,1981年,第2辑,人民美术出版社,原题名为《鲁迅与连环图画》,曾编入《编辑生涯忆鲁迅》。此次经修订并更正个别误记。

鲁迅·麦绥莱勒·连环画编文

——参加连环画研究会有感

对连环画，我既不懂绘画，又不会编文，但30年代，在鲁迅指导和影响下，曾为连环画编辑出版工作做过一些微不足道的事；40年代曾编辑出版过《木刻连环图画》丛刊；50年代曾在上海人民美术出版社工作过五年，和连环画也沾过边。今年5月，中国出版工作者协会在湖北襄樊市举行中国连环画研究会成立大会，我高高兴兴地去参加了。

我对解放前的旧连环画是比较熟悉的，对解放后三十多年来大发展的现状，来此以前，也略有所知，但对这两年形势发展之如此惊人，确实出乎意外。离沪前几天，我向上海人美要了些有关文字资料和新出的连环画，增加我对这方面的情报和知识。到襄樊后，又蒙各地出版社分送了许多新品种，特别是《连环画报》、《富春江画报》和《周末画报》等定期刊物，大开眼界。这两天听了许多报告，不但知道我国的连环画创作已在国际艺坛赢得崇高的荣誉，去年连环画的全国发行量已达近九亿册，占全国图书（除教科书和年画外）总发行量的三分之一左右，在十亿人口的大国中，几乎可以人手一册。这使我又想起鲁迅对连环画发展前途的科学预见，他当时说到文艺大众化问题时，就表示"若是大规模的设施，就必须政治力量的帮助……"。在旧社会，所有这些，简直是不可想象的。

一

1932年9月初我第一次去谒见鲁迅先生。他答应把《竖琴》列为《良友文学丛书》的第一种。他为这个译本写的前记成于9月10日。这一年发生了"一·二八"事变，是鲁迅杂文写得最少的一年，只有十篇。其中《〈竖琴〉前记》是第四篇。一个月后的 10 月 10 日，他写了第五篇杂文，题为《论"第三种人"》。由于胡秋原、杜衡讥笑左翼作家企图利用旧连环画这一民族形式进行改造，作为文艺大众化的一个试验园地，因而说："提倡连环图画就是没出息。"鲁迅在本文中，就说了一句今天每个连环画工作者都能背得出来的话："连环图画可以产生米开朗其罗、达文西那样伟大的画手的。"不料杜衡又在另一篇文章中把连环画一举抹杀，于是引起鲁迅的无比愤慨，10 月 25 日，写了第六篇题为《"连环图画"辩护》的重要檄文。从题目上就明显看到鲁迅挺身而出，为受到侮辱的连环画进行辩护。同时，第一次向中国读者介绍德国的珂勒惠支和比国的麦绥莱勒创作的一批木刻组画的书名，"举出事实，证明了连环图画不但可以成为艺术，并且已经坐在'艺术之宫'里面去了。"[1]这三篇接连写成于 9、10 两月的杂文，引起我许多有关翻印麦绥莱勒作品的回忆。

9 月初我去见鲁迅时，我们谈话的范围很广。鲁迅经常走过坐落在北四川路良友图书公司的门市部大橱窗，那里挂满了用时装美女做封面的画报、画片之类。他爱好美术，又关心美术出版事业。那天谈到如何出好美术画册时，他认为"良友"过去出的美术或摄影画册格调不高；鲁迅就向我建议，为什么不利用自有印刷设备的优越条件，出版一些高质量的美术画册呢？鲁迅的话给了我启发。所以当我在《文学月报》上初次读到《"连环图画"辩护》一文时，心中突然涌起了一个念头。麦绥莱勒创作的多达数十幅或百余幅的木刻组画，如能得到原本，把它翻印，既可以扩大中国艺术界视野，增长艺术知识，对文艺大众化的争论提供正面资料；在"良友"的美术出版物中，也可以开创一个新品种。至于珂罗惠支和梅斐尔德的木刻组画，每种仅数幅，未加考虑。

1933 年春，有一次见到鲁迅先生时，我提到麦绥莱勒的木刻组画"良友"是否可以翻印出版，鲁迅对此很感兴趣。最近几年，因写作史料关系，与上海鲁迅纪念馆接触较多，才知道当时鲁迅藏书库中已藏有这类画册。至今鲁迅故居中，还藏有 1920 年德国库尔特·沃尔夫出版社出

---

[1]《鲁迅全集》，第 4 卷，第 443 页。

版的《光明的追求》（或译《太阳》）的普及本。另有一部名贵的限印本，书名《众生相与鬼脸》，编号为六十九号。其他已移交北京鲁迅博物馆。我今天在想，如果我当时大胆启口，向鲁迅先生借来翻印，也许不会遭到拒绝。但那时我和他仅有几个月的交往，这样鲁莽的行为，我这个青年编辑是不敢想，也不敢做的。此后，我便去上海江西路德国人开的壁恒书店找寻原本。我过去写的回忆史料中，一直以为是我自己去德国书店买到的。最近几年才发现史实有误，今天乘此机会作一更正。

"良友"版《麦绥莱勒木刻连环图画故事》于1933年9月出书，共计四种，由四个人作序。《一个人的受难》，鲁迅序；《我的忏悔》，郁达夫序；《光明的追求》，叶灵凤序；《没有字的故事》的序，由我自己担任。吴泰昌同志于1979年间，曾来信向我提出一个疑问，以后又在他写的文章中说："不解的是为何邀请叶灵凤？叶虽是名家，又酷爱版画木刻，但稍稍读过鲁迅著作的人都知道要将他和鲁迅联在一起，总得有点因缘。我一直在惦记解释这个谜，冰释这个疑窦。"[1]我当时未加仔细回忆，也没有进行什么调查研究，直率地告诉他：30年代"良友"的取稿标准，主要争取革命的和进步的作家，但也并非清一色。对不同流派的作家，只要不是极端反动的，也给以一席之地。一家民办出版社要保住自己的阵地，这也是一种必要的策略。而且我和《现代》杂志主编施蛰存既是同乡，又是同道；我为《现代》写文章，"良友"为施蛰存出版小说集。同样，在现代书局当编辑的叶灵凤，为我们的《木刻连环图画故事》写一篇序言，完全是不足为奇的。引起吴泰昌怀疑的主要因素是鲁迅曾多次在文章中嘲讽批评过叶灵凤，因而从今天的角度来衡量，似乎会引起这样几个问题：叶灵凤怎么可能和鲁迅并列在一套丛刊里写序呢？赵家璧怎么会作出这样安排呢？鲁迅又怎么会同意呢？现在回顾，确实会使吴泰昌感叹。在当时的文坛上，情况"异常复杂，活动在其中的人也够复杂"[2]。但对我来说，像我这样一个无党无派的青年编辑，事情也异常简单：我有随意选择作者的自由。鲁迅先生呢？他同我的许多接触

---

〔1〕 吴泰昌著《艺文轶话》，第76页，安徽人民出版社。
〔2〕 以下引文均同上。

中,除了热情扶植我这个文学青年编辑以外,从不过问或干预我的编辑计划;郑伯奇对我也是这样。编辑尊重作家,作家也尊重编辑。如果把鲁迅想象得超乎常人,用今天的社会制度、工作方法、生活习惯去套30年代的上海文坛,有些事确实会引起我们的怀疑和不解的。

事有凑巧,吴泰昌在无意中竟然找到了60年代叶灵凤发表在海外刊物上一篇题为《关于麦绥莱勒的木刻故事集》的文章(叶早于前几年病逝香港)。其中说:

> 1933年夏天,我在上海一家德国书店里买了几册麦绥莱勒木刻故事集,给当时良友图书公司的赵家璧见到了,当时良友公司正在除了画报以外,转向印新文艺书籍,赵家璧想翻印这几本木刻集,拿去征求鲁迅先生的意见。鲁迅先生认为可以,并且答应写一篇序,……我因为是这几本书的"物主",我自己又一向喜欢木刻,便分配到了一本《光明的追求》,也写了一篇序。

吴泰昌根据这个资料,于1980年7月,写成《叶灵凤与麦绥莱勒木刻连环故事集》一文,现已收在他的《艺文轶话》一书中。他所惦记的谜终于在"物主"二字上解开了。原来德国书店到了一批麦绥莱勒的木刻集,等我闻风去购时,早已被懂行的人捷足先得,其中就有在现代书局任编辑的叶灵凤。我请鲁迅和郁达夫写序的德文本,原来是我向叶借用的,并非如我过去所写是自己买到的。我在《鲁迅与连环图画》中的误记虽关系不大,但究竟不符合史实,在此向吴泰昌同志严格考证的精神表示钦佩和感谢;也顺便对读过拙作的读者表示歉意,此次收入本集时,该文作更正。

1982年,花城出版社重印1935年孔另境编《现代作家书简》(生活书店版),他的女儿孔海珠同志赠我一册。我在翻阅重印本时,又发现了一个重要的旁证。原来30年代,孔另境编纂此书时,由我向他提供了作家书简十三封,而叶灵凤向他提供的书简中,有我于1933年写给他的一封,内容所谈,恰恰是有关借用麦绥莱勒木刻集的事。我写给叶的信中是这样说的:

你答应我们借用你的木刻书，真是万分的感激。现在我们预备出一套木刻故事丛书，除了麦绥莱勒（原译马斯利尔——注）以外，另外又找了几部。……今天写这封信来，就预备请你挑选一本或二本写序……。原书因为制版时已弄污了许多，将来排版时还需要它，恐怕不能如我以前所答应的原物归赵，而弄污了的书又不便还给你。现在我们想照价连邮，托你去另订一份。

从此信中可见，我们不但借用了叶灵凤的原书，还因制版关系而把原书搞坏了。以后如何赔偿这笔损失，我已记不起来。所以把麦绥莱勒作品首次介绍给中国读者，叶灵凤是立有殊勋的。当年我请叶灵凤撰写序文的历史背景，终于弄个水落石出了。

二

麦绥莱勒木刻连环图画故事翻印本出版后对我国革命木刻青年和连环画工作者所起的影响是很大的。最近读到1981年法国画家皮埃尔·沃姆斯写的《鲁迅与麦绥莱勒》[1]一文时，感想颇多。

此文作者是法国巴黎一座著名画廊的主持人，麦绥莱勒和他友谊甚笃，麦氏作品经常在他的画廊展出。1934年就在他的画廊里展出过《革命的中国之新艺术》，共有中国革命木刻家新作五十八幅，这批作品就是由鲁迅在沪亲自筹划与准备的。所以他对我们新中国早具好感，而当时他已从新中国木刻艺术作品中发现一个值得他惊异的事实。他在文章中说："同麦绥莱勒的某些作品有着渊源关系——不仅在取材上，甚至在技巧上。"[2]二十四年之后，1958年10月，他陪同麦绥莱勒来到中国，在北京、上海、武汉作巡回展出。他先到北京，中国主人立即告诉他："麦绥莱勒的许多《图画故事》，在近二十五年中一版再版，而最早则由鲁迅

---

[1] 译文见《世界美术》1981年3月号。
[2] 同上。

倡导的,所以,这种表现形式为许多画家和版画家所十分熟悉。"[1]

按国际惯例,未得艺术家或他的出版商同意,把国外的艺术作品擅自翻印,一般被视为盗印,是对作者的不敬行为。我国虽至今没有参加国际版权条约,法律上不受任何限制,但想到我最先在30年代的"良友",40年代的晨光出版公司,50年代的上海人民美术出版社,曾主持翻印过他创作的木刻图画故事,心中不免感到有些惭愧不安。而这位法国友人在文章中既未单纯从保护作者版权利益的角度来责备我们这些翻印者,反而从革命艺术作品的共同的崇高使命出发,写下了下面一段美好的语言。他的文章中叙述了1933年良友图书公司于9月1日出版四种《图画故事》后,紧接着说:

> 这些几乎同时出版的图书,当然,弗朗·麦绥莱勒和他的欧洲出版者未被征求过意见,是鲁迅要向中国的年轻版画家和造型艺术家表明,木刻是一种朴素的方便的有力的艺术形式,它可以把广泛的思想和口号传播给大众,即使他们粗野,即使他们不识字。……凡此种种,都是为着同一个目的,把进步的和革命的青年艺术家引向木刻,尤其鼓励他们以弗朗·麦绥莱勒和凯绥·珂勒惠支为楷模。

读完这段话,我真是既感且愧。再看文章作者如何描写麦绥莱勒本人对此事的最初反应,更加令人钦佩。

> 但等弗朗·麦绥莱勒抵达北京的时候,我还没有来得及把主人们向我宣示的事情告诉他,他却先从自己的口袋里掏出一本中国出版的他的小画册《一个人的受难——二十五幅木刻》,这是1933年在上海出版的,是他刚才从一位到机场迎接他的中国艺术家那里得到的礼物。过了不久,当我们正千方百计地找寻一些这类出版物的其他版本的时候,他们对我们说,麦绥莱勒的几种《图画故事》早

---

[1] 译文见《世界美术》1981年3月号。

就绝版了,眼下他们手头也没有,无法赠送给我们,不过,他们要尽量去为我们搜罗搜罗看。

这使我想起1933年9月,把四种《木刻连环图画故事》用硬纸面厚纸各印二千册;1936年8月,用白报纸印普及版又各印一千册,质量较差。我把普及版样书送给鲁迅时,他已重病在身,9月9日复我的最后第二封信中,作了婉转的批评。信中说:"普及本木刻,亦收到。随便看固可,倘中国木刻者以此为范本,是要上当的。"1949年我在晨光出版公司工作时又各印一版一千册。解放后,我参加上海人美,1957年又把《一个人的受难》和《我的忏悔》两种重印一版,各印五千册。由于上海新华书店库存较多,所以皮埃尔·沃姆斯写道:"在上海,正当我在安排我的朋友们取道北京飞回法国以后的展览事宜,人家送给我们每一个人每种几本再版的图画故事《一个人的受难》和《我的忏悔》,这是由我们正在作客的城市的人民美术出版社于1957年5月出版的。"这个版本,比起"良友"的最早版本来,印制质量都有所不及,但重印这两种书的时候,已是一场暴风雨来临的前夕了。

从报上看到麦绥莱勒来华访问,在上海美术展览馆举行展览会的1958年10月,我名义上虽还在上海人美工作,但由于个别领导的极"左"作风,早被刮倒在地,抬不起头来。随后在党的关怀下,幸得安渡难关。但当时患的一场大病,连这样一个展览会我都无缘参加,成为一大遗憾。现在读到这篇《鲁迅与麦绥莱勒》的文章,过去的悲欢往事,忽然一件件涌上心头。今天能在整个文艺界风和日暖,百花盛开,连环画工作者欢欣鼓舞,庆祝自己的研究会成立的大好日子里,回头谈谈这些已一去不复返的往事,也足以说明任何一种出版物,如果符合时代和人民的要

麦绥莱勒1958年访华时赠送给中国朋友的贺年片

83

求,不论时隔几十年,地跨数万里,它将永远在社会上发挥它的积极效果。鲁迅支持我们翻印麦绥莱勒的四种木刻连环画,它在国际文化交流上起了多大的作用?而一本小小的《一个人的受难》,它又具有多么旺盛的生命力啊!

据参加接待工作的卜维勤同志最近告诉我,麦氏访问期间,对于鲁迅于1933年介绍他的作品给中国读者表示感谢。麦氏尊称鲁迅为世界第一流艺术大师。他说,他同鲁迅是站在同一条战线上的战友,共同反对世界上一切最反动、最丑恶和最阴暗的东西的。访问结束时,陈毅副总理曾代表中国政府接见麦氏一行,并把我国出版的麦氏作品《木刻连环图画故事》四种送给他。他高兴地接受了,并且说:"这是人类的四分之一对我艺术的支持。"〔1〕

麦绥莱勒访华回国后1959年的新作

三

麦绥莱勒除创作单幅书籍插图外,以善作木刻组画闻名于世。第一

---

〔1〕《麦绥莱勒木刻选集》,马克·卜维勤代序,上海人民美术出版社,1980年。

次大战期间,他迁居日内瓦,结识了以罗曼·罗兰为中心的进步作家群。1918 至 1919 年,他的第一部木刻组画《一个人的受难》在日内瓦出版。随后另外两部组画《我的忏悔》和《光明的追求》相继出书。前者二十五幅,后二者分别为一百六十五幅和五十三幅。这些组画中的每幅木刻都是一幅具有独立价值的艺术品,组成一体,前后连贯,就成为一本没有文字的图画故事。鲁迅是在 1930 至 1931 年间,托当时在德国留学的徐诗荃(梵澄)在德国订购后陆续寄到了上海。

当我从叶灵凤那里借到原书,征求鲁迅如何向中国读者介绍时,我当时曾建议用"木刻连环画"为总名,他认为这究竟与我国人所熟悉的连环画的内容与形式并不相同,因此改用"木刻连环图画故事"。鲁迅又考虑到这些木刻组画,不论数十幅或百余幅,都没有一个字作说明,而中国连环画读者是习惯于按文看图的。因此他向我建议,要每个写序的人,在序文中把故事依次叙述一下,帮助中国读者能欣赏这一高级形式的外国连环画。结果,其他序文作者仅在文字中简略地笼统地讲了故事梗概,唯独鲁迅,在《一个人的受难》序文中,把二十五幅画分别写了二十五条文字说明,并冠以数字为顺序。这篇具有很高文学价值的文字脚本,至今为连环画编文工作者所称道。记得我当时最初读到序文原稿时,曾向鲁迅建议,可否在序文外,把这二十五条说明另列于每页画幅的下面,以适应我国连环画读者的阅读习惯。鲁迅认为不可,他说:"这样做就破坏了原作。"从这一事例,足以说明鲁迅对翻印国外艺术作品时应当尊重原作本来面目的郑重态度。

另一个事例发生于 1934 年 5、6 月间。鲁迅为了要在改造旧连环画工作上取得一些突破,指示我去组织几位旧连环画家为我们编绘新连环画。当时的旧连环画画家是一身而兼编文与绘画两职的,没有文字脚本,可以自由发挥。鲁迅就第一次提出,要由我们自己把文字脚本编好,然后交旧连环画家去绘图。这个计划最终失败虽有种种客观的社会原因,但旧连环画家不愿接受这种根据别人写的文字脚本去绘画的新鲜事儿,也是使我不得不放弃这件颇有意义的尝试的主要原因。茅盾对我国传统的连环画,既有图,又有文字说明,更认为是一种"特殊的形式",因而称之为"连环图画小说";他还认为文字说明部分,如果写得好，就是一篇独立的小说。[1]这对连环画编文工作估价之高，又进了一步。

这次我在襄樊听到的几次大会发言中，都提到了目前轻视编文工作的偏向。有位领导同志更大声疾呼："重视脚本已到了刻不容缓的地步！"并举例说，有人一辈子写了几十本甚至上百本脚本，花了大量劳动和心血，成不了什么家，作家协会也不收他做会员；可是当他写了一篇小说之后，便一举成名。这对我这个已不熟悉连环画界现状的老人来说，确实颇为吃惊。

我们知道欧美各国也有连环画，报刊上每天连载的，用期刊形式出版的，一般都称 Comic，意即滑稽画，供茶余酒后市民消遣的居多。我国的连环图画，从 30 年代起最早受到鲁迅、瞿秋白、茅盾等所重视，企图把它利用、改造成为一种文学与美术的结合体以后，一直在沿着这条大道前进，连环画一直以图文并茂取悦于广大读者。连环画编文者的地位，实际上与电影、电视和舞台戏的编剧者，处于同样重要的地位。但今天，连环画画家可以加入美协，有卓越成就的连环画编文工作者，为什么不可以吸收他们参加作家协会呢？编文工作者如能调查研究，深入生活，掌握大量资料，创作或改编成连环画文字脚本（目前创作的较少），就给美术工作者提供丰富的想象素材，因而能生产第一流的连环画作品。编文工作者写下的几十条或上百条文字说明，也可以像鲁迅为《一个人的受难》所写二十五条文字说明一样，本身就是一篇高度概括而浓缩的文学作品。编文工作者既要熟悉许多学问，又要掌握连环画的特点。我敢说：解放后，如果不是按照鲁迅等前辈当年早已设想到的编绘分工，从而美术出版社分别成立编文和美术创作两个独立的部门，互相配合，通力合作，整个连环画的质量不可能提高到今天所达到的水平；那么，九亿册的数量，其教育和宣传意义也就不大了。

我们不能忘记鲁迅的教导：提高连环画的质量，第一要抓文字脚本。为未来的连环画质量进一步提高，我们必须重视脚本，同时要重视文字脚本的创作者——编文的同志们！

---

[1] 茅盾著《木刻连环图画故事》，见《话匣子》，1934 年，良友版。

大会期间，我有机会去襄阳城西十三公里外的当地名胜古迹隆中一游，它是我国三国时期著名政治家、军事家诸葛亮的故居。他的一篇重要文章《隆中对》，就刻在入门处一块引人注目的石碑上。那天正值细雨濛濛，满山古树成荫，郁郁葱葱，别有天地，给远方来客以难忘的印象。归途中联想起最近中央领导同志号召全国各地多办博物馆、文献馆、纪念馆等，发扬爱国主义精神，从各方面多做文化积累工作。我就想到我在1979年准备写那篇《鲁迅与连环图画》时，曾在上海"出版文献资料编辑所"的档案室里，见到解放前旧连环画的大量样书，满装在几个大木箱里。参加这个所的旧连环画画家和出版者的手写资料，有的是原始材料，有一部分已经整理打印。我曾利用其中的一小部分，写在拙作中，那仅仅是九牛一毛而已。这些资料，现在都保存在上海；而这个"文献所"已在"十年浩劫"中被解散，成员大部分已分配到其他机构，不少老人早已作古。我今天向新成立的连环画研究会领导同志提个建议：可否把建立一座中国连环画文献馆作为我们的奋斗目标、远期规划呢？我希望有朝一日，在未来的北京文化区，盖起一座中国连环画文献馆大楼，把我国历史上，特别是五六十年来有关连环画的各种资料，如画稿、样书、编文手稿、出国展览品，以及直接间接有关的文物等等，广泛征集，整理研究，分类陈列，由小及大，逐步发展。既可以使已有的文献免于散失，也可以从中总结经验，在已有的基础上逐步提高；使后之来者，认识到连环画这一出版品种，得以取得今天的地位和成就，确是来之不易啊！

如果真有这样一天，那么鲁迅于1933年所写那篇《"连环图画"辩护》，也值得像《隆中对》那样刻在一块石碑上。历来文人雅士不放在眼里的连环画，从此抬起了头，得到进步文艺界的普遍重视，逐步摸索前进。解放后，在党的领导下，编创分工，迅速成长壮大，30余年来，迄今已开创了一片如此繁荣的景象，饮水思源，不应忘记这篇具有里程碑意义的重要文章。而比利时艺术大师麦绥莱勒的大名，也从此为中国读者所熟悉了。

1983.8

原刊于《连环画论丛》，1984年第8期，人民美术出版社。

关于周扬编《高尔基纪念论文集》

9月25日是鲁迅诞辰一百零一周年纪念日，明年又值高尔基创作九十年纪念。我不禁想起50年前鲁迅等七位左翼作家写祝辞给高尔基的事。这篇祝辞后来被误称为祝电，解放前后，引起过多次风波，现在已到了弄清事实真相的时候了。

1932年，我在良友图书公司编一套《一角丛书》，沈端先（夏衍）为它写了《高尔基评传》，这是介绍这位世界伟大作家给中国读者的早期出版物之一。书末说："明年是高尔基文坛生活四十年的庆典"，苏联方面"为着纪念他的功绩而组织庆祝委员会，现在已经猛烈地活动着了"。11月间，中国左翼文化总同盟的机关刊物《文化月报》创刊号上，发表了"左联"著名作家写给高尔基的一篇祝辞，联名签署的有鲁迅、茅盾、丁玲、曹靖华、洛扬、突如和适夷。为了庆祝高尔基创作纪念，当时"左联"的周起应（周扬同志）编了《高尔基创作四十年纪念论文集》一书，交良友公司出版（不久被查禁）。编者把那篇祝辞置于卷首，题为《高尔基四十年创作生活——我们的庆祝》，署名用了"鲁迅等"三字。这本来是一次表示中苏人民，特别是中苏革命作家之间国际友谊的礼仪活动，却被反动文人张露薇用来作为射向鲁迅的一支冷箭。

当时张露薇在天津《益世报》编文艺副刊。1935年5月29日发表《略论中国文坛》，讽刺左翼作家经常从日文转译革命文艺理论和苏联创作。说什么"我们还记得在庆祝高尔基的四十年的创作生活的时候，中国也有鲁迅、丁玲一班人发了庆祝的电文；这自然是冠冕堂皇的事情。然而那一群签名者中有几个读过高尔基的十分之一的作品？有几个是知道高尔基的伟大在哪儿的？"鲁迅随即在《"题未定"草·五》中，揭露了张露薇的奴才嘴脸，并且根据当时的事实，声明："至于祝电，我以为打一个是应该的，似乎也并非中国人的耻辱，或者便失了人性，然而我实在却并没有

周扬编《高尔基创作四十年纪念论文集》封面

发,也没有在任何电报底稿上签名。"祝辞经张露薇的捣乱变成了祝电。几十年来,由于鲁迅明白否认过他曾签了名,30年代,我们就收到过读者来信,文艺界朋友闲谈中也议论过这件事。解放后,我早已忘记了。

1961年,丁景唐在上海《学术月刊》发表《鲁迅参加社会活动和政治斗争的一些文献资料》,提到"在'左联'时期,鲁迅还签署了两份向苏联政府和高尔基祝贺的电报。一份是1932年9月庆祝高尔基四十年创作活动的贺电……"。文章也说到周起应所编纪念文集中收入了这篇仅署"鲁迅等"的电文。文章刊出后,就有读者根据鲁迅的话写信质问作者。作者以后把该文编入《学习鲁迅作品的札记》时,这段文字被删去了。1980年5月修订第三版也未改动。我在和丁景唐同志的一次闲谈中,无意间提及此事,他才告诉了我上述原因。我认为那位读者的反映是有根据的,丁景唐尊重读者意见而删去也是对读者负责的表现。但是我感到良友版的那本纪念文集是我当的责任编辑,当年事情的经过究竟怎样,我有责任在目前尚有条件时把它弄个一清二楚。促使我作出这个决定的另一个原因是,十年浩劫期间,"四人帮"爪牙四出找寻资料,作为诬蔑30

年代文学、攻击周扬同志的炮弹。我看到过一份反动材料，以这本纪念文集作证，说什么"周扬假借鲁迅之名打贺电给高尔基"，也作为所谓"罪状"之一。这更是不可容忍的了。

我便于1980年8月初去信周扬同志，请问他关于那个贺电的事。他于百忙中在9月10日给我亲笔复信，信中说：

> 《高尔基创作四十年纪念论文集》中《我们的庆祝》一文，系"左联"以鲁迅等名作家的名义，为庆祝高尔基创作纪念而写。据夏衍同志和我所知，鲁迅没有以个人名义给高尔基去过贺电。

这里，既肯定了是写的祝辞而不是什么拍发的贺电；也说明这是当时"左联"的一次组织活动，我国几位著名左翼作家共同出面向高尔基表示祝贺，由"左联"的旗手鲁迅领衔。至于鲁迅本人，确实未去贺电。

但我对七位作家如何签署和起草的经过，还想作进一步了解。适夷同志上次到沪，来舍看望我时，我把周扬复信给他看了。根据他的回忆，签署人中洛扬是冯雪峰，这是大家知道的。他说："突如是夏衍，这个笔名是我替他取的，突如是日语。记得大概在某期《文学导报》发稿前，夏衍自己拿来一篇新作，记劳勃生路罢工事。稿中没有署名，我问夏衍，他说你随便起一个吧。我说此稿突然送来，就叫'突如'吧。以后他的文章中从未再用过这个笔名。所以突如这个化名仅我一人知道，祝辞上夏衍的名极可能是我代签的。"我便问他："那么，鲁迅的名也是别人代签的了？"他说，对这样一个代表"左联"的外事活动，用鲁迅名字带个头，鲁迅决不会反对的。鲁迅在文章中也曾说："发不妨，不发也不要紧。"我又请教他祝辞的起草者。他说："起稿大概是我。当时习惯，签名次序，总是起稿人放在最后。"感谢适夷同志帮我把史实弄清了。

那么，这个张露薇究竟为什么要利用鲁迅签名这件小事大做文章呢？现在我们从鲁迅留存的1935年1月22日张露薇写给他的信[1]，可以看

---

[1]《张露薇致鲁迅》，《鲁迅研究资料》，第4辑，第160页，天津人民出版社，1980年1月。

出张的恶毒意图。他在信中别有用心地说:"得读您的《"题未定"草·五》,……我不想答复,因为我那篇文章不是针对着您作的。我所以提到您,实在是由于我敬爱您,而且有些恨您。……我宁愿被人砍头,也不愿认为傅东华、郑振铎一类人是好人,茅盾的《子夜》和他那书评却全是有毒的东西。"接着,他又把巴金、黎烈文和马宗融骂了一通。然后说:"至于祝电,我也不能负责,因为那是《文化月报》上登过的,我没法说您没有签名。"这一段像泼妇骂街那样的话,今天摘引在此,也感到污染了白纸。发这种无耻谰言的卑鄙目的,就是在挑拨鲁迅与团结在他周围的许多革命的和进步的作家之间亲密的战斗的友谊,妄图把鲁迅孤立起来。我们素知鲁迅对友人来信都不留存,但也有个别的例外。现在读到这封充分暴露他奴才面目的信,对后世读者也起了"立此存照"的作用,从而对于由这个所谓祝电引起的一场风波,其来龙去脉,也可以一目了然了。

现在,北京人美版的《鲁迅画传》,已将周扬编的纪念文集中鲁迅等作《我们的庆祝》首页书影刊入该书中。丁景唐同志最近告诉我,他的书再版时将把这段史实补写进去。50年前的一个疑案终于弄个水落石出了。

1980.1

原刊于《解放日报》,1982年9月30日,原题名为《关于鲁迅等给高尔基的祝辞》,此次补充了后面一段。

话说《中国新文学大系》

30年代我在良友图书公司担任文艺编辑的五年期间（1932—1937），曾编过几部成套书，其中规模较大、影响较广的首推《中国新文学大系》，当时曾附有副题《第一个十年：1917—1927》。现在这套《中国新文学大系》（以下简称《大系》）十卷本，不但早由上海文艺出版社影印精装重版发行，而且最近该社正在总编辑丁景唐领导下，积极进行续编1927—1937的二十卷的工作。全书分理论、小说、散文、杂文、报告文学、诗、戏剧、电影八个部门，已邀请周扬、巴金、吴组缃、聂绀弩、芦焚（师陀）、艾青、于伶、夏衍撰写各卷序言；也附《史料·索引》。这部续篇包括的时期，正是当时我们称之《第二个十年》。

我在这几年里，陆续写了不少篇有关编辑出版的回忆史料，但对编辑《大系》从头至尾的整个过程，至今才动笔。谈起忆旧，倒是从写回忆《大系》一篇短文开始的。这要追溯到1957年春天。

一

当时在我家一个书柜里，塞满了解放前著名作家写给我的无数封书信，已编成未发排的原稿，已打出的清样，和其他各种的文献资料。那一年，旧知识分子的头脑，正被一股暖人的春风吹得有些飘飘然。《人民日报·文艺版》编辑姜德明，和我素不相识，他大约从年轻时就喜读"良友"版、"晨光"版的文艺书，特别想起那十巨册的《大系》吧，忽然写信来要我谈谈有关《大系》的回忆文章，并为我出了一个非常吸引我的题目：《编辑忆旧》。我打开书柜，找了几封信，几件资料，率然写了两篇：一篇关于《大系》，另一篇关于因抗战爆发而没有完成的姊妹篇《世界短篇小说大系》。3月20日前后陆续见报时，上海文艺界正在举行"宣传工作会议",不久,反右斗争扩大化的狂风暴雨自天而降,真似霭碎春红,霜凋夏绿,我虽侥幸没有跌入万丈深渊,但从此再也不敢怀古忆旧了。

"十年浩劫"一开始,我被所在单位红卫兵最早责令靠边。贴我的头几张大字报中,就有把《编辑忆旧》说成是我"一贯颂古非今、妄图复辟"的大毒草。随后,把我一书柜的书信文稿和文献资料全部抄走,至今不知去向。"四人帮"被粉碎后的1978年,《新文学史料》创刊前,编辑部同志来沪向我组稿。我开始婉言谢绝,迫不得已,把《人民日报》那两份剪报交了出去,聊以塞责。并且郑重声明,我一字未改,仅加了一个人名以明责任。那篇文章一开头,我已申明:"解放后,很多人建议把《大系》重印。我认为原版重印,似无必要。"所以不怕再有人抓我辫子,我已把《大系》根本否定了。如今回顾,我那种生怕再惹是非的心情,恰如惊弓之鸟,可笑亦复可怜(该文分刊于该刊第一、三两辑)。

严冬过尽,阳光普照,文艺园地,春气盎然。1978年末,上海文艺出版社负责同志来舍正式征求我重印《大系》的意见,我不必作什么违心之论,再说重印"似无必要"等话了。而且1962年,香港一家出版社已擅自翻印过一版,上海文艺出版社的这个决定我完全拥护。我在1979年的《读书》第二期上,迫不及待地向全国读者透露了这个好消息。

1980年6月底,上海《文汇报·笔会》编辑部从出版社打听到《大系》有重印的消息,来信约我"写篇文章谈谈当年编辑这部书的轶事",我就欣然命笔。可是文章迟迟不见报,向有关方面一打听,才知《大系》虽得重印,又经历了一段曲折。我的千字短文,被拖到1981年3月22日才发表[1]。《大系》十卷影印本,终于在1982年全部出齐,公开发行。印刷周期虽长了一点,装帧、用纸和印刷质量都是上乘的。

我在1957年的《编辑忆旧》里,第一部分谈了《大系》的编辑过程,寥寥千字,极为简略。又曾于1977年为《山东师院学报》写过一篇专谈鲁迅如何编选《大系·小说二集》的回忆文章,后经两次修订,始终仅涉及《大系》中一卷书。朋友们鼓励我可把编《大系》的全过程写下来,我也认为时机已经成熟,而茅盾《回忆录》第十七、十八两章的发

---

[1] 原题名为《〈中国新文学大系〉话旧》,《文汇报》,1981年3月22日。

表，其中涉及茅盾编选《大系·小说一集》的经过，更对我起了促进的作用。

我又想到当年曾编印《大系样本》一册，作为广告宣传之用。内载总序作者写的提要和十位编选者所写十篇《编选感想》的手迹，除鲁迅的以外，其余九篇，均未正式发表。这些文献资料，对研究现代文学史，或进一步研究《大系》的读者，有参考价值。因为其中有的是编选者在开始酝酿期间的原始思想记录，说明他将如何进行编选，现在就可与成书对照比较；有的表达了对出版《大系》的看法和希望；也有些从中反映了当时文坛上的某些论争。我现在边回忆边撰写时，把它们分别插入有关之处，以存其真。

本文先说说我开始怎样想的；再说几位前辈作家怎样帮我做的；十卷书经历了怎样的周折才能顺利出书；最后介绍出版后的各种社会反应。附带说说抗战末期组织第三辑续编的经过，还附一份茅盾选的小说选目。

二

我在《回忆我编的第一部成套书——一角丛书》里已说过，我喜爱成套的文学书，早在大学读书时代已心向往之，把将来也编成几套文学丛书作为自己一生的奋斗目标。1933年2月起创刊的《良友文学丛书》，以鲁迅两部译本开头，接着出版巴金、老舍、丁玲、张天翼、施蛰存等的创作小说。6月，以适夷译苏联邱孟选珂作的《阳光底下的房子》和董纯才译苏联伊林作《白纸黑字》两书为首，创刊《苏联童话集》丛书，这套书仅出了几种，没有很好发展；而《一角丛书》已出足八十种而结束。是年11月13日，良友公司门市部的大玻璃窗，被国民党反动派所派遣的暴徒用大铁锤击破了。

1934年，是国民党反动派为了配合他们军事上的第五次"围剿"，在政治上加强法西斯统治，加紧进行文化"围剿"的一年。2月查禁新文艺书籍一百四十九种，涉及二十五家书店；禁止七十六种刊物的出版，包括"左联"机关刊物《萌芽》、《北斗》等在内。5月国民党反动派成立图书杂志审查会，上海进步出版业从此遭到前所未有的压迫和限制。

是年 2 月 19 日，蒋介石在南昌成立以推行封建道德为准则的"新生活运动促进会"；以后又规定孔诞日全国举行祭孔纪念；随着提倡读经，湖南、广东等省编制《中小学经训读本》，并举行以经书为题的中学毕业会考。一时尊孔读经的逆流在各地泛滥起来。曾在"五四"运动时期反对白话鼓吹文言的汪懋祖，正在国民党教育部当官，6 月 21 日，在《申报》发表《中小学文言运动》，鲁迅为此写《此生或彼生》痛加驳斥，茅盾也在《文学》上写文章讽刺他。以"左联"为核心的进步文化界，对国民党的复古逆流进行反击，在报纸上展开了一场文言白话的论争。这些尊孔读经、主张打倒白话恢复文言等等的逆流，实际上都是对"五四"文学革命的一种反动，也是国民党文化"围剿"的一个组成部分。

同时，在这一年开展的大众语文运动讨论中，在反击"文言复兴"的理论文章里，也暴露了少数新文学工作者否定五四文学革命，否定白话文成就的过"左"言论。有的认为五四以后的白话文是"在语文上也只将'之乎者也'换了'的那呢吗'的变相八股"，[1]是一种全不能为一般的大众所能懂的、充满了欧化气与八股气的"买办文学"[2]；因而提出要向"死了的文言作战，同时，也得向'洋八股的白话文'进攻"。[3]鲁迅对这种论调，认为是起了"自己缴自己械"[4]的作用。茅盾也指出当时"文化复古运动也在一些新名词的掩护下进行"。[5]

这一时期，鲁迅指出："别有一支讨伐白话的主力军，是林语堂先生。……他一闪而将宋明语录，摆在幽默的旗子下。"[6]当时以提倡小品文为名、政治倾向性非常明显的《人间世》半月刊，由林语堂主编，正在这年 4 月创刊，提倡"以自我为中心，以闲适为格调"。林语堂把他明目张胆地讨伐白话文学，轻描淡写地说成是"我恶白话之文而喜文言之

---

[1] 宣浩平编：《大众语文论战》第 111 页、第 136 页、第 103 页，1934 年，上海启智书店。
[2] 同上。
[3] 同上。
[4] 鲁迅：《答曹聚仁先生》，《鲁迅全集》，第 6 卷，第 78 页，1981 年，人民文学出版社。
[5] 茅盾：《回忆录第十七》，《新文学史料》1982 年第 4 期，第 19 页。
[6] 鲁迅：《玩笑只当它玩笑·下》，《鲁迅全集》，第 5 卷，第 525 页。

白,故提倡语录体"。[1]

反映在上海图书出版界的,是这一年,大量古书成批翻印[2],报上经常刊出满幅广告。这些出版物对整理国故确实起了一定的作用,但这么多大书店,集中一个时期翻印这么多古书,也不免为弥漫社会上的复古之风助长了声势。

那时,我常去内山书店,有时为了去看望鲁迅先生,有时专程去浏览新到的日本文艺书。我虽不通日文,但从书名和内容的汉字部分,也还能粗知大概。内山老板见我喜欢书,经常送我一些日本出版商印发的图书目录和成套书的宣传品。我回家后,灯下枕边细细翻阅,颇有启发。我看到日本的成套书中有专出新作品的,也有整理编选旧作的,名目繁多,有称丛书、大系、集成或文库之类,范围很广,涉及文学、艺术等各个部门。其中有一套整理编选近代现代文学创作的大套丛书,都不是新创作,而是已有定评的旧作的汇编,引起了我很大的兴趣。我就想,已创刊的《良友文学丛书》,符合出版水平的来稿不多,要经过一个长期积累的过程,才能出成数十种或上百种。我为什么不来一个整理编选工作呢?"五四"新文学运动以来,现代文学史上已有定评的文艺作品,屈指计算,为数也不少,这些书都是纸面平装本,分散在各处出,极难觅齐,如果我能把它择优编选,统一规格,印成一套装帧美观、设计新颖的精装本,可取名为"'五四'以来文学名著百种"之类,那不是克期可成的工程吗?但这个想法立刻被自己的第二个思想所否定了。一百种成名之作,如鲁迅的《呐喊》、郭沫若的《女神》和胡适的《尝试集》等,不是由各个不同的书店所出,版权页上都写明"版权所有,翻印必究"八个大字吗?我有什么办法去冲破这条出版法呢?但企图整理编选"五四"以来文学创作的这个编辑构思,一直萦绕在我的心头。

另外,我想到我已经在编的几种成套书,都是先有一个编辑意图,定了一个名,划了一个范围,然后坐等来稿(当然也争取出门组稿)。作家写什么,我们出什么,也可以说你争取到什么出什么。这些书,良友

---

[1] 林语堂:《论语录体之用》,《论语》第26期,1933年10月。
[2] 张静庐:《中国现代出版史料·乙编》第471—493页,1955年,中华书局。

不出,别的书店也会出,编辑处于完全被动的地位。我当时又想,编辑是否可以自己多动些脑筋,发挥一些主观能动性,在编辑工作上变被动为主动,因而有所创造呢?编辑一般来稿是从有到有,把作家的创作成果,通过编辑劳动,变手写原稿为铅印书本,送到读者手中。但编辑是否也可以自己先有一个设想,要编成怎样一套书,然后主动组织许多作家来为这套书编选或写作;整套书完成后,不但具有它自己独特的面貌,而且,如果不是为了适应编辑的这个特殊要求,作家本人不会想到要自己去花时间编写这样一本书。这种编辑方法是否可以称为从无到有的创造性劳动呢?时间已隔了半个多世纪,今天回顾,我编辑《大系》的最初阶段,似乎具有这样的一种设想;或称出于对编辑出版工作的热爱,促使我要干出一番新事业,编出一套好书来。真是初生之犊不畏虎,年少气盛,不自量力。后来在前辈作家的指引和帮助下,这一理想竟然在不长的时间内得到了实现,这是我始料所不及的。遗憾的是另一套姊妹篇没有能够如愿完成。[1]

三

为了了解我要编选的对象,我曾多次分别去当时上海有名的几所大图书馆,对"五四"以来出版的现代文艺书和文艺期刊进行广泛的搜索,查卡片、闯书库、翻阅旧期刊。经过实践,逐渐发现"五四"时期长篇小说很少,短篇小说、散文、诗、戏剧和理论文章部分都已收入个人的集子或合集里,大部分散见在当时的文艺期刊或报纸副刊中。我便产生这样一个新想法,如果能改用编选各个单篇合成一集,那就不存在侵害他人版权的法律问题了。我们可以分编成"五四"以来小说集、散文集、诗歌集等等。我又想,这样一项大工程,我一定要去物色每一方面的权威人士来担任,由他择优拔萃,再由他在书前写一篇较长的序言,论述该一部门的发展历史,对被选入的作家和作品进行评价。每个文艺团体有一篇历史,每个重要作家附一段小传,再把这一部门未入选作品

---

[1] 见《追叙未完成的〈世界短篇小说大系〉》,本书第410页。

编一详目附于书后,说明出处,好让读者去自己查阅,借此可了解这一部门十多年来的收获。当我从翻阅大量原始资料的实践过程中,逐渐形成上述比较具体可行的编辑构思时,我与郑伯奇常常商量讨论,慢慢地心中有了个底。伯奇是我的良师益友,在我的编辑工作中,他是我的好参谋,我能做出的任何一点微小的成就,都与郑伯奇的指导帮助分不开的。

那一年,阿英已有两本著作编在《一角丛书》中出版——《创作与生活》和《灰色之家》。他经常来良友公司找郑伯奇谈工作,那时他们两人和夏衍已参加了明星影片公司,据于伶的回忆,经瞿秋白指示,由阿英、夏衍与郑伯奇三人,用三个假名,秘密受聘为该公司剧本顾问,由夏衍负责组成电影小组。[1]阿英为人坦率豪爽、和善可亲,有事找他,他都热诚相待。对良友的文艺出版工作关怀备至,对我这个青年编辑更奖掖有加。当我把拟编一套"五四"以来文学作品丛书的初步想法与他商谈时,他表示绝对赞成,并鼓励我说,这样一套书,在当前的政治斗争中具有现实意义,也还有久远的历史价值和学术价值,要我加紧进行。他自己搜集新文艺作品数量之丰富,文艺界中人所共知。我想按我的设想,如果每集书后都要附史料,如作家传记、文学团体资料、作品书目和有关资料等,这些材料还得靠我们自己去搜集,然后供应给编选者。阿英当时就表示将来"良友"如有需要,他愿意无条件供应。这番话,不但给了我精神上的鼓舞,更是一种物质上的力量在推我向前。他的话不留在口头上,而立即见之于行动。隔了几天,他约我到他家里去参观他的藏书。

阿英家住静安寺赵家桥路一幢中式里弄房屋,进门是间大客堂,也是他的藏书室,四壁全是封闭式的白木书箱;中间放了一张黑木方桌是供全家人吃饭用的。他的工作室在楼上。那时他和父亲同居,孩子还没有生下几个。阿英是地下党党员,他的住所是保密的。那天他对我热情招待,把藏有新文艺书籍和期刊的木箱都打开了,我才发现上海各大图书馆所没有的书,他大部分都有,而且以初版本居多,有的还是作者签

---

[1] 于伶:《先驱者战斗的一生——缅怀郑伯奇同志》,《党的生活》1980年2月,上海人民出版社。

名赠送本。大量文学期刊几乎是整套的。我在翻阅这么多珍贵文献时，想到当时左翼作家生活困难，他历年节衣缩食，搜购到这么多"五四"以来新文艺书刊，他对这些旧书是寄予深厚的感情的。同时他对"五四"新文学运动正在做整理研究工作，他已用张若英笔名编了《中国新文学运动史资料》（以下简称《运动史资料》），刚刚由光明书店出版。我向他告别时，他签名赠我一册。我手中拿着阿英的赠书，从赵家桥回家途中，我第一次感到，我为编这套大书所首要解决的资料来源问题，已找到了一个大宝库。因为向图书馆借书有种种限制，现在有了阿英藏书做靠山，让我看到了希望，我可以起步了！

阿英在向我介绍他的《运动史资料》时，还要我去看看最近出版的刘半农编的《初期白话诗稿》，他说，他的序文里提到它。这是一部用宣纸按原稿手迹影印的线装本，古雅可爱。编者把从 1917 到 1919 年间担任刊物编辑时"为着好玩，并没有什么目的，更没有想到过：若干年后可以变成古董"，而搜集到的李大钊、沈尹默、沈兼士、周作人、胡适、陈衡哲、陈独秀、鲁迅八家二十六首白话诗手迹原稿影印成册，"用以纪念白话诗十五周年"。当时出版这样一部诗集，已引起文艺界的注意，而刘半农的那篇序言，更成为大家谈论的话题。因为序中说到当他把这部诗稿送给陈衡哲看，"向她谈起要印这一部诗稿时，她说：那已是三代以上的事，我们都是三代以上的人了。"[1] 我认为陈衡哲的这两句话，包含着深刻的讽刺意味：为什么当年轰轰烈烈、席卷全国的"五四"新文学运动，如今人们都已把它看得如此遥远了呢？为什么如刘半农自己所说"当初努力于文艺革新的人，一挤挤成了三代以上的古人"了呢？[2] 阿英在他的《运动史资料》序里，在引用陈衡哲两句话以后，接着就感叹地说："其实，不仅回想起来，使人起寥远之想，就是在不到二十年的现在，想搜集当时的文献，也真是大非易事。"[3] 这里，阿英已提出了一个抢救文献、整理文献、出版文献的问题。他编选《运动史资料》，就

---

[1] 刘半农的《初期白话诗稿序目》，以后编入《半农杂文二集》，第 353 页，良友版，1935 年。

[2] 同上。

[3] 张若英（阿英）编：《中国新文学运动史资料》第 2 页，1934 年，光明书局。

说明他早已注意及此,而且自己开始做了。

我从刘半农编的《初期白话诗稿》一书中,得出我要把我的那个理想用分集编选方法来实现是有例可援的,刘半农的《初期白话诗稿》,不就是我理想中那本"五四"以来诗集的雏形吗?而读完《运动史资料》后,我对这套理想中的大书的内容又有了补充。我从最初想编的"'五四'以来文学名著百种"仅限于作品,改为请人编选各集后,也仅限于作品,而把史料附在各集之后。经过与阿英的几次接触,并读了他的书,计划似乎有必要加以补充调整。如果没有"五四"新文学运动的理论建设,怎么可能产生如此丰富的各类文学作品呢?

我当时还有一个好参谋,那就是在主编《现代》杂志的施蛰存,他既是我的松江同乡,又对编辑之道,具有独自的见解。《一角丛书》创刊期间,最早提携帮助我的就是他;我在工作中每遇困难,经常去请教他。这时候,酝酿中的这个编辑计划,日夜困扰着我,使我坐立不安,夜不成眠。我感到要找个老编辑、老朋友谈谈心,求他帮助我出谋划策。施蛰存和阿英早就相熟。有一天,我便去找了施蛰存。因他对文坛情况非常熟悉,对编辑成套书同我一样感兴趣,对欧美日本的出版物,我们经常一起谈论,都感到有许多值得我们学习的地方。我把我最初的打算,以后改出编集的计划,和阿英谈话后的一些新想法谈了。他认为这样一套大书,单单作品是不够的,前面应有理论文章的结集,而每集后面各加史料,不如另出一集史料,这本史料集就可请阿英担任。这是一个很好的主意。对于这样一套包括理论、作品、史料的大丛书,我设想不用丛书之名,而学习日本出版成套书中所用的"大系"二字。这两个字我认为颇具新意:既表示选稿范围、出版规模、动员人力之"大",而整套书的内容规划,又是一个有"系统"的整体,是按一个具体的编辑意图有意识地进行组稿而完成的,与一般把许多单行本杂凑在一起的丛书文库等有显著的区别。施蛰存经常跑内山等日本书店,熟悉"大系"为名的日本成套书,他立刻赞成我的这个想法。回"良友"后,与郑伯奇商议,他是日本留学生,对此书名更表赞同,他说:"这在我国出版界,还未被人用过的呢!"以后我与经理商议后,就决定命名为《中国新文学大系》。

上述的酝酿时期,大约在1934年的3、4月至7、8月间,《大系》的基本轮廓有了，编辑这样一套《大系》的必要性已肯定了，但如何分卷，请哪些人来担任编选，全未有落。8月间，从北平来了一位文艺编辑界的老前辈，"五四"运动的参加者、文学研究会的主要发起人郑振铎，《大系》工作又前进了一步。

四

　　郑振铎当时正在北平与靳以、巴金等合编《文学季刊》，同时在燕京大学执教。我是通过巴金认识郑振铎的。我约他为《良友文学丛书》写稿，他就把《欧行杂记》交我，我把其中一章先发表在十月号《良友画报》上，篇名《回头过去——欧行杂记之一》，此书随即出版。这部文稿是在他8月间来沪时面交给我的，这以前，我还未和他见过面。我记得那年他来上海，在北四川路海宁路口有五层楼高的虹口大旅社楼上大礼堂内，参加他亲戚的一次婚宴。这家旅社与良友公司近在咫尺，我们事先约定，就在那里见面。我上午去那里，大礼堂里四壁张挂了许多红绸喜幛，中间陈设着供桌，上面挂着双喜大金字，热闹的婚礼要到下午才举行。我和郑振铎就在一个僻静的角落里初次交谈。随后几天，他约我去静安寺庙弄住所详谈，除《欧行杂记》事外，我主要向他请教关于《大系》的编辑计划和编选人选。

　　我们虽属初交，但一见如故。他和阿英一样喜欢搜集旧书古籍，谈到"五四"初期的版本已极难找到，同声感叹。他听到良友计划出版《大系》，而且已得到郑伯奇、阿英等支持，他表示如有所需，他也愿全力以赴，促使这个编辑计划的早日实现。当我们谈到刘半农在《初期白话诗稿》一书序中，刘所说"五四"时代的战士们已被挤成三代以上古人那句话时，他就动了感情（后来我们知道他为人富于感情，对是非善恶反应强烈，绝不含糊妥协）。他面红耳赤地对我申述了他的见解。他说："所谓'三代以上的古人'的人物，精神表现衰老状态者还是最忠实的，也还有更不堪的'退化'甚至'反叛'的人物，他们不仅和旧的统治阶级、旧的人物妥协，而还挤入他们之中，公然宣传着和最初白话文运动相反对的主张；只有少数人还维持斗士的风姿，没有被旧势力所牵引"（这段话,以后述写入了他的导言中)。说到这里,他还指名道姓地为我点出三种走不同道路的知名人士。接着他还向我指出到现在还有人写文章反对白话文,因而继续在展开论争。他对最近掀起的一股读经、祀孔的逆风极表愤慨,认为这样做,无异在走回头路,把过去的革命运动视为多此一举。因而对编辑《大系》之举,认为非常及时,极有意义。

我同郑振铎商谈时,我原来的设想是《大系》分三部分,理论、作品和史料,理论和史料各编一卷。关于理论集,郑伯奇、阿英和我都认为请郑振铎编最适宜。当我把《大系》的编辑意图和组稿打算向他说明后,我就提出请他担任理论集的编选。他考虑一会儿后,认为理论部分应当分为《建设理论集》和《文学论争集》两册。前者选新文学运动最初发难时期的重要理论,以及稍后一个时期比较倾向于建设方面的理论文章。后者着重于当时新旧两派对文学改革上引起的论争,以及后期文学研究会和创造社之间的论争等等。没有论争就不可能推动文学革命的前进,它与《建设理论集》有联系,但也有区别。他主张分开编,并且表示可以担任后者的编选工作。他说:有了这样一本集子,"至少有许多话今天省得我们重说,也可以使主张复古运动的人省得重说一遍"。

郑振铎当时常住北平,难得来上海,我对《大系》的设想已进入具体化阶段,急需前辈作家的具体帮助,我把曾经担任《小说月报》的老编辑郑振铎看做我的又一位老师;我还记得中学时代写的第一篇文章,就发表在他编的《小说月报》上。这次初次向他当面请教,他北归后,又不断地书信往来(这些信也都丢了),认真坦率地给我指导,使我深受感动。他后来写的一段编选感想,就表达了上述的思想,他说:

> 将十几年前的旧账打开来一看,觉得有无限的感慨。以前许多生龙活虎般的文学战士们,现在多半是沉默无声,想不到我们的文士们会变老得那么快。然而更可怪的是,旧问题却依旧存在(例如"文""白"之争之类),不过旧派的人却由防御战而突然改取攻势了。这本书的出版可以省得许多"旧事重提",或不为无益的事罢。

理论分编两集,论争集已有了编选者,那么,另一本《建设理论集》找谁编呢？我乘机恳求郑振铎作个推荐。他笑而不答，沉思了好一阵，才轻声地对我说："这本集子请胡适来编，你看好不好？"在此之前，我心中也想到过《大系》第一本理论集，如能找到胡适这样的人来编，那会多好，但我不敢向郑伯奇、阿英提，他们肯定不会赞成。胡适当时是北京大学校长，文化界炙手可热的权威人士，政治上在逐渐右倾，左翼作家对他很有意见。但当时大多数人局限于认识水平，总是把"五四"新文学运动与他联系起来看，把他看做是一个有重要影响的人物。所以当郑振铎提出胡适之名时，我又惊又喜；惊的是，胡适就是郑振铎对我所说，挤成三代以上古人中的"五四"战士，现在已一步步挤上高位，成为一位风云人物了；喜的是，如能找他来编选一集，对一般读者既有号召力，对审查会也许能起掩护的作用。这个审查会，从5月挂牌，什么书刊都要经它这一关，我们的出版物已深感压力了。这样一套规模大、投资多的《大系》，完全找左翼作家编，不来一点平衡，肯定无法出版。我先不表态。我说，胡适远在北平，大名鼎鼎，高高在上，他的书和文章都是在商务、新月之类书店出版。"良友"最近专出进步文艺书，已被特务暴徒击破了大玻璃，而我又是一个无名的文学青年。他在光华大学教中国哲学史时，我听过他的课，但和他素无往来，如果徐志摩活着，我还可以通过他去找胡适。我自己凭空写封信去约他编选《建设理论集》，他肯定会置之不理。郑振铎考虑了一阵，站起身来对我说："我回北平后，替你去找他吧，他看到这样一个不平凡的编辑计划，可能会感到兴趣的。"我心中真是说不尽的感激，但在我接受他的善意建议之前，我又吐露了对此举的种种顾虑。振铎理直气壮地高声说，对历史上作出过贡献的人，应当肯定他那一部分；这并不排斥我们对他今天的政治观点持不同意见。他接着说，今天能担任此书编选者除胡适外，只有找陈独秀，但他是无法找到的，比较之下，胡适还是唯一适合的。这次郑振铎的南下，为《大系》的理论部分打下了基础。不久，通过郑振铎的介绍，胡适居然接受了我们的邀约，与我开始通信了。

我和阿英之间的频繁接触中，我早已有意请他为《大系》担任一集的编选者，当我初读他的《运动史资料》时，还有请他来编理论集的想法。以后施蛰存向我建议可请阿英主编史料集，我曾和郑伯奇二人商议，他也认为可以。所以与郑振铎的一夕话，解决了两本理论集的分工和人选以后，我就接着征求他对阿英编史料集的意见，振铎认为史料集的编者非阿英莫属。他们两人对学术研究上的兴趣颇为接近，但阿英收集的以现代文艺书居多，这正是振铎所欠缺的。振铎听我说起曾去阿英家参观过他的满屋藏书，阿英已向我表示愿意支援《大系》的资料供应工作，振铎极为兴奋。他说，你有了阿英的支援，就事半功倍了。后来郑振铎在《文学论争集》导言最后说："最后应该谢谢阿英先生，本集里有许多材料都是他供给我的。没有他的帮助，这一集也许要编不成。"《史料·索引》集的编选工作，最后决定请阿英担任，他非常高兴。他写的《编选感想》，表达了他在《运动史资料》序文中说起过，而那天在他家里一边看书一边和我交换意见时的见解：

> 十六年来中国新文学的发展，其激急和繁复，是历代文学中所不曾有过的。所以参加了初期活动的干部，现在提起往事，都已不免于有"三代以上"之感。刚刚成长的文学青年，那是更不必说了。在这样的情形之下，即使暂时不能产生较优秀的新文学史，资料索引一类书籍的印行，在任何一方面，也都是有着必要的。良友图书公司发刊《中国新文学大系》，其意义可说是高于翻印一切的古籍，在中国文化史上这是一件大事。

五

现在我要说到茅盾了。我最早和他往来大约也在1934年。他对良友文学出版事业的热心支持，不下于鲁迅。30年代，他写给我的信约有五六十封，可惜"十年浩劫"期间，被弄得不知下落，因此，他逝世已近二年，我至今还没有写过一篇悼念和纪念他的文章，实属遗憾。最近在《新文学史料》上读到他所写《回忆录》中对我说的一些溢美之辞，更感到有责任，把他当年对我这个文学青年爱护和培养的往事，一一写下来。如果那批书简在手边，我有多少话可说啊！他对我最大的帮助，是在《大系》最初落实期间所提的宝贵意见。

茅盾给《良友文学丛书》的第一部作品是散文集《话匣子》，出版于1934年底。在是年秋天的一段时间里，我把《大系》的编辑计划送请他审阅，恳求他担任小说集的编选者，并请他为我们编辑工作上的棘手问题作出决定。现在茅盾来信既荡然无存（仅有一封是1977年写给我的；还有三封发表于孔另境编《现代作家书简》中）。最近发表的茅盾《回忆录》里，有两次提到当时他编选《小说一集》的经过，这帮助我想起了许多往事，也第一次知道他当时对此事的反应和对《大系》的评价。

原来茅盾在1934年4月号的《文学》书评栏里，说到当他读到1933年出版王哲甫著《中国新文学运动史》时，他就产生了一种想法：这是研究新文学运动的第一本著作，作者用意虽好，结果失败了。他认为在当时的社会政治条件下，希望立刻写出这样一本书，未免过早。因此他"只希望有一部搜罗得很完备，编得很有系统的记载'史料'的书，这本书可以是'编年体'，按年月先后著录重要'理论文章'及'作品'，记载文学团体成立解散，以及杂志的发刊等等，'理论'文可以摘录要点或抄录全文，'作品'可以来一个'提要'。如果不用'编年体'，也可以用'纪事本末体'，把十五年来文坛上讨论过的重要问题详细记述它的发端论争，以及结束。另外再加两个附录，一是重要'作品'的各方面的批评及其影响，二是文学社团的小史。倘使这样的书出来，对于研究现代文学史的人固然得用，对于一般想要明了过去到现在的文坛情形的青年也很有益"。[1]正当茅盾抱有这样一个愿望时，我把编辑《大系》的总体设计去请教他，他非常高兴地接受了。他不但答复了我提出的问题，还为小说集、散文集如何分工，找哪几位编选者最适合，给了我明确的指示。他自己也愉快地接受了担任关于文学研究会成员的小说集的编选工作。这一连串问题，绝不是一次通信或一次见面马上解决的。我仅能凭现存的仅有的文献和我的记忆，分别叙说如下。

《大系》主要是为"五四"以来的新文学运动进行整理总结工作的，但选稿的起讫年限应当先有一个统一的规定，阿英主张从"五四"到"五卅"，这在他那本《运动史资料》序文中就这样说的。他说："从'五四'

---

[1]《文学》第3卷第4期，1934年4月，上海，生活书店。

到'五卅',在时间上,大约是九年的光景,这一个时期,可说是文学革命期。"[1]郑振铎不同意这个分期法。我把这个问题请教茅盾时,他亲笔复了我一封信,说:

> "五四"是1919年,"五卅"是1925年,前后六年,这六年虽然在新文学史上好像热闹得很,其实作品并不多。弟以为不如定自"五四"到"北伐",即1919—1927年,如此则把现代中国文学分为两个时期,即"五四"到"北伐","北伐"到现在。……本来"五四"到"五卅"不过表示了"里程碑",事实上,第一本的"建设的文学理论",就有许多重要文章是发表在"五四"以前。从1917到1927年,十年断代是并没有毛病的。[2]

由于茅盾为我们作出了这个决定,大家也都无异议,所以《大系》有个副题:《第一个十年:1917—1927》,有的编选者,就称这个十年为"伟大的十年!"茅盾为《小说一集》写的《编选感想》,也包括了这个看法在内。他说:

> 新文学发展是长长的一条路,这条路的起点以及许多早起者所留下的足迹,有重大的历史价值。现在良友公司印行《中国新文学大系》第一辑,将最初十年内的"新文学"的史料作一次总结。这在今日的出版界算得是一桩可喜的事。至少有些散逸的史料赖此得以更好地保存下来。

这段感想,一则指定了《大系》的选稿范围限于新文学运动最初的十年;二则称《大系》为第一辑,那就希望今后还应编出第二辑、第三辑,这对我们寄予了深切的期望,鼓励我们将来继续编下去。

---

[1] 张若英编:《中国新文学运动史》,序记,第1页,1934年4月,上海,光明书局。
[2] 此信我摘录写入1957年3月19日的《编辑忆旧》,刊于《人民日报》第八版,原信已于"文革"期间丢失。

我向茅盾请教的第二个问题，便是小说部分应出几册，如何分工，请谁编选最合适。茅盾在《回忆录》中记得非常清楚。他的回忆文章中说："我又说，这十年中的文学作品，短篇小说分量最多，可考虑按文学团体分编三集，文学研究会和创造社各编一集，这两个团体以外的以《语丝》、未名社等为中心又编一集，这样各有其特点。"[1]这个意见，我和郑伯奇、阿英、施蛰存、郑振铎等商谈时，他们的看法大致相同，而文学研究会的一集，应由茅盾来编选，更是众望所归；经我请求，蒙他答应了。他就是要求我们提供编选材料，他在《回忆录》中还说："因为文学研究会名下的作品登在《小说月报》和《文学周报》上的，我手头有，而散见于各分会办的刊物上或其他非文学研究会办的报刊上的，我没有。"[2]后来我们尽力设法满足了他的要求。他是交齐选稿和导言的第一人，所以《小说一集》最先出书。

创造社作家作品另立一集，那也是大家所一致同意的。至于此外的文学团体，为数多，成员较少，分处南北，情况也较复杂，但在"五四"时期，其中不少作家是有很大贡献的，他们编的文学刊物，影响全国文坛，如北京有新潮社、沉钟社、莽原社、未名社和《语丝》、《晨报副刊》、《京报副刊》、《现代评论》等刊物；上海有弥洒社、浅草社等；还有其他不属任何团体的作家。但这一集，请谁来编选最合适呢？我们考虑过很多人，都感到不恰当，结果都瞩望于鲁迅，他不但与其中的几个团体有密切关系，实际上是他领导的；而且他个人在新文学运动方面的贡献更是超过任何人的。《大系》编选者要组成一个强大的阵营就缺不了鲁迅。但考虑到要他去编选这样一支杂牌军，他是否会同意呢？郑伯奇、郑振铎都竭力主张请鲁迅编选这个集子，我征求茅盾的意见，他也认为由鲁迅担任最合适。当时我已和鲁迅见过几次面，《良友文学丛书》创刊时，他就以两部译作支持我；出版麦绥莱勒作《木刻连环图画故事》集时，他大力赞助，并为其中的《一个人的受难》写了序。想到要把这样一本杂牌小说集请鲁迅来编，我还没有这个勇气。我在听到茅盾也赞成请

---

[1]　茅盾《回忆录18》，《新文学史料》，1983年第1期，第9页。
[2]　同上。

鲁迅来编选这本两个大团体之外的小说集时，我乘机托茅盾代我向鲁迅商议恳求，因为他们两人之间友情深厚，经常来往，可以无所不谈的。不料遭到茅盾的婉言谢绝。他说："你和鲁迅先生也很熟，他对你印象尚好，你自己去找他，我相信他会考虑的。"到11月间，我还是拉了郑伯奇伴我一起去内山书店看望鲁迅。我曾把编辑计划告诉过他，他赞成出版这样一部《大系》；我提及将来拟请蔡元培写个总序，鲁迅极表赞同；对其他已定的编选者，他并无意见。那天我和伯奇同去，大胆提出请他担任编选那部小说集的要求后，他仅略略表示谦让，当场就答应了。我当时内心的喜悦真是难以言语形容的。鲁迅宽大的胸怀，对有益的编辑计划的热诚支持，对我这个文学青年的培养爱护，我都已写入我的《编辑生涯忆鲁迅》一书中了。我现在想起，当时茅盾虽当面婉言谢绝代邀，事后很可能已预为道及，所以那天的会谈，给我意外顺利的感觉。茅公提携后进，往往不令人知，这种高风亮节，更令人难忘。《大系》有了鲁迅参加，顿时增添了光彩。以后发生了与审查会有关的重大周折，鲁迅来信表示退出，幸经伯奇伴我于1935年元旦假期再次去内山书店晋谒，终于蒙他顾全大局，收回成命。这段曲折的故事，我早已另写专文[1]，不再在此赘述了。

我向茅盾请教的第三个问题是关于散文集的，我们准备出二集，内容如何分工，找哪位编选者最合适，我想听听茅盾的意见。散文编选者的人选，我和伯奇、振铎、阿英、蛰存个别交换意见时，都想到了郁达夫。另一位就有不同看法，我拟请北平的周作人，有人反对，有人赞成。茅盾认为《大系》既请了胡适担任《建设理论集》，散文集请周作人编选一集也无不可。他说，这也是历史唯物主义的态度嘛！关于如何分工，我说是否以地区分，周作人久居北方，他选北方的散文家，郁达夫一直在南方各地跑，是否选南方的散文家。茅盾说，小说以团体分，合情合理，散文的分工较难，将来由郁、周两位自己去商议吧。对于分工问题好像没有彻底解决，但茅盾深知郁、周之间，相互尊重，分工似未解决，而实已解决矣。

---

[1] 见本文后面《鲁迅怎样编选〈小说二集〉》。

收入《现代作家书简》中,有两封茅盾的信,正好与《大系》有关,非常珍贵。其中给郑振铎的一封,写于1934年年底,信末仅署10日,没有月份,可能是12月。信中说:

> 闻圣陶说,王统照只有一本单篇集《号声》,出版最早,现早绝版。弟现因编良友那《新文学大系》里的小说集,拟找得这本书,不知兄在北平能借到一本否?上海方面圣陶本来有的,可是"一·二八"之役丢了。
>
> 兄对于弟所担任之《小说集》有何意见?望见告。此集所收,大体是"文学研究会"中人,但有些散见于《小说月报》及《文学周报》上的作品也将收进,兄意以为如何?
>
> 兄在1926年以前所作,拟选二篇,一为最初期,一为1926年所作者;此为弟之计划,尚未定为何篇,现在也请你告诉我,你以为当选哪二篇?

从此信中可以看到茅盾很早就已动手,在编选期间,经常和文学研究会老朋友们共同商量,并征求被选者本人的意见。关于这方面的茅盾遗札,将来肯定还会陆续发现,容待今后补充。

创造社部分的小说集,我心目中有三位前辈作家可供选择:郭沫若、郁达夫、郑伯奇。经过酝酿,郁达夫已肯定为一集散文的编选者。至于远在日本的郭沫若,我认为《大系》编选阵营中也不能没有他,他是创造社的主要代表人物。以后经我和伯奇几次商谈,决定请郭老担任诗集编选,他是"五四"时代的第一个最有贡献的诗人。于是请伯奇去信日本,很快得到了满意的答复,仅说,身在异域,所需材料全无,这方面要"良友"负责供应。我当即去信表示感谢,并答应将尽一切努力供应选材。这样,有关创造社的那本小说集,当然请郑伯奇担任了。

郁达夫这时已和我相识,麦绥莱勒作的木刻连环图画故事中,《我的忏悔》一书就是由他写序的。当时他已移居杭州,我很早去信约他编选《大系》中的一本散文集,他欣然接受,不久把《编选感想》也寄来了。因为时间较早,还未提及两部散文如何分工合作等具体问题,所以他的那篇感想,写成一篇短短的优美的散文,颇有特色;却在无意之间,引起了一点小风波。感想说:

> 照灯笼的人,顶多只能看清他前后左右的一圈,但在光天化日之下,上高处去举目远望,却看得出四周的山川形势,草木田畴。中国的新文学运动,已经有将近二十多年的历史了,自大的批评家们,虽在叹息着中国没有伟大的作品,可是过去的成绩,也未始完全是毫无用处的废物的空堆。现在是接迹于过去,未来是孕育在现在的胞里的,《中国新文学大系》的发行主旨,大约是在这里吧。

郁达夫和郑伯奇是创造社的两位老将,同时留学日本,对初期新文学运动都作出过巨大贡献,两人关系,情同手足,但遇到原则分歧时,大家照样要争辩一番。1934年3月,郑伯奇在《春光》杂志创刊号上发表《伟大的作品底要求》一文,写作的动机完全是善意的,他要求作家们拿出勇气来,写反映我们这个伟大时代的作品,并以外国作家已写出《怒吼吧,中国!》和《鸦片战争》为例,绝无针对什么人的意气在内。后来《春光》在五月号上,利用此文为题,开展了《中国目前为什么没有伟大的作品产生?》的讨论,征求许多人写文章。随后有人乘机射来了冷箭,以致众说纷纭,成为一场引人注目的论争。我当时看出伯奇为了这次论争是由他一篇文章引起的,深感痛苦。郁达夫的《感想》寄我后,我当然给同坐在一间办公室的郑伯奇先看,他久久不语,我知道郁达夫的话,已刺伤了他的自尊心。

各位编选者的《编选感想》手稿陆续来齐,我催伯奇为他编选的小说集也写一段,过几天,他把手稿交给了我。这里,我要插进一段话,说说伯奇为人的谦虚大方的美德。原来,小说既按各文学团体分为三集,排列先后,理应文学研究会在前,次为创造社,其他各团体殿后,因此,先拟称为小说甲集、乙集、丙集。当鲁迅答应编选丙集之后,伯奇就向我建议,把鲁迅的集子列在他的前面。我赞成他的这一想法,同时,也把甲、乙、丙集,改称为一集、二集、三集。鲁迅为《小说二集》所写的感想早已发表,不再重复;下面是郑伯奇为《小说三集》写的感想。

  中国新文学运动已能到了决算期了,把以前的成果整理一番,结合新文学的发展是很有帮助的。良友计划刊行的《新文学大系》,只就这一点说,已是有意义的工作了。况且十多年来许多被遗忘的作品因此而获得保存,在目前不也是很重要的吗?
  不久以前,自己发表了一点关于伟大作品的感想,曾引起许多不同的意见。其实讨论问题也应该在前人作品中先做一番回顾反省的工夫,不然便会流为空谈。现在参加这书的编选,为自己个人,是一个再教育的机会。

我读完他的原稿,深感他那种实事求是、要求在编选工作中接受教育的真诚态度是极为宝贵的,但这究竟离开了发表编选感想的原有范围,我婉言劝说伯奇把第二段删了,他坚持己意。这种在两位好朋友之间无意中引起的茶杯里的小风波,现在作为《大系》史话的小插曲写在这里,既足以见到伯奇耿直可亲,有话直说的长者作风,也给今天的中青年读者提供一点背景材料,否则对郁、郑两段《编选感想》中所说针锋相对的话,会莫名其妙了。

六

  我理想中的《大系》工程,几个月间,先后经郑伯奇、阿英、施蛰存、郑振铎、茅盾等前辈作家的指导帮助,粗略的面目已经在我心中出现,编选者的人选也已初步确定。我在工作进行期间,当然随时向总经理伍联德汇报的。茅盾《回忆录·十八》中说,"赵家璧是良友图书公司的股东",这与事实不符,良友图书公司的股东极大部分是广东人。我仅因委印学校年刊认识伍联德,随即半工半读,被聘编一个学生读物。1932年秋离开大学,伍联德委托我专办一个文艺书籍出版部,放手让我去开辟一个新阵地,出了不少进步的书。到1933年11月13日,就受到国民党反动派的打击,门市部一扇价值数百元的大玻璃窗被暴徒击破。鲁迅曾把这些反面材料编入《准风月谈》后记中,并针对此事发表感想说:"一个'志士',纵使'对文化事业,热心异人',但若会在不知何时,飞来一个锤子,打破值银数百两的大玻璃,'如有不遵',更会在不知何时,飞来一顶红帽子,送掉他比大玻璃更值钱的脑袋,那他当然也许要灰心的。"[1]但是良友总经理伍联德和继任经理余汉生都是有正义感的、有事业心的爱国商人,他们并不因此而灰心丧气,也没有把我解雇。我这个青年编辑,在他们的放手信任下,才有实现《大系》这样一个需要庞大投资并冒一定风险的出版计划的可能。我在写这篇史料时,不应当忘记他们两位。伍联德已于1972年在香港逝世,余汉生留居美国,高龄八十,正在那里安度晚年。在旧社会,一个编辑想要出版一些好书,大半的命运就掌握在书店老板手中,这是无可讳言的。

我在编辑计划略有头绪之后,就同管理印刷、纸张、成本会计的同事进行出版业务方面的估价工作。预计布面精装,二十三开本,印进口米色毛道林,每集五十万字,包括略高的稿酬、编辑费和规模较大的广告费用(印送样本等),定价每册二元,十卷一套二十元。估计能销二千部可不亏本,再版即有盈余。在经济上有此预算后,我就和总经理进一步商量,准备立刻与编选者签订合同,1935年2、3月刊登广告,全书计划在1935年12月出齐。伍联德看到我的编辑计划和组稿名单,赞赏了一番,对二千册的销路前途也较乐观,但他心中有两大顾虑。

一则怕我的约稿对象落空,预约广告刊出了,到期拿不到文稿,便将失信于预约读者。30年代,书店出大部头书,为了借用读者的订书款供作造货成本的一部分,把发行折扣转给读者本身享受,所以预约款仅收书价的七成。实际上,这个做法越过了中间商,出版社和读者直接来往,两得其利。但出版社在这种经营上,先要自己在读者心目中已建立了一个经济上靠得住的形象,否则读者就怕受骗上当。萧乾曾用《话说预约》为题,怀念过去的预约办法,[2]我是有此同感的。

伍联德的担心是有根据的。1931年春,孙师毅曾为良友公司主编过

---

[1]《鲁迅全集》,第5卷,第399页。
[2]《出版工作》1981年5月,北京,中国出版工作者协会编。

一套《中国现代史丛书》，说明先出第一期共八卷。施复亮写经济史，孙师毅写政治史，张心征写交通史，李达写实业史，周予同写教育史，郑振铎写文学史，孙绍尧写法制史，李朴园、梁得所、甘乃光等写美术史。预约广告刊于是年9月号《良友画报》封底，每册四元，全套预订二十二元四角，预告年底全部出齐。这套丛书，作者阵营整齐，声势浩大，是要解决"中国往何处去"这个重大问题的学术著作。可惜主编者急于求成，大部文稿都未落实，有的如郑振铎的文学史，据我所知，当时根本没有动手，就过早地大事宣传，发售预约，接着"九·一八"事变发生，结果近乎落空。到第二年，才陆续出版了《现代中国经济史》和《教育史》、《交通史》三种，孙师毅也很快离开了"良友"。这部大丛书，是"良友"试出文字方面成套书的第一回，却失信于读者，使伍联德颇为苦恼。这个前车之鉴，使他对《大系》以预约发行，开始顾虑重重，是完全可以理解的。经我拿出事实进行说服，他终于放心了。

另外一件事是国民党的图书杂志审查会。"良友"大玻璃窗被暴徒击破后，已逐渐成为经常被国民党反动派注意的书店之一。伍联德看到我所约请的作家中，有鲁迅、茅盾、郭沫若等著名左翼作家。他就怕广告刊出，发售预约后，将来审查会通不过，又将功亏一篑。而这套书投资大，编选者名单也引人注目，因此要我与审查会先打个交道，把计划和名单送去让他们过目，免得将来被动。我认为店主有此顾虑是合情合理的，我既要实现我的理想，我就得对审查会打个招呼。审查会于1934年5月正式成立前，早已规定原稿送审制。"良友"的文艺书已发生过几次麻烦，我已去设在南市区一座园林建筑名为"也是园"内的审查会打过几次交道。这类事，其它新书业都由店主或经理去的，编辑一般不上前线。良友经理是广东人，他们两位都推说不善讲普通话或上海话，把这件苦差也推给我（也因为出问题的都是我负责的文艺书）。我就抱着"不入虎穴，焉得虎子"的精神，承担了再去闯一次鬼门关。

我大约在12月初去审查会，接见我的是一般职员。平时去打交道都是为了一部文稿，这次我送去的却是一份编辑计划书和编选者名单，他大为惊异。我说，为了郑重起见，请他先转送审查会主管项德言看看。我并不认识这个项德言，但同业中都知道他的大名。正是他，操纵着每本书刊的生杀大权。他答应送主管人阅后再通知我们，这是一句官话，我便告辞了。过了几天，却出现了奇迹。

穆时英是我大学时代的同学，低我两班。他曾在《小说月报》、《现代》等文艺刊物上发表过作品，略有名声，"良友"也出过他的书。但那时，他在生活上已逐渐堕落，出入歌场舞榭，娶了一个年纪比他大得多的职业舞女为妻；文坛上早已盛传他当了审查官，我还将信将疑。事实上，他已投入项德言的怀抱，在审查会里当了一名不大不小的官，与项德言来往极密。我去审查会送计划书以后，大约隔了三四天，穆时英突来"良友"看我，说我送去的《大系》计划书和编选者名单，项德言已看过，他答应帮忙，但约我去项的家里面谈一次。我说："这是公事，怎么上他家去谈呢？而且我既不认识他，也不知他住哪里。"穆说："这你不用担心，我把地址给你，明天下午三时，我在他家等候。"我与经理商量后，猜到审查会头头想在《大系》上做文章。经理答允我见机行事，只要他能保证让我们顺利出版，花些钱把这个头头买下来也是值得的。

第二天，我按址在旧县城内"也是园"附近的一座旧式里弄里找到了这个号码。敲门进去，穆时英第一个出来，外地口音很重的项德言迎上前来寒暄一番，一忽儿，穆已不见了。项先对《良友文学丛书》的装帧设计等等吹捧一番，接着提到，听说良友稿酬比较优厚（其实当时良友和其它书店一样，一般付百分之十五的版税，但交稿时即可预支一部分），他最近有本短篇小说稿（他曾写过一些东西，否则也不会当上这个审查官），希望编入《良友文学丛书》，印得漂亮些。稿酬方面，因有急用，拟一次把版权卖掉。我就请他把文稿让我带回，同经理商量，再作答复。他就把一叠薄薄的仅有数万字的文稿给我，我接过来放入皮包中。

然后，他谈到我送去的编辑计划，他说："整理五四以来十年的旧作问题不大，将来可尽量帮忙；但十位编选者中，有两个人要更换，否则送审时会通不过的：一个是郭沫若，另一个是鲁迅。"我一方面对他答应帮忙表示感谢，但对于他提出要换两位编选者的问题，恳求他加以照顾。他又诉说了一些他们自己是奉命执行、权力有限等等的"苦衷"，最后笑嘻嘻地对我说："鲁迅的名字，根据具体情况，可以商量，但郭沫若的名字绝对不行。"我问他这是为什么？他说："郭沫若写过指名道姓骂蒋委员长的文章，所以上面明文规定，我也无能为力！"

正在此时，我听到穆时英正在楼上和一个女人大声吵闹的声音，也还有一个女人从中劝架。我问项发生了什么事？项说："穆时英娶了这个舞女，活该倒霉。天天吵架，我们也无法劝说，现在已吵到我们的家里来了。"可见项、穆之间，关系非同寻常。

次日，我向经理汇报了经过，大家大笑起来，这出活把戏，被我们完全猜中了。但这个项德言不但要利，还要名。我怎么可以把他的作品编入《良友文学丛书》呢？后来他通过穆要求我们把他的"大作"印出来，署名鲛人，书名《三百八十个》，不入丛书也可以，但要出精装。他这样做，我猜还有他的用意：即使他被人知道敲了书店一笔竹杠，他也可有恃无恐地说，他拿的是一笔合法的稿酬。这几万字小说，经穆时英从中奔走，终于被敲去了五百元大洋。我们提出的条件是鲁迅的名字不动，将来《大系》全部文稿，必须予以照顾，不能有意挑剔。这个诺言，后来总算是遵守了的。

项为了书稿校样和出版事宜，曾用鲛人笔名和我通过两封信，他用的是国民党图书杂志审查会的公用笺和公用信封。"文革"期间，我所属单位造反派，把潘公展、项德言、潘子农三人的来信，都作为我在30年代与国民党有反革命勾结的罪证，从我那批被抄去的七百多封信中（我习惯于把重要来信收集保藏，潘公展的几封信都是介绍稿件的；潘子农的信，都是说他的译本《怒吼吧，中国!》的），特意抽出，存在我的档案袋里。1977年上海复查工作结束，领导上把这近十封信退还给我，至今我还保存着作为纪念。而茅盾、郑振铎、郁达夫、阿英等大批书简，全部失落，言之痛心。

七

由于审查会的坚决反对，诗集的编选者不得不另请他人。经过我们几个人的商谈，特别是请教了茅盾和郑振铎，改请在北平清华大学的朱自清担任。当时我和朱自清还未建立友谊，我在1935年6月间才在北平和他初次见面的。他和郑振铎都在北平执教，这件事，我又函托郑振铎代邀,幸而得到了这位诗人的应允,我立即去信道谢,并送去了约稿合同。这次临阵换将的故事,很少人知道。现在已成历史,补上一笔。为此,伯奇和我分别写信去日本向郭沫若郑重道歉,说明实情后,蒙他鉴谅。最令人遗憾的是1936年,审查会因"《新生》事件"关门大吉后,我继续编《世界短篇小说大系》时,远在日本的郭沫若又答应担任《德国集》的编选,又因1937年"八·一三"抗战发生而计划告吹了。

朱自清在《诗集》中有一篇《选诗杂记》,提到了约稿的经过,他说:"这回《新文学大系》的《诗选》会轮到我,实在出乎意外,郑振铎兄大约因为我曾教过文学研究的功课吧,却让赵家璧先生非将这件事放在我手里不可,甚至说找个人多多帮些忙也成。我想帮忙更是缠夹,还是硬着头皮自己动起手来试试看。"[1]诗集编选人选经此波折,耽误了一个月时间。其他各位《编选感想》都到手了,预约样本也即将编印,诗集编选人既换了朱自清,我便请他从速写段编选感想。他说:"《大系》样本里需要一点编选感想,又要照片,时间很匆促,便草草将《感想》写出……。"[2]这一段至今不大为人所读到的短文,对研究新诗运动的人颇有史料价值,这篇感想提出了他选诗的准则。他自己说,他"动手的时候并不忘记自己说过的话(按:指《编选感想》),假如不曾作到相当地步,那是力不从心,无可奈何的"。[3]感想是这样说的:

> 新文学运动起于民六,新诗运动也起于这一年,民八到十二,诗风最盛。这时候的诗与其说是抒情的,不如说是说理的,人生哲学、社会哲学都在诗里表现着,形式是自由的,所谓"自然的音节"。民十五《晨报》、《诗刊》出现以后,风气渐渐转变一直到近年,诗是走上精致的抒情的路上去了。从一方面说,这当然是进步,但做诗的读诗的却一天少一天,比起当年的狂热,真有天渊之别了。
>
> 我们现在编选第一期的诗,大家由于历史的兴趣,我们要看看

---

〔1〕《中国新文学大系导论集》,第359—360页,良友版,1940年。
〔2〕 同上。
〔3〕 同上。

我们启蒙期诗人努力的痕迹。他们怎样从旧镣铐里解放出来，怎样学习新语言，怎样寻找新世界。虽然他们的诗理胜于情的多，但是到底只有从这类作品里，还能够看出些那时代的颜色，那时代的悲和喜、幻灭和希望。

为了表现时代起见，我们只能选录那些多多少少有点儿新东西的诗。

朱自清编选的《诗集》，没有按我们要求导言写两万字的规定，而在较短的《导言》外，另写《编选凡例》、《选诗杂记》、《诗话》和《编选用诗集和期刊》四篇附录，具有他自己的特色。在前几年发表的《朱自清日记》中，有一段写于 1935 年 7 月 22 日的日记，写的正是他编选《诗集》时期的事。日记中说："下午进城，访周岂明，借得新诗集甚多。彼曾询以关于选辑《新文学大系·散文一集》之意见。待新诗材料搜全后，即开始选辑，约须一年。但苦无多余时间，故拟先就主观评选十七八家，或易成功，但进行此计划或须变更。"[1]他这天日记中所说的编选方法，后来也写入《选诗杂记》中。他说："清华大学收的新诗集真不少，我全借了出来。……但是看见周岂明先生的时候，他说，他选散文，不能遍读各刊物；他想那么办非得一年，至少一年。……我决定用我那破讲义（按：指他开课时用的讲义）作底子，扩大范围，凭主观选出若干集子来看，期刊却只用《诗》月刊和《晨报诗镌》，这么着大刀阔斧一来，诗集方选成了；要不然的话，咳，等着瞧吧！"[2]从上述文献中，可见当时在北方两位编选者也是互相讨论，如何完成《大系》的编选工作，既要保持质量，又要适应出版社的要求，争取在一定时间内交稿。我去北平初次看望他们两位前辈作家时，《大系》已开始出书了。

关于两卷散文集，我前面已说过，郁达夫是很早约定的；另一位周

---

[1]《朱自清日记》见《中国现代文艺资料丛刊》第 3 期，第 98 页，上海文艺出版社，1963 年 11 月。

[2]《中国新文学大系导论集》，第 361 页，良友版，1940 年。

作人，经我和茅盾交换意见后，虽然朋友中也有不同意见者，我就去信北平郑振铎，一方面征求他的意见，一方面请他像胡适一样，由他代我约请。不久，就得到振铎复信，我就把约稿合同两纸请他代送周作人，另外我写了一封恳切的信，感谢他参加《大系》的编选工作。现在还有周作人当年写给我关于《大系》编选的两封信。其中一封说：

> 从郑先生转来合同，今仍将一份寄奉，乞察收。大系规定至民十五年止，未免于编选稍为难，鄙意恐亦未能十分严格耳。有许多材料不能找到，将来尚须请尊处帮助。[1]

此信署的日期是1月6日（1935年）。关于选材下限不宜定为1927年，郁达夫也有同样的意见。郁达夫说："原定体例，是只选自1917年至1927年之间的作品。但被选的诸家，大抵还是现在正在写作的现代作家（除两位已故者外），思想与文章，同科学实验不同，截去了尾巴，有时候前半截要分析不清的。对这问题，我和周先生所抱的，是同一个意见，所以明知有背体例，但1927年以后的作品，也择优选了一点，以便考证。"[2]

迄今留下的周作人给我的另一封信，写于1935年1月15夜，内容这样：

> 快信敬悉。散文分选前，西谛亦有以性质区分之说，但事实上甚不容易。达夫来信拟以人分，庶几可行，已复信商定人选矣。因此恐须耽搁时间，拟于二十左右寄呈一部分选稿，以此虑不能有多少成绩耳。人选未完全决定，选稿只能部分的开始，前示所要序文等未能应命，因须全部选定后始可作序文，现在则无从着笔也。[3]

事情真有凑巧。关于郁达夫和周作人在散文集选材工作上如何分工

---

〔1〕 见孔另境编《现代作家书简》第60页，生活书店，1936年。
〔2〕 《大系·散文二集》，第13页，良友版，1936年。
〔3〕 孔另境编《现代作家书简》第60页，生活书店，1936年。

的问题，郁达夫虽在《散文二集》的导言里，有一段小题为《关于这一次的选集》的文字，叙述甚详，但当时两位编选者之间，如何按人分选的经过，我没有第一手资料。感谢《大地》杂志于1981年第四期上发表了周艾文收集周作人送他保藏的郁达夫写给周作人的四封信，其中写于1935年1月21日的一封，讨论内容正是《大系》两卷散文如何分工的问题。此信对我真是意外的收获。信中说：

> 1月13日的信，拜读了，以人名决定界限，最直接了当，我们以后，只须想出人数，各补各的不足好了。赵家璧又有信来，新提意见却并不妙，所以又去信复他，告以已决定的标准了。在这信中，再加上几个名字罢，以后你有所见请通知我，我有所见，当通知你。……

在此信中，郁达夫开列由周作人选的名单为"郁、志摩、庆言（按：即刘大白）、平伯、沫若、半农"，后列了一批应加的名单。原属郁达夫选的是："周、冰心、鲁迅、朱自清、叶绍钧、林语堂"，后加列了十位作家的名字。郁达夫给周作人信的末一节，还说若有第三批人想出，可以互相通知。从此信中，可以想象这两位散文编选者在以"人名决定界限"，是经过郑重考虑反复函商，才作出最后决定的。

这使我回想起，当时我们对散文集的分工，曾有过几种建议，以团体分、以时期分或以南北地区分等种种方法，最后，还是茅盾建议的由两位编选者自己商定。后来他们协商决定以作家分，我们也同意了。周作人在《散文一集》导言中曾说："对于新文学的散文……要分时期分派别的讲，我觉得还无从说起。……我与郁达夫分编两本散文集，我可以说明我的是不讲历史、不管主义党派，只管主观偏见而编的。"他的这种选稿标准也表现在他应我们要求写的《编选感想》里，他说：

> 这回郑西谛先生介绍我编选一种散文，在我实在是意外的事，因为我与正统文学早是没关系的了。但是我终于担任下来了。对于小说、戏剧、诗等，我不能懂，文章好坏似乎知道一点，不妨试一下子。选择的标准是文章好意思好，或是（我以为）能代表作者的

作风的,不问长短都要。我并不是一定喜欢所谓小品文,小品文这名字我也很不赞成,我觉得文就是文,没有大品小品之分。文人很多,我和郁达夫先生是分人而选的,正在接洽中,我要分到若干人目下还不能十分确定。

这段短文中所指"大品小品",是针对当时左翼作家反对提倡小品文而发的议论,这与郁达夫的《编选感想》中牵涉到另一场论争,都说明1934年时文坛上的几次论争,也反映到《编选感想》里来了。

戏剧集请洪深编选得到普遍的同意,认为他是最孚众望的,当时他在复旦大学任教。我们规定每集导言二万字,只有他一人写了六万字,收入剧本十八个。他在《编选感想》中说:

> 我想写两篇序文,一篇是泛论中国的戏剧运动,一篇在说明这个集子里每个剧本被选的理由,指出各人的作用和成绩。在纵的方面可分为三期:一、最早以新姿态出现,作者的动机胜过于他的技巧;二、技巧相当地追上一段;三、更新的内容——在1927年开始。在横的方面又可分为三类:一、理论;二、剧本的创作;三、舞台上工作。

他在实际写作过程中,把所有的内容都写在一篇导言里了。

胡适由郑振铎从中介绍后,就由我直接和他联系。开始他还迟迟没有动手,当时他架子之大,是尽人皆知的。1935年6月8日,我去北平期间,特去米粮库胡同第一次拜访他。那时,茅盾编选的《小说一集》已出版,我送他一册样书,并敦促他早日把导言写出。不久,他就把文稿交齐了,10月中出书。他最先交来的《编选感想》是这样写的:

> 我的工作是很简单的,因为新文学的建设理论本来是很简单的。简单说来,新文学运动只有两个主要的理论:(一)要做活的文学,(二)要做"人的"文学。前者是语言工具的问题,后者是内容

的问题。凡"白话文学"、"国语文学"、"吸收方言文学的成分"、"欧化的程度",这些讨论都属于"活的文学"的问题。"人的文学"一个口号是周作人先生提出来的估量文学内容的标准。

这篇短文和周作人的《编选感想》放在一起看,说明他们两人的文艺思想,同《大系》其他编选者相比,唱的是另一个调。

我当时托郑振铎去约胡适编选《建设理论集》,朋友们有两种不同的猜测。有的认为胡适这样的人,不会参加良友出版的《大系》编选队伍。有的人认为,这样一套大书,让他来编第一卷,"正中下怀",不会拒绝。结果是被后者猜中了。他不但在导论中自吹自擂,还在《逼上梁山》一文中,把五四运动的发生归结为他自己在国外时一次偶然的游戏。他在导言中还说:"所以我是欢迎这一部大结集的,《新文学大系》的主编者赵家璧先生要我担任《建设理论集》的编纂,我当然不能推辞",颇有舍我其谁之意。解放后,通过学习,我对五四革命运动的重大意义有了比较正确的认识,对胡适的那套说法有了不同的看法。因此当我听到有人批评《大系》的第一卷不宜由胡适来编选,在第一卷里又没有选入好几位革命作家的重要文章时,衷心有愧。1977 年 9 月,我为《山东师范学院学报》写第一篇回忆史料时,[1]心有余悸,在文章中对这件事作了自我检讨。后来一位同志劝我:"这大可不必,你既有时代的局限,又受当时政治环境的压迫,你又能找到什么更合适的人呢?"因此,我在这里,一切按实事求是的态度,把历史如实地摊在读者面前,也用不到我自己来说什么多余的话了。

八

十位编选者确定以后,我去谒见蔡元培,那大约是在岁尾年初,时间快进入 1935 年了。在此之前,我已请求过他二次,1932 年,为《全国

---

[1]《从一段鲁迅佚文所想到的——回忆鲁迅编选〈中国新文学大系·小说二集〉》,刊于《山东师院学报》1979 年第 5 期。

大学图鉴》，1933年为《苏联大观》题字。[1]这一次要求大不相同，除了请他为《大系》写一篇万言总序，放在第一卷《建设理论集》之前以外，我还要请他写二三百字总序提要，编入样本中。那天，我心中有些战战兢兢，怕他老人家年事已高，院务繁忙，设辞见拒。

当我把《大系》规划和编选者名单送给他看时，他仔细地翻阅了一下，他认为像这样一部有系统的大结集，早应当有人做了，现在良友公司来编辑、出版，很好！我们的话题，引起了他老人家的回忆。他为我叙述了他个人在当时所参与的几次大事的经过。他告诉我，他是怎样进北京大学的，怎样为了请思想较进步的教授而受到外界的责难，胡适和林琴南怎样在北大发生笔战等等。他像又回到五四运动初期，风云疾卷的大时代大动荡的日子里，在他慈祥的眉宇之间流露出一层满意的笑容。他还问起我，现在写小说、写诗的作家中，有哪些人是有成就的？他很谦逊地说，因为院务忙，与新文学刊物和作品久焉失掉接触了。正像一位老母亲，对他首先提倡的白话文学，对当时提出的赛先生（科学）和德先生（民主），像爱抚自己的儿女一样，怀有深厚的感情。他赞许这一出版计划以后，一口答应了两件事：先写一段短短的总序提要，再抽空写一篇长序。

蔡元培的《总序节要》很快寄我，文如下：

> 欧洲近代文化，都从复兴时代演出，而这时代所复兴的，为希腊罗马的文化，是人们所公认的。我国周季文化，可与希腊罗马比拟，也经过一种烦琐哲学时期，与欧洲中古时期相埒，非有一种复兴运动，不能振废起衰，"五四"时代的新文学运动，就是复兴的开始。
>
> 希腊、罗马的文化，虽包括哲学、科学、文学与艺术，而要以文学为最著，故欧洲的"复兴"以文艺为主要品。我国固有的文化，如诸子的散文，策士的纵横，风雅颂的诗，楚人的辞赋，都偏于文学方面，故"复兴"时期也以文学为主要品。
>
> 欧洲的"复兴"，在艺术上，由神相而渐变为人相。我国的"复兴"，在文学上，由鬼话而渐变为人话。

---

[1] 这两本插图本图书，都是良友的出版物。

蔡元培写《中国新文学大系·总序节要》部分手迹

欧洲的"复兴",为方言文学发生的主因,我国的"复兴"以白话文学为要务。

欧洲的"复兴",由十三世纪发起,历三世纪之久,由意大利而渐布于法、德、英等国,由文学而人道主义、科学方法,以达于艺术的最高点。我国的"复兴"自"五四"运动以来不过十五年,新文学的成绩,当然不敢自诩为成熟,其影响于科学精神民治思想(即新青年所表揭的赛先生与德先生)及表现个性的艺术,均尚在进行中。但是吾国历史,现代环境,督促吾人,不得不有奔逸绝尘的猛进。吾人自期,应以十年的工作抵意大利的百年。所以对于第一个十年先作一个总检查,使吾人有以鉴既往而策将来,决不是无聊的消遣!(见附图)

这短短数百字的提要,已把他日后写的万字总序的精神都包括在内了。是年夏,蔡元培去青岛避暑,一大包总序原稿由邮局递来。附寄的一封信里,还谦虚地表示,因天气太热,所以交稿略迟,希望不会因他的文章而影响书的出版期。我记得总序的到手还在胡适的导言之前。

蔡元培总序的最后几句话,较《总序节要》的末一句话又有了发挥。他说:"所以对于第一个十年先作一总审查,使吾人有以鉴既往而策将来,希望第二个十年与第三个十年时,有中国的拉斐尔与中国的莎士比亚等应运而生啊!"就是翻印《大系》的那家香港出版社,于1968年又搞了一套《中国新文学大系·续编1928—1938》,也是十卷本。在一篇《总序》的最后一段话里,居然把上述蔡元培为1935年良友版《大系·总序》里所表示的重要期望,接了过去,自称为是蔡序《大系》的继承者,在海外汉学界中造成了混乱。像法国汉学家保尔·巴迪,对这部所谓"续篇",还有微辞[1];国内学者更不会轻易承认这种自命的继承。我作

---

[1] 法国汉学家保尔·巴迪(Paul Bady)曾于1978年巴黎"亚洲协会"出版的《亚洲杂志》上,发表《中国和日本出版的关于现代中国文学史资料》的论文。其中说道:"1935年上海出版了革命文学的批评的最初小结,这就是《中国新文学大系》以显著形式的出现。""1962年,这个《大系》由文学研究社全部再印,当时这个出版社又作了以后十年(1928—1938)的续编,但这个《中国新文学大系续编》并不表现得更多更远。"

为《大系》的主编者,有责任作此申明。

为了配合1935年3月开始发售预约,征求订户,让读者对这套大书心中有个概貌,由我编了一本《大系样本》,厚四十余页。书前印了我写的《编辑中国新文学大系缘起》,先说明整理选辑第一个十年间理论和各类文艺作品的重要意义,如不趁早做,"后世研究初期新文学运动史的人,也许会无从捉摸的。"其次介绍十大分卷的内容,为什么每集书前都有长篇导言,而且还有万言总序,目的是为了"使这部《大系》不单是旧材料的整理,而且成为历史上的评述工作"。最后谈了我的希望:"这次我们集合十多人的力量,费了一年余的时间,来实现这一个伟大的计划,希望能从这部《大系》的刊行里,使大家有机会去检查已往的成绩,再来开辟未来的天地。"接着用两个版面,印了蔡元培《总序节要》手迹,十位编选者的《编选感想》各占一页,用手迹制锌版,上印近影一幅,下加该集内容简介。此外是书影、预约办法和预约单等。这个样本我自己没有留存,遍找各地图书馆都未如愿,因为这种广告之类的宣传品图书馆和个人都不会长久保存的。

《大系样本》中,我还请文艺界的知名人士为《大系》出版说几句话,也用手迹制版,合编两页。其中作为史料值得一提的,有三四篇短文。住在北平的冰心说:"这是自有新文学以来最有系统、最巨大的整理工作。近代文学作品之产生,十年来不但如笋的生长,且如菌的生长,没有这种分部整理评述的工作,在青年读者是很迷茫紊乱的。"叶圣陶说:"良友邀约能手,给前期新文学结一回账,是很有意义的事。结算下来,无论有成绩,没成绩,对于今后的文学界总有用处。"林语堂说:"民国六年到十六年在中国文学开了一个新纪元,其勇往直前的精神有足多者。在将来新文学史上,此期总算初放时期,整理起来,甚觉有趣。当时文学未成为政治之附庸,文学派别亦非政党之派别,此彼时与此时之差别,其是非待后人论之。"

林语堂写的后面几句话,与周作人的《编写感想》有异曲同工之妙;而林语堂主编的小品文半月刊《人间世》当时正由良友公司出版(创刊于1934年4月,1935年底停刊)。在这个刊物上经常发表文章的有林语堂、周作人、刘半农等,他们赞扬晚明小品,大谈袁中郎,说什么"宇宙之大,苍蝇之微",都要谈,就是不谈现实社会和现实生活中的许多迫切问题。创刊号卷首刊有周作人肖像一大幅和周作人的《五秩自寿诗》。鲁迅和左翼作家对《人间世》颇表不满,在《申报·自由谈》和《太白》等报刊上进行批评。我是在林语堂来良友开始编《人间世》时才认识他的。当时文艺界朋友对良友公司会出版《人间世》这样一个刊物颇感不解,过去许多人曾向我提过这个问题,现在这些事都成了历史,我可以乘机把这件史料也带上几句。

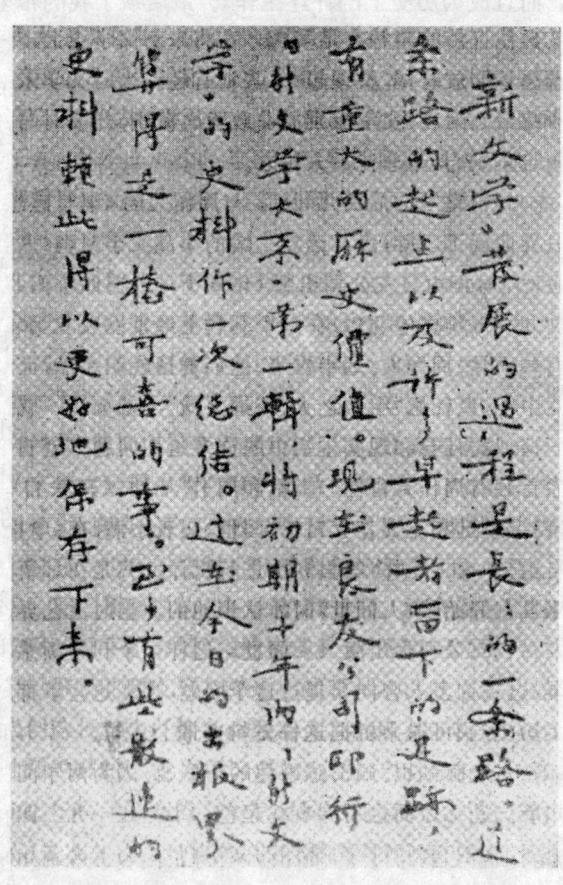

茅盾为《小说一集》所写《编选感想》手迹

对出版画报、画册感兴趣的伍联德，因为两年间在出版文艺书方面也看到有些起色，于是在1934年1月，新创刊两种附有插图的文字刊物：由上海音乐学院肖友梅、黄自、易韦斋编的《音乐杂志》；由白鹅画社美术家陈秋草、方雪鸪编的《美术杂志》(这两个期刊，都出了几期就停了)。4月起，林语堂、徐訏、陶亢德来良友编小品文半月刊《人间世》。徐、陶二人负责编辑工作，林不来办公。这三个刊物实行编辑独立，稿费、编辑费由主编包销，订立定期合同。伍联德怎么会认识林语堂的呢？原来伍有一位广东同乡简又文，他曾在冯玉祥的西北军里做过文官，当时任南京国民党的立法委员，曾在林语堂编的《论语》上写稿，这个幽默刊物是邵洵美办的时代图书公司所出版，由林与陶亢德二人合编。1934年初，林语堂想另创一个小品文刊物，简又文把它介绍给伍联德，他答应下来了。简又文用大华烈士笔名写的幽默小品，常在《论语》、《人间世》上发表，并在良友出版过一本《西北东南风》，他也研究太平天国史料。此后曾自编杂文刊物《逸经》，革命烈士瞿秋白的《多余的话》全文，就是由他从国民党反动派手里弄到后，分期连载于《逸经》上的。

伍联德既有简又文这样的同乡，也有甘乃光这样把创造社老将郑伯奇介绍进良友的同乡。我当时也请甘乃光对《大系》出版写几句，他说："当翻印古书的风气正在复活，连明人小品也视同瑰宝拿出来翻印的今日，良友公司把当代新文学体系整理出来，整个的献给读者，可算是一种繁重而切合时代的劳作。"我听说甘乃光曾向伍联德谈过，他不喜欢良友公司出版《人间世》这样违背时代潮流的刊物。一年多后，《人间世》的停刊，销路跌当然是主要原因，但伍联德对这个刊物逐渐失去兴趣，甘乃光的进言起到一定的作用。

九

《大系》1935年3月开始在各报刊登发售预约广告，年底出齐。初版全部布脊精装，由汪汉雯负责装帧设计，宣传广告也由他负责，十卷约五百万言，初版二千部，很快订出。5月15日出《小说一集》，开了第一炮，反应很好。7月出两种，8月出三种，10月出三种，眼看最后一种《史料·索引》年内可出齐,却发生了一件意外事故。

阿英编的《史料·索引》篇幅多,工作量大,他是分批交稿的。2月19日,阿英的老父突然在静安寺赵家桥家里被国民党反动派特务拘捕。因阿英正好外出,幸未落入敌手,而老父被作为人质。阿英既无法回家,他的稿件和材料都在家中,我们只好等待了。这就影响了良友公司对预约者的信用问题,而我们又不能向读者说清事实。当时我的心情,焦虑忧急,束手无策。不久事情幸告解决。有一天,阿英突然来良友编辑部,我和伯奇看到他出现在我们眼前,真是惊喜交集。知道他已平安无事,我们也就放心了,便催他加速了结他的史料集。1936年2月,《史料·索引》终于由装订作送来了样书。这样,酝酿于1934年的一个理想,至此终于全部实现了。

在全书没有出齐时,因预约户超过初版印数,又把精装本再版两千部。1935年9月,为适应学生读者,加印白报纸纸面精装普及本二千部,售价每套减为十元,预约仅七元。同时我又编了一本《大系三版本样本》。这个厚六十页的样本中,除分别介绍十个集子的内容外,又加了《舆论界之好评摘录》,把当时《申报》、《大公报》等全国各地七种大报的评语,摘编四页,并把《文学》的评语,列在最前面。还用25页篇幅,把九卷的全部目录(除《史料·索引》)编入,供预约者参考。这一样本,和第一次样本一样,我早已不留,连当时曾有过普及版样本这回事,也早已忘记得一干二净。今春我准备写此文时,上海书店毕青同志从大堆旧书中为我找到一册,对我来说,真是如获至宝。这些样本,当时仅供作宣传广告用;时隔半个世纪,今天,也已成为珍贵的史料了。

当时我所以把《文学》上的评语

第三版印普及本时的
广告样本封面

列在最前面,因为《文学》是傅东华编的权威性刊物,茅盾和这个刊物关系密切,他曾用各种笔名为它写书评;别人写的书评,他也都过目。这篇书评把生活书店出版郑振铎主编的《世界文库》,同《大系》相提并论,题为《最近两大工程》。评语中有一段话值得录下:"《大系》固然一方面要造成一部最大的'选集',但另一方面却有保存'文献'的用意。《新文学大系》虽是一种选集的形式,可是它的计划要每一册都有一篇长序(二万字左右的长序),那就兼有文学史的性质了。这个用意是很对的。不过是因为分人编选的缘故,各人看法不同,自亦难免,所以倘使有人要把《新文学大系》当作新文学史看,那他一定不会满意,然而倘使从这部巨大的'选集'中窥见'新文学运动'的第一个十年的文坛全貌,那么倒反因为是分人编选的缘故,无形中成了无所不有,或许他一定能够满意。《新文学大系》的编辑计划也是近年来少有的伟大企图,全书十册……开头还有蔡元培先生一篇颇长的总序。倘使拿戏班子来作比喻,我们不妨说《大系》的'角色'是配搭得匀称的。"[1]我认为这段评语,在当时是有一定代表性的。

茅盾写给我的信,发表在《现代作家书简》中的,还有一封也与《大系》有关,信是1935年9月2日写的:

> 顷见本月2日《社会日报》之"十字街头"一栏有"四马路来"一篇,内谓良友出版之《新文学大系》第二集由茅盾负责编,然"茅盾忘记年代",因"当然不能没有自己和丁玲的作品",而"1925年以前,实在自己和丁玲的作品决没有被选的可能,于是变通办法,将1925年以后的作品都选进去了"。此一段话不合事实:一、茅盾所编为小说一集,非二集;二、一集中并没有自己和丁玲的作品。此虽细事,但事实不容错乱,弟以为贵处似可用公司名义去一更正信,若兄以为小报消息,本来不尽不实者居多,拟置之不理,弟亦赞成也。

---

[1] 姚琪:《最近两大工程》,《文学》第5卷第1期,1935年7月。

今天重读此信，这也属于社会反应之列。当时上海出版的小报，各有背景，造谣生事，挑拨离间，经常向革命的或进步的作家脸上抹黑，有时故意造成混乱。我收到这封信以后，曾去信茅盾，认为还是"置之不理"为妙。但这封来信，却证明这位小报记者根本未看原书，妄加评论。而专选文学研究会诸作家的《小说一集》，虽然收了二十九家五十八篇小说，独独不选编者自己的任何一篇作品。这位前辈作家虚怀若谷，多么令人钦佩；而那位小报记者的攻击，真正地扑了一个空。

十

1937年"八·一三"抗战爆发，良友图书公司因地处战区，损失惨重，随即宣告破产。1939年1月，改组为良友复兴图书公司，编辑部由我负责。1941年12月8日日寇偷袭珍珠港，太平洋战争发生，随后，日寇入侵英法租界，"孤岛"时代的上海，从此结束。十八天后，良友与商务、中华、世界、大东、开明、生活、光明八家，同遭日寇查封。此后，先迁桂林，后搬重庆。到1945年春，眼看日帝失败只是时间问题，我便在心中筹划着如何胜利返沪后，在重建良友文艺出版事业方面打开一个新局面，既要继承30年代的旧传统，又要有些新的发展。于是经常同中华全国文艺界抗敌协会的几位负责人和主要作家，商议胜利后的出版计划。当时文协主持人老舍和我同住北碚，例假日我从重庆回北碚探亲，常去那座原属林语堂所有的小洋楼里看望老舍。我说，我回去后，将继续编辑出版成套书，30年代拟出的《志摩全集》中途被商务拿去，至今未出，一直耿耿于怀，我将来仍要出版几位重要作家的文集或全集。老舍就答应让良友出《老舍全集》，《四世同堂》就是在这个默契下先把原稿交我的。

我那时想得最多的是《大系》的续篇如何编。想想蔡元培的总序和茅盾的《编选感想》中，前者认为既编了第一个十年的，那么将来还可续编第二个、第三个十年的；后者称《大系》为第一辑，那就希望我们续出第二、第三辑。我国的全面抗战开始于1937年，那么，第二辑从1927年第一次国内革命战争失败起到1937年全民抗战爆发为止，正好称为第二个十年。这十年是革命文学蓬勃发展的重要时期,这一阶段的史料整理工作,只能待诸来日,在重庆是无从做什么准备工作的。但日寇末日,即将来临,如果把抗战时期全国文学界的理论和作品,按《大系》体例编为第三辑,出套"抗战八年文学大系",先把组稿工作做好,再乘留渝期间,把这几年中各地出版的资料先搜集到手,以便供应编选者,那么,胜利回沪,即可编辑出版。我当时和"文协"秘书梅林商谈,"文协"掌握大量资料,包括解放区、国民党统治区和日寇占领区三个部分。这些资料,大部分出版物都是当地土纸印刷,质量差,印数少,如不在战时立即着手搜集,过几年就无从寻找了。我先把史料集的编辑工作,也就是资料的搜集工作,请梅林担任,他答应了。由于决定《大系》第一辑命运的第一个关键性人物是阿英,我凭了这个经验,约定梅林以后,我才敢迈出第二步。这里,我要向梅林同志表示歉意:1957年我为《人民日报》写《编辑忆旧》时,因为他与胡风事件有牵连而蒙上了不白之冤,我的文章中不得不把他的名字删去了,到1979年《新文学史料》转载此文时,才补了上去。

我得到梅林的支持后,开始在重庆与老舍、巴金二位商量,请他们在如何把抗战时期的《大系》续篇编好上出出主意。重庆时期,与我来往最密切的作家就是他们两位。老舍答应担任报告文学集的编选,这是《大系》第一辑中所没有的。巴金不愿担任这类工作,但当原来请定担任诗集编选的闻一多,因教务繁忙来信辞去时,幸赖巴金的帮助,代我邀约李广田担任。当时李广田和闻一多、朱自清都在昆明西南联大执教,一起从事进步文艺活动。同老舍商量时,他主张小说集还是请茅盾担任,理论集可请郭沫若。我认为这两位前辈作家如能来参加编选,那就增强了我们的阵营。但对郭沫若,30年代当他寓居日本时,良友公司曾两次邀请过他担任《大系》和《世界短篇小说大系》内两部书的编选,都蒙他复函同意,而两次都告吹,我实在无颜再去找他来担任《大系》第三辑的编选。老舍就说:"我与郭老见面机会多,我来替你去请他吧!"过了两周,我回北碚探亲度假,去看望老舍时,他高兴地告诉我:"郭老已同意,你自己去天官府联系吧。"我去看望郭沫若时,先向他表示了万分的歉意,他说,他了解当时的情况,他也能体谅我和伯奇的处境。当我请他担任理论集编选时，他说："如果你们真有意思要编抗战时期的《大系》，我来试一试吧！"郭沫若答应编第一卷，给了我极大的勇气，我决心要把"抗战时期"的同"第一个十年"的一样编好。

散文集请叶圣陶编选是我去请求他时，他就一口答应的。那天，他还对《大系》说了几句赞扬的话。1983年1月，我在北京时，曾和丁景唐同志一起去东四八条看望叶圣老，想请他编选《大系》"第二个十年"的散文集，他因年老体弱，推荐吴组缃担任。我和他谈起重庆时期的旧事，他还清楚地记得。戏剧集仍请洪深担任，他在北碚复旦大学执教。我回北碚探亲的例假日，渡河去复旦找到了洪深，他不但答应编选，而且提出戏剧集应扩充为二卷，因为抗战时期，重庆、桂林、昆明、延安、上海等地，有大量的优秀多幕剧出版或上演，这和"第一个十年"时期大不相同，那时独幕剧较多，现在情况有了很大变化。我同意他的意见，把戏剧集分列两卷。这样，《大系》的第三辑，副题为《抗战八年·1937—1945》，包括理论集、小说集、报告文学集、散文集、诗集、史料集各一卷，戏剧集二卷，共八大册。

茅盾当时住在唐家沱，有时也来重庆，他对《大系》是有感情的，他在30年代就寄希望于良友能把它继续编下去，是他称"第一个十年"为第一辑的。所以当我专程去唐家沱告诉他，我们准备在重庆把《大系》第三辑，抗战八年的八卷本进行组稿工作时，他是所有约请的编选人中，反应最强烈、情绪最兴奋的。我为此事，在重庆和唐家沱几次请教过茅盾，对其他各卷编选者也征求了他的意见，他像1934年时一样，替这第三辑计划作了种种设想。他也关心到这样一套战时制订的编辑计划，将来抗战结束，国内政治局面如何，还不能预料，良友迁回上海，是否会一帆风顺地（我曾把良友复兴图书公司的内部纠纷告诉过他）按计划进行呢？他说，到了那时，各位编选者也会东西南北，分散四方，各奔前程的；这和30年代大家集中在上海比较稳定的时期，不能相比。所以他要我稳步前进，不能把前途看得太乐观。因此，他认为签个约稿合同可以，预付编辑费之类没有必要（30年代我们这样做过）。他说，朋友们还是对你这个编辑有信任，几个预支稿费是起不了约束作用的。茅盾的这一预见，事后证明非常英明。抗战胜利，我于1945年除夕回到上海。

1946年，良友复兴图书公司因股东内部纠纷，无形停业，这个计划根本流产了，老舍也在这年与曹禺去了美国。

我接受了茅盾的劝告后，我就约请在渝的编选者在重庆曾家岩附近的一家酒馆里吃了一顿饭，同时把约稿合同分别签订了。我回到上海时，皮包里就有郭沫若、茅盾、老舍、叶圣陶、洪深、李广田、梅林亲笔签署的七份约稿合同。此外有一包从书刊上撕下的一叠稿件，那就是茅盾在我离渝前交给我的《小说集》选稿，还有他亲笔写的一张选目单。我记得那些原始资料是我从梅林那里借来送给茅盾阅看后，由我按茅盾的选目，再去找了原书来（当时在渝尚可买到），一篇一篇撕下集中保存的。预计一旦《大系》第三辑计划实现，最先送到读者手中的，又将是茅盾所选的《小说集》。茅盾对《大系》第三辑出版计划的热情支持，这份选目就是最好的证明。他在其他编选者均未动手时，已第一个把小说集选目初稿送给了我，内分五类，入选三十五篇。这些资料，解放后我一直保存着。

1975年我为《人民日报》写的回忆文章中，我说到过这件事。姜德明是位有心人，事后曾来信要我把这份选目寄他看看，据姜德明在1981年6月10日写的文章中说："后来，我请赵先生将原目寄来一阅，随手记在笔记本里，原件早已归还赵先生。茅公逝世后，我忽然想到这份选目，但却记不得记在何处了。我以为这份材料最好由赵先生出来说明才好，因即写信询问此事，并请他动笔，信发出后到今天未见回信，也许他在'十年浩劫'中早已丢失了原件。"[1]姜德明同志的来信，猜中了原件丢失的原因，也引起我对这份选目的重视。编选者已离开了我们，但抗战时期短篇小说的选编工作将来肯定有人会做，那么茅盾的选目，其参考价值之大是不言而喻的。我便写信问专门研究茅盾作品的翟同泰同志，他写过《茅盾同志答客问》。我还记得大约在1962年左右，翟同泰曾访问过我，记下了茅盾与我交往的资料，也曾把这张选目抄去。后来

---

[1] 姜德明《茅盾拟编抗战八年短篇小说选草目》，《文教资料简报》，1981年6月，南京师范学院。

姜德明自已找到了他的笔记本，而翟同泰寄我的记录更为详尽，因为他把每篇小说的出处都录下了。

我这篇"说来话长"的文章已写得太长了，但从史料角度看，正如姜德明文中所说，由我来第一次向读者公开这份茅盾选目，也许还不算是浪费篇幅的。那么，我就用这份选目作结束（见附录），以表示我对茅盾同志的感谢和哀思。因为在30年代和40年代，他是《大系》第一辑和第三辑的积极支持者，都是第一个交稿的编选者，一直到他80年代逝世前不久，在他生命的最后一段时间里，还为《大系》说了不少美好的语言。他真是所有编选者中，对我帮助最大，对《大系》出力最多，为期最长，感情最深的前辈作家。现在，所有十位编选者和一位总序作者都已先后成了古人，而当时仅二十五岁的我，也已成为七十五岁的老人了。

他们所完成的十卷本《大系》的辉煌巨著，虽历经沧桑，既已按原样大量影印，上海文艺出版社还在继续编印"第二个十年"的《大系·1927—1937》，此后还要编《大系·1937—1949》。这些续篇，都是我们当时所殷切盼望着有人来做下去的工作。时隔五十年，这些新文学运动的宝贵遗产，在党的领导下，正在有组织地分期分批地做好整理、编选和写序工作，这将在国内外发生一定的影响，而且肯定会远远超出30年代《大系》的质量。这是最足以告慰于九泉之下的蔡元培、茅盾等前辈作家的。我在这里，真诚祝愿上海文艺出版社早日胜利完成此项光荣任务！

1983．10．10

附录：

茅盾编选《抗战八年小说集》选目

（1945年）

一

张天翼：华威先生（《小说五年》第一册）

老　舍：恋（《贫血集》）
巴　金：某夫妇（《还魂草》）
鲁　彦：陈老奶（《小说五年》第二册）
罗　荪：未发的书简（《秋收集》）
王冶秋：青城山上（《青城山上》）
王统照：华亭鹤（《华亭鹤》）
梅　林：婴（《婴》）

二

东　平：一个连长的战斗遭遇（缺）
姚雪垠：差半车麦秸（《小说五年》第一册）
芦　焚：无言者（《无名氏》）
刘白羽：破坏（《太阳集》）
吴奚如：肖连长（《小说五年》第一册）
彭　质：到前线去（《煤矿集》）
荒　煤：支那傻子（《小说五年》第三册）
丁　玲：我的信念（《我在霞村的时候》）
罗　烽：荒村（《横渡》）

三

骆宾基：大上海之一日（缺）
艾　芜：意外（《荒地》）
徐　盈：向西部（《小说五年》第三册）
薛　汕：居心（《小说五年》第三册）
沈起予：王婆的悲喜（《小说五年》第二册）
罗　洪：鬼影（《鬼影集》）
沙　汀：在其香居茶馆里（《小城风波》）
靳　以：别人的故事（《众神》）
肖学岩：牺牲精神（缺）
茅　盾：委屈（《委屈》）

四

郭沫若：月光下（《小说五年》第三册）
葛　琴：药（《磨坊》）
杨　刚：桓秀外传（《桓秀外传》）
曾敏之：孙子（《拾荒集》）
路　翎：卸煤台下（《青春的祝福》）
碧　野：灯笼哨（《远行集》）

五

庄启东：夫妇（《夫妇》）
刘白羽：一个和一群（《太阳集》）

原刊于《新文学史料》1984年第1期。

鲁迅怎样编选《小说二集》

一

1934年秋，《中国新文学大系》编辑计划酝酿期间，我曾把《大系》的编辑意图和初步设想，向鲁迅请教过，他赞成这个计划。当工作逐渐具体化时，我们已决定把短篇小说部分，按文学团体分编三卷。文学研究会一卷由茅盾编选，创造社一卷由郑伯奇编选，但是其他文学团体和作家的那一卷，请谁编选最为合适呢？我们当然最先想到鲁迅。他是成为中国新文学奠基的丰碑《狂人日记》等短篇小说的作者，又是重要文学团体语丝社、莽原社和未名社的领导人，在中国文坛上他是最有权威最有影响的作家。但是考虑到他工作很忙，当时身体健康情况欠佳，要他担任内容这样庞杂的一卷的编选者是否能得到他的同意呢？

1934年11月间，由郑伯奇伴同我到内山书店去看鲁迅先生，先把《大系》的具体规划和最近的进度向他作了详细介绍，然后提到文学研究会和创造社两卷已由茅盾和郑伯奇答应编选，其他文学团体和作家的那一卷，我们想请他担任编选。他犹豫了一会儿，没有立刻作直接的答复，又谈了一些他对这套计划的看法，最后对担任编选的事，谦虚地说："一定有比我更合适的人吧！"当我坚决要求时，先生表示："假如真找不到别人，就由我来担任也可以。但有一个条件，许多刊物如《新潮》和《新青年》等手头都没有，必须由良友公司负责供应。"这一点我当然欣然答应了。临别时，他很风趣地对我们说："你们来找我同意为你们编选这本集子还是一件容易的事，检查官是否同意，你们倒要郑重考虑的。"

鲁迅对我们提出的忠告是从斗争实践中得来的。当时正值国民党反动派疯狂地进行反革命文化"围剿"，他们查禁进步书刊，禁止进步文化

137

人发表文章，甚至屠杀革命作家。反动当局又成立了臭名昭著的"图书杂志审查委员会"，对所有出版物强迫进行原稿审查。在这笼罩着上海进步文化界的白色恐怖中，鲁迅是首当其冲的。审查机关对他残酷迫害，用鲁迅署名的书大批被禁，用其他笔名发表在日报刊物上的文章，也被乱砍乱删。他们像蝙蝠怕见阳光一样地害怕鲁迅的名字。我们考虑到审查机关对这套《大系》操有生杀之权，在白色恐怖层层压迫下，如何同审查机关一方面进行坚决的斗争，一方面又要使我们的出版物能和读者见面，这是摆在我们面前的一大课题。当然，我们也知道选材都是"五四"时代的作品，问题不大；但是编选者中有几个名字，特别是鲁迅，肯定会引起他们的注意，而编选者写的导言送审时，他们就可以下毒手。鲁迅这一席话正提醒我们要同审查会这个鬼门关进行一番较量，我们对此也是有所准备的，因为一年前，我们已尝过白色恐怖的滋味。

原来"良友"专业出版各种画报，向来不被国民党反动政府所注意。后来陆续出版进步的文艺读物，白色恐怖的魔手也伸了进来。1933年11月13日，就与上海艺华影片公司同时被所谓"影界铲共同志会"的特务所破坏，门市部大玻璃被铁锤所击碎。这显然是对我们的一个"警告"。但不久，就有当时任《时事新报》副刊编辑、在鲁迅写的《谣言世家》[1]一文中被点了名的那个挂名"文学家"汤增敫以卖稿为名找上门来，被敲去了一笔钱，还说"保证"以后没事了。我把此事告诉过鲁迅，他曾在《中国文坛上的鬼魅》里给以挞伐。文章中说："而且所征伐的还不止影片公司，又蔓延到书店方面去，大则一群人闯进去捣毁一切，小则不知从哪里飞来一块石子，敲碎了值洋二百的窗玻璃。那理由自然也是因为这书店为共产党所利用。高价的窗玻璃的不安全，是使书店主人非常心痛的。几天之后，就有'文学家'将自己的'好作品'来卖给他了，他知道印出来是没有人看的，但得买下，因为价钱不过和一块窗玻璃相当，而可以免去第二块石子，省了修理窗门的工作。"[2]

---

[1]《鲁迅全集》，第4卷，第594页，1981年版。
[2]《鲁迅全集》，第6卷，第156页，1981年版。

二

那年12月底，却发生了一件意料不到的事。事情的经过是这样的：12月25日我收到鲁迅一封信，信上说：

> 《新文学大系》的条件，大体并无异议，惟久病新愈，医生禁止劳作，开年忽然连日看起作品来，能否持久也很难定，又序文能否做至二万字，也难预知，因为我不会做长文章，意思完了而将文字拉长，更是无聊之至。所以倘使交稿期在不得已时，可以延长，而序文不限字数，可以照字计算稿费，那么，我是可以接受的。

读完这封信，我心中放下了一块大石头。《大系》既获得鲁迅参加编选，实现这个计划就指日可待了。

但是第二天，26日，《鲁迅日记》上写着："寄赵家璧信。晚河清来。"据黄源（河清）后来向我谈起，他那天晚上去见鲁迅，就是去告诉他关于原来准备发表在《文学》四卷二期上的《病后杂谈》，被审查官删得只存四分之一的事。鲁迅对审查机关的"明诛暗杀"无比愤慨，因而对敌人的阴谋诡计，坚决斗争到底。当晚就给我写了一封拒编《小说二集》的信。这封信原信上写的是12月25夜，我过去也一直认为是同一天给我写了两封信，表示接受的一封是早上写的，拒绝编选的一封是晚上写的。经黄源一说，再查《日记》，证明作者在盛怒之下，把日子误写了。应当是12月26日夜。这封信的内容如下：

> 早上寄奉一函，想已达览。我曾为《文学》明年第一号作随笔一篇，约六千字，所讲是明末故事，引些古书，其中感慨之词，自不能免。今晚才知道被检查官删去四分之三，只存开首一千余字。由此看来，我即使讲盘古开天辟地神话，也必不能满他们之意，而我也确不能作使他们满意的文章。
>
> 我因此想到《中国新文学大系》。当送检所选小说时，因为不知何

人所选,大约是决无问题的,但在送序论去时,便可发生问题。"五四"时代比明末近,我又不能做四平八稳"今天天气,哈哈哈"到一万多字的文章,而且真也和群官的意见不能相同,那时想来就必要发生纠葛。我是不善于照他们的意见,改正文章,或另作一篇的,这时如另请他人,则小说系我所选,别人的意见,决不相同,一定要弄得无可措手。非书店白折费用,即我白费工夫,两者之中,必伤其一。所以我决计不干这事了,索性开初就由一个不被他们所憎恶者出手,实在稳妥得多。检查官们虽宣言不论作者,只看内容,但这种心口如一的君子,恐不常有,即有,亦必不在检查官之中,他们要开一点玩笑是极容易的,我不想来中他们的诡计,我仍然要用硬功对付他们。

这并非我三翻四覆,看实情实在也并不是杞忧,这是要请你谅察的。我还想,还有几个编辑者,恐怕那序文的通过也在可虑之列。

同一天晚上写给萧军信中所说"这几天真有点闷气。检查官们公开的说,他们只看内容,不问作者是谁,即不和个人为难的意思。……其实他们是阴谋,遇见我的文章,就删削一通,使你不成样子,印出去时,读者不知底细,以为我发了昏了"〔1〕指的是同一件事。在以后几天写给友人的书信中还多次提到。我收到此信时,犹如晴天霹雳,这对我来说,不是事败垂成吗?《大系》组稿工作,历尽艰辛,终告解决,现在一切有关广告、印刷、发行等工作都已安排就绪;如果鲁迅不参加编选,更将影响其他几位编选者,整个计划势必功亏一篑。但我从来信后半部分的语气中看出,鲁迅的拒绝编选还是从关怀《大系》的出版前途出发的,虽然在如此激怒的情绪下,还在为我们设想考虑。这使我感觉到还存在着一线生机,也鼓起了我百倍的勇气再次去谒见他。想到郑伯奇是介绍我认识鲁迅的,是鲁迅信得过的老朋友,当时正在良友编文艺刊物《新小说》,我和他商谈后,他答应陪我同去内山书店一行。

我在年底前用电话同鲁迅约定元旦假期去看望他。从 1934 年过渡到

---

〔1〕《鲁迅全集》,第 12 卷,第 621 页,1981 年版。

1935年的那几天日子,真是度日如年,忧心忡忡,因为应允与否两者都有可能。我记得大约是1月2日去的,可惜《日记》上并无记载。但那天谈话的情景至今还历历在目。我们还是在内山的会客室里相见。我紧张不安的情绪显然引起了鲁迅的注意。他又把关于审查官如何乱删《病后杂谈》的事更详细地谈了一遍。他担心照此下去,什么好书都不用出了。我们便把迄今为止《大系》的进程坦率地讲了。我们恳切地要求他体谅编辑出版者的苦衷,收回成命。至于将来《小说二集》送审时,选材问题,估计不大,导言方面,我们说,将尽一切力量争取做到保持原作的本来面目。鲁迅思索了很久,最后点头答应了。但是对审查制度的愤懑之情仍然溢于言表。临别之前,他对我们说,将来序文和选稿送审后如有删改之处,可由我们代为决定,不必再征求他的同意了。我们表示衷心的感谢后,又说明如果送审后有什么重大的变动,还是要取得编选者本人同意的。

两天之后,1935年1月4日的《日记》上有这样一条记载:"午后寄赵家璧信。"其实这封信是写给我和郑伯奇二人的。内容很简单,说:

> 先想看一看《新青年》及《新潮》,倘能借得,乞派人送至书店为感。

因为那天是郑伯奇陪我一起去见他的,所以这封信写给我们两个人。为了帮助一个青年编辑实现他的一个编辑计划,鲁迅终于答应了我们的要求,使这套《大系》有了如愿出版的可能。

1月8日,《日记》上记着这样一句话:"得赵家璧信并编《新文学大系》约一纸。"出版合同随即签订了。两天后,正巧编选《散文二集》的郁达夫从杭州到上海,良友编辑部同人约请鲁迅和郁达夫在北四川路味雅粤菜馆便饭。10日的《日记》上有这样一段记载:"午达夫、映霞从杭州来,家璧及伯奇、国亮延之在味雅午饭,亦见邀,遂同广平携海婴往。"在创造社成员中,根据我的接触,鲁迅与郁达夫、郑伯奇两人是有深厚的友谊的。经过这番周折,此后《大系》的编辑出版工作,就按原计划迅速顺利地进行了。

三

由于《大系》规模较大，书价较高，我们编印了一本供宣传广告用的出版预告小册子，名为《中国新文学大系样本》。书内刊有我写的《编辑缘起》，用蔡元培的手迹制版印的《总序节要》，各占两页。随后是十位编选者的《编选感想》，每人一页。右上角印编选者最近半身像，《编选感想》约一二百字，用手迹制版印。鲁迅的那段原文手迹印在第七页上。

鲁迅对新书出版前的广告一直很重视，他为他自己或朋友编写的书刊拟过许多广告稿，收在《集外集拾遗》中。我们为了编印这个样本，曾要求他写一段感想，寄一幅照片。1月16日给我的信上说：

> 说起来我真有些荒唐，那感想的事，我竟忘记了，现在写了一点寄上。其实，我还没有看了几本作品，这感想也只好说得少些。

1月28日《日记》上记有："上午以照片一枚寄赵家璧。"2月9日给我的信里说道：

> 照片不必寄还，先生留下罢。

这里说的感想和照片都是为样本用的。

鲁迅写的这篇《编选感想》共约一百余字，全文如下：

> 这是新的小说的开始时候。技术是不能和现在的好作家相比较的，但把时代记在心里，就知道那时倒很少有随随便便的作品。内容当然更和现在不同了，但奇怪的是二十年后的现在的有些作品，却仍然赶不上那时候的。
>
> 后来，小说的地位提高了，作品也大进步，只是同时也孪生了一个兄弟，叫作"滥造"。

鲁迅在这段短文中对"五四"时代短篇小说作家认真写作的态度作了很高的评价，并与30年代某些作家粗制滥造的作风相比，看出数量上虽有所增加，质量上"却仍然赶不上那时候的"。这一问题的提出，不但在当时很有现实意义，直到今天，对文学工作者来说，在如何正确对待质量与数量的关系上，也具有重大的教育作用。

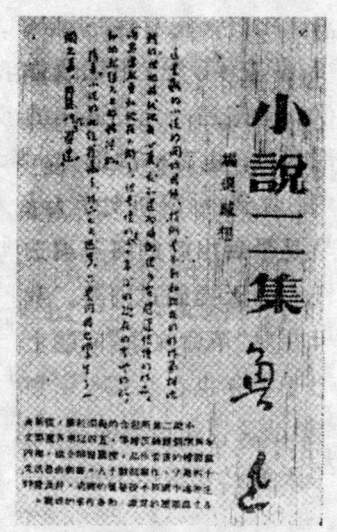

《中国新文学大系》出版前，鲁迅为广告样本写的《编选感想》手迹

回忆使这一庞大的五百万言史料整理工作得以胜利完成的支持者中间，如果没有阿英（钱杏邨）的热情帮助，这个编辑计划也是不可能实现的。因为上海的几所大图书馆虽然是我们资料的供应来源，但图书馆藏书借阅有一定限期，而且许多书和有些版本也不齐备。鲁迅于1月24日《日记》上这样写："夜选《中国新文学大系》小说开手。"这以前，我们已把他需要的资料送去了。但是他还为了寻求选材直接和阿英通信。2月12日《日记》上记有："得钱杏邨信并借《新青年》、《新潮》等一包，即复。"2月17日又记有："得赵家璧信并杂志一包，附杏邨笺。"查《日记》中记载鲁迅与钱杏邨的来往一共有五次。除上述1935年的两次外，还有1936年4月8日，也有一次记有："寄赵家璧信，附与阿英笺。雨。收到《中国新文学大系》（十）一本。"这一本《大系》就是最后出版的阿英编选的《史料·索引》。这个月中还有两天提到过阿英。我们都知道鲁迅过去曾和太阳社在对"革命文学"问题上是发生过激烈论争的。阿英已于前年也在北京不幸逝世，不禁又联想到他和《大系》以及他和鲁迅的一些往事。缅怀旧友，十位编选者，今天都已先后作了古人。

四

鲁迅于1935年1月2日同意编选后，从1月24日"开手"读作品,2月20日《日记》记有:"夜作《中国新文学大系》小说丙引言开手。"现在从《书信集》中我第一次看到他那几天写给其他友人的书信,说明在这短短的一个时期里,鲁迅为了此书是花出了极大精力和全部时间的。2月24日给杨霁云的信上说:"近因经济上的关系,在给一个书坊选一本短篇小说——别人的,时日迫促,以致终日匆匆未能奉复,甚歉。"〔1〕2月26日给叶紫的信中又说:"我因为给书店选一本小说,而且约定了交卷的日期,所以近来只赶办着这事,弄得头昏眼花,没有工夫。"〔2〕今天读到这些话,又想到当时他实际已在重病中,对他那种认真负责、全力以赴的工作态度,更受感动。到2月26日,《日记》上记有:"上午寄赵家璧信并所选小说两本。"这一天给我的信上是这样说的:

  送上选稿三分之二——上、中两本,其余的一部分,当于月底续交。序文也不会迟于3月15日。
  目录当于月底和余稿一同交出。

计算一下日子,就可见工作进度之迅速。仅仅隔了两天,2月28日,鲁迅又亲自到良友公司送稿来了。

  良友图书公司在北四川路八五一号,离鲁迅所住大陆新邨虽很近,但他为避人耳目,不大外出的;而且当时身体也不很好。我记得那天还是冬末春初,他穿了一件深色的棉长袍,戴了一顶呢帽,穿着一双橡胶鞋,手中拿着一个用日本花巾包的东西。他打开花布包,就是一束折叠得整整齐齐的选稿,这是选稿的最后一部分。这一天,离开他答应担任编选《小说二集》后还不到两个月时间。现在从《日记》上看,年底前,他旧病又复发了一次,每晚都有低温。在"久病初愈,医生禁止劳作"的日子里,为了使后代文学青年看到"五四"以来十年间一部分代表作家的代表作品而忘我地劳动,很快把《小说二集》的选材工作全部完成

---

〔1〕《鲁迅全集》,第13卷,第65页,1981年版。
〔2〕同上书,第67页。

了。那天我双手捧到选稿时，心中不知应当说怎样感谢的话才能表达我当时的真情实感。在他殷切地询问《大系》其他各卷的进程后，忽然从他的口袋里摸出一封信交给我。他说："怕见不到你，所以写了这封信准备留交，你慢慢看吧。"其实他既写了信，完全可以邮寄，就是为了郑重起见，还是亲自送来。如今回忆，百感交集。这天《日记》上这样记载："访赵家璧并交小说选集稿，见赠《今日欧美小说之动向》一本。"这里说的书是当时新出版的我的一个译本。

《小说二集》所选作家的作品，每人最多选四篇，少者选一二篇。对于有些作家的作品，鲁迅考虑到有被审查官抽去的可能，便多选了一些供编辑者补充。他替编辑者设想得周到，真正做到无微不至。2月28日面交的一封信里，就有这样一段话：

> 小说的末一本，也已校完了，今呈上，并目录一份。
> 其中，黎锦明和台静农两位的作品，是有被抽去的可能的，所以各人多选了一篇。如果竟不被抽去，那末，将来就将目录上有×记号的自己除掉，每人各留四篇。
> 此外大约都没有危险。不过中国的事情很难说，如果还有通不过的，而字数上发生了问题，那就只好另选次等的补充了。其实是现在就有了充填字数的作品在里面。

我们原来的计划是等每一本选稿都齐了便把导言和选稿一起送审。但鲁迅在3月6日给我的信上替我们出了个好主意。信中说：

> 序文的送检，我想还是等选本有了结果之后，以免他们去对照，虽然他们也未必这么精细、忠实，但也还是预防一点的好罢。

此后，我们就按照他提醒的那样去做，确实收到了很好的效果。这种有意扰乱敌人的耳目，避免作品受到审查官的宰割，正是对敌斗争的一种策略。根据我的记忆，《小说二集》选材送审后，抽删情况并不严重。倒是因为选材分量已超过计划规定的篇幅，我们后来要求编选者减少了一些选材。5月10日夜鲁迅给我的信上说：

> 小说稿除原可不登者全数删去外，又删去了五篇，大约再也不会溢出预算页数之外的了。

所以现在的《小说二集》里，台静农的四篇都保留，黎锦明的留下三篇。这本集子，共选三十三位作家的五十九篇作品，约共四十五万字。

选材中值得一提的是对于向培良的作品。向培良是鲁迅领导的《莽原》的撰稿人。鲁迅对这个文学青年一直热情帮助，谆谆指导。他的第一个短篇集《飘渺的梦》就是由鲁迅编选列入《乌合丛书》，与《呐喊》、《彷徨》同时出版的。到1926年鲁迅离京赴厦门后，向就与高长虹结成一伙，到上海成立"狂飙社"，写文章谩骂鲁迅，后来更走上堕落的道路。但鲁迅在选编本书时，对于向培良在文学创作上前期的某些作品，还是加以肯定。2月28日给我信中有一段话提到向培良，信中说：

> 向培良的《我离开十字街头》，是他那时的代表作，应该选入。但这一篇是单行本（光华书店出版），不知会不会发生版权问题。所以现在不订在一起，请先生酌定，因为我对于出版法之类，实在不了然。
>
> 假使出版上无问题，检阅也通过了，那就除去有×记号的《野花》，还是剩四篇。但哪篇会被抽去也难说。

后来《我离开十字街头》确因版权问题不能收入，但鲁迅在导言中还是从这本书里摘录了一大段引文，并对作者早年创作的几个短篇下了实事求是的评价。他的这篇导言，在怎样历史唯物主义地对待那一时期的作家的作品上，作出了典范。对现代中国文学史的研究工作者而言，这是一篇在文学评论方面的重要文献。向培良名下入选三篇，两篇选自《飘渺的梦》，一篇选自《莽原》。对于"狂飙社"另一个主要成员尚钺,本书中同样入选他的两个短篇。

我们原来要求每位编选者的导言一般以二万字为标准,这种要求确实不很合理,所以鲁迅的导言只写了一万余字,而《戏剧集》编选者洪深的导言写了六万字。鲁迅的导言是3月6日夜寄我的。信中说:

> 序文总算弄好了,连抄带做,大约已经达到一万字;但"江山易改,本性难移",无论怎么小心,总不免发一点"不妥"的议论。如果有什么麻烦,请先生随宜改定,不必和我商量了,此事前已面陈,兹不多赘。

这段话表示了鲁迅对一个青年编辑的最大信任。每逢重读这封信,就自然而然地回想起1935年1月2日那天在内山会客室谒见他时那幕紧张而动人的情景。更深切地感到鲁迅对国民党审查机关抱着绝不妥协、斗争到底的精神;而对一个具有积极意义的编辑出版计划,他总是热情帮助,希望它能和广大读者相见。

《小说二集》导言送审后我记得没有什么改动。现在我查阅《日记》和《书信集》,更得到了一个旁证。5月24日《日记》记有:"得赵家璧信并《新文学大系·小说二编》序校稿。"这说明送审后取回的导言已经付排并打出了校样稿,送给作者自校,准备签字付印了。第二天,5月25日的《日记》记有:"上午复赵家璧信并还校稿。"核对这封信的内容,谈的都是别的事,却没有只字提及序文校稿。但24日夜,他另有一信写给郑伯奇,信中说:"下午得赵先生信,云将往北平,有事可与先生接洽,并有《小说二集序》排印稿二份。这序里的错字可真不算少,今赶紧校出寄上,务希嘱其照改为托。否则,颇觉得太潦草也。"[1]信末还有一行附言,说:"附校稿二份。"可见改正后的作者清样稿是寄给郑伯奇的。但也足以说明作者看了序文校稿后,除发现有技术上的错字外,并未对序文内容提出什么意见,证明序文是保持了原来面目,只字未被删改的。

---

[1]《鲁迅全集》,第13卷,第137页,1981年版。

6月28日,《日记》上记有:"上午得赵家璧信并《新文学大系·小说二集》十本。"这一天,几经周折的《小说二集》终于出版了。如果从1月2日算起,历时约六个月;如果从鲁迅"开手"编选算起,约共五个月时间。

关于鲁迅和《大系》的关系,还有一件小事值得补充。十卷本《大系》每出一卷,我们都于次日邮赠鲁迅一册,所以从《日记》里可以清楚地看到每卷的出版日期。由于这套精装本的顶上统一加刷天蓝色,使它和封面色彩有协调之感,而我们最先送给他的第一本出版的《小说一集》未及加色,还是白边的,因此7月12日他给我的信上说:

> 前蒙允兑换《小说一集》之顶上未加颜色者,今送上,希察收换给为感。

记得许广平在《鲁迅先生的日常生活》一文中,曾提到过类似的事:"他对于书的看重,我没有见过第二个人像他这样,……偶然收到一本装订不大齐正的,他一定另外托人再买一本较好的换过。"[1]大家都知道鲁迅对书籍装帧是极为重视的。他书架上的书都排列得整整齐齐,这从在景云里住所所摄的照片上也看得很清楚。这虽是生活琐事,也反映了他那种对待书籍严肃认真的工作作风。

五

今天查阅《日记》,鲁迅曾把这套书分送给黄源、李霁野、台静农等;还代台静农、增田涉各预定《大系》一部。他又送了一部《大系》给王冶秋。写给王冶秋的信上说:"《新文学大系》是我送的,不要还钱,因为几张'国币',在我尚无影响,你若拿出,则冤矣。此书约编辑十人,每人编辑费三百,序文每千字十元,花钱不可谓不多,但其中有几

---

[1] 许广平:《欣慰的纪念》,第112页,1951年,人民文学出版社。

本颇草草,序文亦无可观也。"[1]这是鲁迅对《大系》所作的评价。解放以来,在马列主义、毛泽东思想指引下,对"五四"以来现代文学史的研究,已取得了很大成绩,《大系》作为资料书,大概还可以起一点参考查阅的作用吧!

1979.6

原刊于《鲁迅回忆录·二集》,上海文艺出版社,1980年,原题名为《鲁迅编选中国新文学大系·小说二集》;曾编入《编辑生涯忆鲁迅》。现经修订,题名略有更动,作为前文附录。

---

[1]《鲁迅全集》,第13卷,第263页,1981年版。

三十年代的革命新苗

——专为"左联"青年作家编印的《中篇创作新集》

上海良友图书公司出版的进步新文学作品中,有一套丛书,在内容、形式和作者队伍方面虽然都具有不少特色,可惜因初版印数少,又遇战乱,流传下来的不多,不但今天的中青年读者不知道,有些老作家也不一定完全看到过。而这套丛书却确是全部出之于"左联"青年作家的手笔。值此隆重庆祝"左联"成立五十周年纪念之际,我写这篇回忆文章,表达我对"左联"作家们热诚的祝贺和衷心的谢意。

这套丛书是我在张天翼的启发和帮助之下编辑出版的。丛书名《中篇创作新集》,共出十种,作者是清一色的"左联"青年作家。回忆这套书,就得从天翼和我的友情谈起。

天翼在1933年就把他的创作《脊背与奶子》给我,编入《一角丛书》;同年又把短篇集《移行》,1934年把长篇《一年》交我编入《良友文学丛书》。我们两人就交上了朋友。1935年5月29日,我从上海出发去北平旅行,访友组稿。根据我现在仅存的几页日记所记载,在南京中途下车,玩了两天,天天和天翼在一起。他请我在夫子庙吃饭,还陪我畅游燕子矶。我至今还保藏着和天翼在燕子矶的两幅合影。当时我主要和他商量,请他把已发表的中、短篇合编一个大集子,列入《良友文学丛书特大本》。这套每册厚七八百页布面精装的特大本,已约定鲁迅、巴金和沈从文的三种。他在那一年冬天,就编成一部题为《畸人集》的大集子,于次年作特大本出书。我们闲谈时,他就向我提到,过去"良友"出的几套书,质量不差,但作者队伍较杂,而且大都是已成名的老作家;他建议是否可以编一套纯粹由"左联"青年作家写的创作丛书呢?他说,这方面的新人很多,质量也不低,就看"良友"敢不敢出。我答应从北平回沪后，同经理商量了给他答复。

1935年5月，万恶的国民党审查会已因"《新生》事件"关门大吉，经理的胆子也大了一点，答应了。正好1936年春，张天翼从南京来上海工作，据说是由冯雪峰把他调到上海来的。那时，郑振铎和靳以原来在北平编辑出版的《文学季刊》，从同年6月起，改名《文季月刊》，巴金和靳以主编，由"良友"出版发行。天翼到沪后，同欧阳山、草明、蒋牧良、吴奚如、聂绀弩、尹庚、胡风等组成《现实文学》同人杂志，由天翼负责。刊物上编者署名的是尹庚和白曙，创刊号出版于1936年7月，刊物题名也是天翼的手迹。这一年，上海的进步文艺刊物如雨后春笋，我和天翼、靳以等经常往来。就在这个时期，《中篇创作新集》由酝酿而进入成熟时期。9月号《文季月刊》，封面内第一页，套红刊登了出版《中篇创作新集》第一辑十二种的作者和书名的预告。每种书目下还附有内容提要，据我记忆，大多数是请作者自己写的，因为当时文稿还未完全到手。这些都已成为珍贵的史料，现在抄录如下。先后按出书后的编号，括号内是该书的出版日期。

1. 蒋牧良　《旱》　　　　　　　　　　　　（1936年10月10日出版）

故事取材于前年的大旱，叙述天灾人祸之下，古老的农村怎样走上了崩溃的道路。

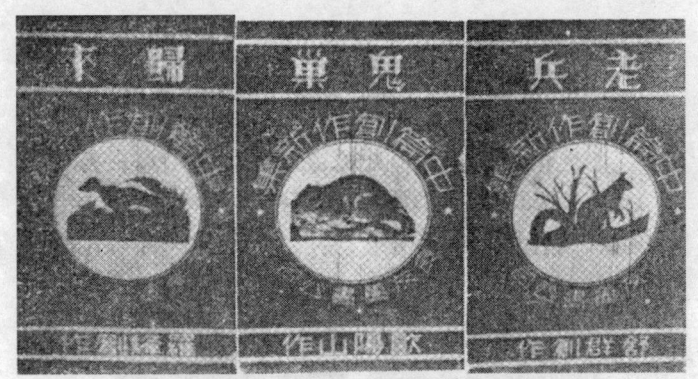

《中篇创作新集》部分书影

2. 奚如　《忏悔》　　　　　　　　　　　（1936年10月15日出版）

一个为了争夺祖业，不惜亲手杀弟的人，案发被判死刑后，虽然从一个难友那里认识了利他主义，终于流着泪走上绞台。

3. 白尘　《泥腿子》　　　　　　　　　　（1936年10月10日出版）

写从根深土长的乡村里，被拖去挖泥挑河的泥腿子，为了舞弊而闹出不少的乱子。

4. 欧阳山　《鬼巢》　　　　　　　　　　（1936年11月5日出版）

写一个在广州某影院当把闸人者三天晚上的三个噩梦，凭他的叙述，这三个噩梦再现于读者之前。

5. 舒群　《老兵》　　　　　　　　　　　（1936年12月20日出版）

本书的主角是一个东北事变后流落的兵士，作者以他自身（在东北义勇军中）的体验所得，写成这部动人心魄的中篇。

6. 艾芜　《在天堂里》　　　（1937年1月15日改名《春天》出版）

这是又一种人间地狱，作者暴露许多人在这个"天堂里"的生活。

7. 周文　《在白森镇》　　　　　　　　　（1937年1月30日出版）

这是一篇描写边荒的官僚社会的小说，暴露官僚间的互相冲突。

8. 罗烽　《归来》　　　　　　　　　　　（1937年2月20日出版）

写在东北某大城市中两个青年小伙伴，忍不住压迫，从家庭里逃跑出来，决心去给自己、给同胞谋一条出路的经过。

9. 葛琴 《窑场》　　　　　　　　　　　　（1937年3月10日出版）

以1930—1935年江南某窑场为背景，写一个暴发户由暴发而没落的过程。

10. 草明 《绝地》　　　　　　　　　　　　（1937年5月1日出版）

写一个靠卖白粥过活的贫苦女子，当她栖息了几年的草棚被收回时，她经过了一度的努力，终于决然地离开她的故居和她的朋友。

● 荒煤 《灾难》　　　　　　　　　　　　　　　　　（未出版）

写1931年大水灾的时光，一个老年的祖父和一个年幼的孩子颠沛流离，终于各自分散的故事。

● 沙汀 《父亲》　　　　　　　　　　　　　　　　　（未出版）

描写一个慈父对于儿子的希望和幻灭的故事。主人公是伶人，为了儿子，他抛弃了半生来持以为生的职业。

从各人写的短短数十字的内容介绍中，看出每篇作品主题鲜明，振动着时代的脉搏。用现实主义的手法，描写在三座大山重压下，我国劳动人民的苦难生活和英勇斗争。也有揭露封建社会的黑暗丑恶和它的毒害影响的。由于作者都曾深入生活，所以能写出这样有血有肉的动人故事。这些革命文学作品，在当时读书界中，起到了积极的作用。

计划编辑这套丛书时，郑伯奇已离开"良友"。据我的记忆，我是委托张天翼代为组稿。吴奚如同志在给我的信中回忆说："关于你当年主持出版的那套《中篇创作新集》事，我确切记忆是由张天翼兄从中组稿的。"可惜天翼因身患重病，我最近托人去问过他几次，他都摇头。我想当时也不会是每个作者都由他去联系，可能是由天翼带头号召，"左联"青年作家就互相约请，分别执笔了。根据陈白尘同志的回忆，他说："《中篇创作新集》问题，想了许久，也回答不出来。从所开目录中去想，想到葛琴同志当时曾同我谈过这件事，她鼓励我也写一篇，因为她也写了。但是否是她约稿，也难确定。或者是她受人所托间接约稿也未可知。"草明同志回忆说："是欧阳山通知我的……他回来对我说的。经过细节已记不清了。"艾芜同志信上告诉我："谁来约稿的，简直记不清。我只能这么说一句，良友图书公司有计划出这一套丛书，是得到'左联'

一些同志的帮助的。尽管'左联'解散了,但随后成立的中华文艺家协会还是继承左翼文学运动在开展工作。"这些作家的回忆都已证明这套丛书的出版,是得到当年"左联"同志的大力支持的。

有关这套丛书的编辑出版,有以下几点可以谈谈:

它和《良友文学丛书》和《良友文库》不同,不是约到什么稿出什么书,逐年积累而成;而是事先有一套完整的计划,像《中国新文学大系》一样,只是规模略小而已。前者是"五四"时代有代表性旧作的结集,后者全部是30年代"左联"青年革命作家的新创作,一本一个中篇,从未发表。记得当时计划,每辑十二种,先出第一辑,准备续出第二、第三辑,不料"八·一三"战争爆发,"良友"破产关闭,作者也各奔抗日前线或大后方去了。就是预告的第一辑十二种,也只出了十种,没有来得及出齐。预告时说过四个月出齐第一辑,事实上也拖延了三个月。但当时自己设有印刷厂,编辑部能够掌握出版时间,和今天我们的出版体制、出版印刷严格分工不同。所以艾芜同志来信中还说道:"我这里还买到一本旧书,《春天》的第一版本。我看我写完《春天》是1936年12月1日,而良友图书公司印出,则在1937年1月15日。这样的出书速度,多么惊人。"其实当时出书,大家都快,和今天一搁一两年也有的例子相比,会引起一种感慨。但是如果我们能在这方面调整改革一下,我很赞同"出版社既卖书,又印书"的大胆建议,局面会有大变。艾芜同志信上接着对我说的另一句话,我认为倒是千真万确的:"……快些出书,对作家能起鼓舞作用的!"

为了保持丛书的统一格式,篇幅要求作者掌握在五万至七万字之间,排成书版后,平均占一百七十页左右。这样做,我们就可以统一售价。"良友"出的《一角丛书》一律售一毛钱;《良友文学丛书》一律九角;这套书也是不论厚薄,一律二角五分,方便读者。书用四十二开本,长方形,袖珍本,别开生面。每面排三百字,天地头宽敞,清楚悦目。封面是由在"良友"工作的汪汉雯设计的,用进口硬纸板做封面底版,再裱上封面纸,穿线订,产生一种类似纸面精装的感觉。书名、作者等美术字翻做整块阴版,印不同底色。封面正中留一圆形空白,用黑色套印一幅动物木刻,是一位英国版画家的创作。整套书排在一起,十种不同走兽的生动形态，跃然纸上。这样一套完整的封面设计，很受当时读者的赞赏。陈白尘至今还说："这本书的装帧还是可爱的。"

丛书每种初版只印二千册，这是30年代一般进步文艺书的初版印数，同今天文艺创作初版一印几十万册是绝对不能相比的。不幸出足十种后不到三个月，"八·一三"战争爆发了。"良友"地处北四川路，临近战区，全部厂房仓库，大部毁于日军炮火。存书不是烧了，就是散落街头，小贩捡来在马路上设摊廉售，这些书也在其中。所以这套书留在人间的为数不多，保藏全套者更为难得。我手头所有的一套，还是"四人帮"下台后，经组织协助向唯一出售旧书的上海书店高价买回的。最近和我通信的作者，有的也说自己没有书。陈白尘同志对他的旧著回忆说："至今我还保存有一本，但它是解放后才弄到手的，如何弄到它，又说不清了。很大的可能是阿英同志从旧书摊上收来送我的，他送给我这类旧著不止一册，其中有一本便是使我大倒其霉的《石达开的末路》。"我也为了30年代曾在上海文艺出版界活动，1966年6月上旬，就被勒令把我珍藏数十年的六七百封作家来信手迹全部上交，至今下落不明。其中就有张天翼从南京寄我的几十封信，还有为这套丛书写稿的作者写给我的许多信。这种珍贵史料的巨大损失，真是言之痛心。

为了写好这篇史料，我重新和当时的丛书作者开始通信。他们还是和当年一样热情地支持我，帮助我。有的同志来信上说："我们都已年老，写些当年在上海从事文化斗争的工作回忆是极有意义的，祝你在这一方面的成功。"有的同志说："祝您回忆史料写成功！"有的同志说："知道你在撰著回忆录，想还一定精神抖擞的吧？"读到这些话，我心中感到分外的温暖和激动，给我这个老编辑以莫大的鼓舞和安慰。过去大家梦寐以求的社会主义新中国已经成立了三十周年，今天党中央号召我们要为新时期的"四化"做出各自的贡献，我只能在这方面略尽绵薄。想到五十年前，他们都是青年作家，现在个个是大名鼎鼎的老作家了。遗憾的是其中两位同志——周文和蒋牧良早已离开了我们，葛琴受"四人帮"残酷迫害，至今不能动口动笔。回忆30年代新文学园地里的革命新苗，今天都已成长为新中国文艺百花园里的参天大树，枝干挺拔，绿叶成荫。他们最近写给我的珍贵回忆，对研究现代中国文学史者是非常重要而难得的史料。我未敢自私，摘录几段如下，这些才是本文值得一读的部分。

陈白尘同志从南京来信，谈了关于《泥腿子》的两点感想："1. 这本中篇倒是我'深入生活'到涟水县属导淮工地观察十来天才写出来的，也算是我在抗战前'面向工农'之一证吧！但又未免自我贴金之嫌了。2. 抗战后我的创作完全转到戏剧方面去了。它从来也没有收进过什么集子。"

住在汉口的吴奚如同志告诉我："我的那本中篇小说《忏悔》是应天翼之约匆匆写成的，……我对它并不满意，因而在解放后未再版。但这个中篇的取材却极有意义。我在几年的监狱生活中，认识了一个死刑待决刑事犯。他为了争夺田产，把他的亲弟弟杀了，被判处死刑。他不服，花了很多钱上诉于北京大理院，未接到复审通知而北伐军占领了北京，此案遂成悬案。但这个杀死亲弟的凶犯，亲眼看见了许多共产犯，为他们在狱中的无私和为人的崇高斗争所惊异，所倾倒，而逐渐认识到他为私有财产所犯的杀死亲兄弟的罪恶而感到忏悔。……我是根据这一事实写出那篇中篇小说的。但我写时匆匆，未能写得深入些，发掘那个死刑待决犯的矛盾而复杂、罪恶而向善的灵魂。"

草明同志从北京来信说："《绝地》曾收入《草明选集》里，更名为《绝处逢生》。我四十多年来，都是写工人的。'座谈会'以前，我是写工人的疾苦、反抗和对旧制度的破坏。短篇《没有了牙齿的》和中篇《绝地》就是从侧面写工人罢工的。1946年以后，解放区有了工业城市，我才写解放了的中国工人如何奋勇地建设新社会。《绝地》就是写工人破坏旧世界，那时由于法西斯专政，不可能正面写罢工斗争。只能通过一个丈夫投奔苏区的工人的家属——卖粥的妇人真嫂来反映工厂的工人们的罢工斗争。对此书的主题思想和政治倾向，我到现在还认为是健康的，歌颂了工人们的艰苦顽强的斗争精神，揭露了剥削制度的残酷。当然，由于当时未能深入生活，对工人们的生活，特别是语言上还不够真实，有些生硬，这是和我在'座谈会'以后的作品是有较大区别的。"

艾芜的中篇创作，当年预告时题名《在天堂里》，出版时，书名改了《春天》，内容也变了样。经过情况，我也不记得，而且根本上也讲不出个所以然。这次感谢在四川的艾芜同志，他对这个中篇说了一大段话。他说："我最初答应的是《在天堂里》，打算写我在苏州高等法院拘留所的囚徒生活。因为苏州和杭州在一般人的成语中是'上有天堂，下有苏杭'。小说取名是带有讽刺意味的。我没有写，由于环境关系，怕写出来不能发表。我就取材我的家乡，所谓天府之国，让人看见这个丰饶的原野，使其中贫雇农活不下去。由于《春天》引起人注意，茅盾同志、周立波同志都写专文加以推荐和评论，使我于1945年又在重庆写了《春天》的续篇《落花时节》。读书出版社把《春天》和《落花时节》合在一起出版，我便取名《丰饶的原野》。解放后没有再印，我也忘记了。四川人民出版社今年愿意再行出版，我很高兴，受到鼓舞，又写了《春天》的另一个续篇《山中历险记》。这一个中篇，约五万多字，在接得你的来信时，刚刚写完。这都是你在30年代大胆出中篇小说引起来的。"艾芜在茅盾逝世后写的《回忆茅盾先生》中，又一次提到这本《春天》，文章中说："我在1936年写的中篇小说《春天》（即《丰饶的原野》的第一部），于1937年1月在上海良友图书印刷公司出版，茅盾同志在3月20日写了将近四千字的评论文章，发表在生活书店出版的《工作与学习丛刊·原野》上，作了细致的分析而又热情的赞扬。……这给我这从事写作的年青人，真是有莫大的鼓舞，叫人难以忘怀。"[1]

住在北京的罗烽同志，来信向我借去他写的《归来》复制，以便编入他的文集。来信中说："昨天才把《归来》复制品拿到手。今挂号奉还。再一次向你道谢！30年代的往事，转瞬即将五十年。许多事已不复有准确记忆。回想《归来》一稿是天翼同志介绍给你的。它是我1935年逃亡上海后第一个中篇，算是习作，思想、艺术性均甚肤浅，今日重新翻阅，实有不堪卒睹之感。仅残留一些时代的脚印罢了。"

以上所述，拼拼凑凑，抄抄剪剪，实在不成文章。但我对党所领导的"左联"成立五十周年纪念所怀着的祝愿和感激之情是出自至诚的。

1979.10

原刊于《左联回忆录》，中国社会科学出版社，1982年。此次有补充和修改。

---

[1] 见《忆茅公》，第107页，1982年12月，文化艺术出版社。

记四十五年前的一部小说年选

一

横遭"四人帮"诬蔑歪曲的30年代文学得到拨乱反正以后,30年代的文学作品,有少数几个出版社开始择优重印。这对我们这些30年代过来人而言,确是别有滋味在心头的。

去冬,得广州花城出版社来信。信中说:

> 前些日子,萧乾同志向我们推荐您在1937年编辑由茅盾等二十人所选《短篇佳作集》(良友出版)。经研究,我们认为此书很有重版价值,拟列入明年一季度出版计划(严文井同志很赞成此议)。现特去函征求您的意见。如蒙俯允,建议您写一篇再版前言或后记。

来信最后还要我寄一本完整的样书去,他们手头向萧乾借用的本子有缺页。这才使我想起日本帝国主义者于1937年8月13日在上海挑起的战火,引爆我国人民的全面抗战。当时,我有几套编辑出版方面的理想计划都随之而破灭,这部《短篇佳作集》是其中之一。原来计划每年出一卷,成为一年一度的小说年选,也因此无以为继。值得庆幸的是1937年的第一卷已于年初出版,并且在上半年连印三版共七千册(见书前插图),这在当年已是颇为可观的销数了。今天,却不但我的私人藏书久无此书,专售旧书的上海书店也无货供应。幸赖上海图书馆还藏有此书的布面精装本,连封套都完整无缺,我急忙借来,把这"孤本"寄往"花城",好让这个母本去下蛋繁殖,广为传布。让更多的爱好文学的青年从这本四十五年前的小说年选中去追踪觅迹，从而懂得今天已享盛名的老作家，怎样在他们文学生涯的最早一个时期，或是在开始走上文学创作道路时，已经写下了传世的好作品。由于他们中的极大多数都扎根于生活，扎根于群众，作品反映的正是抗战前夕已成为人间地狱的旧中国的苦难时代。看看作者在文章中写到日帝侵略军时，只能用"穿黄呢制服的××军"来代替，写到国民党反动派军队时，又改用"穿灰衣裳的兵"，当时的出版界，连最起码的出版自由都没有。再把他们笔下所描写的处于内忧外患、水深火热之中的同胞，比比四十五年后的今天，社会主义新社会一片欣欣向荣的繁荣景象，才会进一步体会到我们这里早已换了人间。

　　研究现代文学史的同志中，有人称1935至1936年的上海进步出版界为杂志年，这有一定的根据。有个统计说，1936年上海出的期刊多达三百零八种[1]。文艺刊物真似雨后春笋，四马路上初次出现一种专营杂志期刊的书店，例如张静庐主持的上海杂志公司。我在那里当文艺编辑的良友图书公司，虽然出了不少文艺书，就缺一种大型的权威性的文学月刊。我久有此意，苦于找不到适当的编辑。1935年底，原来在北平出版由郑振铎、靳以合编的《文学季刊》宣布停办。我得悉后，立刻与巴金同志商量，邀请靳以来"良友"编个大型刊物。巴金和靳以是亲如兄弟的好朋友，我恳求巴金帮助成全我这个愿望。经过几次商谈，特别是巴金的大力支持，决定把《文学季刊》的传统接过来，改出月刊，取名《文季月刊》，由巴金、靳以合编，实际上由靳以负责。经我征得经理同意后，1936年6月创刊，良友文艺新书有了一个自己的宣传阵地，创刊号上刊了十多面广告。于是原来由我独用的一间十多平方米办公室，靳以同志自4月起来和我做伴。

　　就在靳以来后不久，我又想起除月刊外，是否还可以出个文学年鉴或小说年选之类？这种想法是每年年终圣诞节前后，陈列在外国书店橱窗里，一年一度编选出版的《英、美最佳小说选》和《文艺年鉴》所引起的。我就敦促靳以由文季月刊社来编，把每年发表在全国各地文艺刊物上的最

---

[1] 许晚成《一九三六年全国期刊统计表》，见张静庐辑《中国现代出版史料乙编》，第422页。

佳短篇小说选辑成一厚册，这在国内还是件新鲜事。靳以热情支持我的建议，但他自己搞个月刊已忙不过来，而况还要抽出时间从事创作。

那一年，新创刊的文艺刊物中有《中流》、《作家》、《光明》、《译文》、《海燕》和《文学界》等数十种。新人辈出，优秀作品随处可发现。有几位平时比较接近的编辑如黎烈文、章靳以、萧乾、黄源、孟十还等，经常在永安公司所设大东茶室相聚，交流文坛情况，调剂文稿等，我有时也同靳以同志一起去参加。就在这个文艺沙龙式的茶余闲谈中，我提出了这个编辑设想，大家都认为很有必要，很有意义。但对于如何组织评选工作，由什么人来评选，莫衷一是。我曾建议可否由几个刊物联合评选，因为当时每个刊物都属于不同的出版商，这种合作计划当然是行不通的。

由于文艺刊物的编辑，在自己主编的刊物中，总是能够最早发现优秀作品的人，而在同类刊物中，他也是最善于发现新人新作，沙里淘金的。如果能约请较多的文艺编辑而以作家的身份来参加评选，并且不以自己所编的刊物为限（个别地区例外），再加上一部分著名作家，那么，这样的评选队伍，就可以评出面广质高、比较公正的好选本。这个设想得到靳以、萧乾、黎烈文等同志的赞同。此后，靳以又帮我一起决定了二十位评选人的名单，又共同考虑到篇幅和售价关系，决定每人推选三篇，重复者由编者在前言中作说明，并由评选人补足之。作品发表期限规定为1935年11月底至1936年11月底，争取12月底出书。书名定为《二十人所选短篇佳作集》，封面上注明1937年版，今后继续出版就沿用这一书名而仅改年份。出版形式要按"良友"传统用纸面精装本，另印部分布面特精装的。靳以担心这样一本包括六十篇小说约六十万字的书，需排一千页，书价势必要二元左右，这就会影响读者的购买力。当时我们还计划为了扩大《文季月刊》的销路，争取更多的长期订户，试图把这本书作为赠送订阅1938年《文季月刊》全年订阅户的礼品。后来，我用六十页篇幅刊登一百二十种本版文艺书内容提要介绍放在书末的方法，说服了经理，把部分成本列为广告开支，因而书价定为一元。赠送《文季月刊》新订户的广告，也在该刊12月号封底上登出。这次经理余汉生答应做一次明知亏本的生意，靳以和我都感到喜出望外。遗憾的是本书于12月20日出版时，《文季月刊》已在几天前，与其他十三种进步刊物一起，遭到国民党反动政府的无理查禁。屈指计算,《文季》的生命只有短短的七个月时间;而我们苦心筹划的这本小说年选,因为抗战开始,良友关门,真似昙花一现,这本 1937 年版是第一卷,也是最后一卷了。现在,当年和我共同筹划这部小说年选的靳以同志已离开我们二十三年了,如果地下有知,当他听到本书在四十五年后得以大量重印,也会含笑九泉的。

二

回顾二十位评选人中,当时在上海担任编辑的有:巴金、靳以(《文季月刊》)、王统照(《文学》)、黎烈文(《中流》)、张天翼(《现实文学》)、萧乾(上海《大公报·文艺》)。在北方的是沈从文(天津《大公报·文艺》);在华中的是凌叔华,她当时在武昌执教,任《武汉日报·现代文艺》编辑;在华南的是洪深,他在广州执教,任广州报纸文艺副刊《东西南北》编辑。我们特别要求凌叔华和洪深评选所在地区的新人新作,当时正在福州工作的郁达夫,我们也向他提出同样的要求,因为没有更多合适的当地作家的作品可选,他仅推荐了一篇。此外的评选人还有在上海的茅盾、叶圣陶、郑振铎、郑伯奇和鲁彦;在青岛的老舍;在北平的朱自清和林徽因以及在日本的郭沫若。我们筹编本书时,丁玲刚刚逃离南京秘密回到上海,准备取道西安转赴延安;向她要求参加评选时,她欣然答应了。当茅盾知道我们希望着重多选新人新作时,他又从当时他主编的《中国之一日》中加选了三篇。(其中署名金山城所写的《黑暗的一角》,经楼适夷同志最近来信告诉我,这篇揭露性的短文,就出自他的手笔。)远在日本的郭沫若,原来复信答应参加,后因他手头可供评选的资料不多,又加路途遥远,邮递费时,发稿期迫而选目未到,临时由我替代凑数,把大家漏选的鲁迅的《出关》列为本书之压轴作。当时鲁迅逝世不久,这篇发表于《海燕》第一期上的历史小说是不可缺少的。

这样一张评选人的名单,在当时来说,也已尽力照顾到文学界的各个方面和几个主要地区,而他们都是和"良友"有过组稿关系的,所以我们发出征求合作的信函后,都很快同意了。这种由人数较多方面较广的专家,凭各人自己的文艺观点和审美标准各选各的做法,当然不能与最近几年来,由全国作协有领导有组织的、群众和专家相结合的"全国优秀短篇小说评选"方式相比拟,但在当时条件下,也算是一种大胆的尝试吧。

三

二十位作家共推选作品五十九篇,因为刘白羽、端木蕻良、罗烽、沙汀、萧红、青子各有两篇入选,所以全书作者共五十三人。按时代分,属于"五四"前后到大革命(1919—1927)的第一代作家,仅鲁迅、郭沫若、老舍三人。其余都属于大革命到抗战前夕(1927—1937)的第二代。因为本书正是 1937 年初出版的,所以现代文学史上属于这一代而今天在国内外文坛上人所共知或是在文艺界担任领导工作的作家,他们之中有一部分人的早期重要代表作,都可以在本书中找到。

报告文学现在已成为文学创作领域中有突出成就和影响的独立的品种,它是在 30 年代开始形成而受到重视的。现在被报告文学发展史研究者尊称为"影响深广、足以传世"的两篇佳作,夏衍的以上海日本工厂中中国女工为题材的《包身工》,宋之的的以他本人在山西军阀阎锡山白色恐怖下的生活经历做背景的《一九三六年春在太原》,分别由郑伯奇和黎烈文选入。陈白尘在 1932 年 9 月被捕后,曾在狱中开始以陈白尘为笔名,向《文学》、《现代》等发表短篇小说和独幕剧,1935 年出狱来沪,1936 年发表于《文季月刊》上的《小魏的江山》,写的就是在南京监狱中的生活和斗争,由茅盾推选。作者以后就把这个篇名作为短篇集的书名。茅公逝世后,陈白尘在《中国作家的导师》一篇追悼文章中回忆这篇小说被茅盾选中后的激动心情。文章说:"我怎么也没有想到,茅盾同志在这年底为良友图书公司编选的《一九三六年短篇佳作选》竟然选进了它。这不仅是一篇小说被选的荣誉问题啊,我不由得感激泪下了!尽管 1937 年以后由于抗战的需要,我从事戏剧创作而不再写小说,辜负了茅公的奖掖,但我是在这一鼓励之下,坚定了终身从事创作信念的。"1931 年在上海开始创作的沙汀,有两个短篇入选:王统照选《苦难》,郑振铎选《查灾》,都是写老百姓遭殃而"硬是有人卖人肉"的四川农村,作者借小说中人物感叹说:"我们中国好像随处都集得有干柴一样,只要火一引，就燃了。"陈荒煤的第一个短篇，1934年发表于靳以编的《文学季刊》上。在本书中，靳以推荐他发表于《作家》上的《在长江上》，小说写作者乘长江轮回四川途中的所见所闻，也可以称为一篇出色的报告文学。作者用一首民歌作结尾。歌中说："你唱我也唱，都唱长江好荒凉；你唱一条神龙像长江，我唱它满身都是窟窿疮。你唱我也唱，长江年年泪汪汪。"这不但是这篇小说的主题歌，也象征了百孔千疮的旧中国。

入选作家中，有好几位当时被称为东北青年作家的。他们都生长于白山黑水之间，"九·一八"后进入关内，开始拿起文艺的笔作为革命的武器。这一年，开明书店出了一部《东北作家近作集》，王统照就从这本集子里选了罗烽的《第七个坑》。这篇揭露日寇活埋我国同胞的优秀作品，后来还被译载在《国际文学》英文版。黎烈文推荐的舒群作《没有祖国的孩子》，写一个朝鲜孩子在东北的遭遇，作者认为这是他一生中具有重要意义的代表作。这是作者在青岛从事地下活动被捕后在监狱中写成的。叶圣陶和丁玲同时推选端木蕻良作《鹭鹭湖的忧郁》。这篇以作者故乡的地名为题，写发生在大豆田里东北农民暗中互相同情帮助的故事，正可证明最近才发表的1936年7月作者给鲁迅信[1]中说的两句话："东北农民不是'九·一八'以后才变得顽强的，是'九·一八'之后才得到了指示。"东北作家萧军、萧红、戴平凡都有作品入选。

刘白羽是1936年开始创作的，他的第一篇小说《冰天》由靳以选入本集；第二篇小说《在草原上》由叶圣陶选入。这对作者也许是一件值得纪念的事，所以《中国文学家辞典》刘白羽条目下也有所记述。受沈从文鼓励的田涛，1934年的处女作发表于天津的《国闻周报》，沈从文在本书中推选了他的新作《荒》。上述辞典田涛条目下，也提到这件事。早逝的女作家罗淑的第一篇奠定她文学地位的短篇《生人妻》，也由鲁彦选入。这篇小说是巴金发现后交靳以发表于《文季月刊》上的。罗淑死后，巴金就用这个篇名为她编了一个短篇集，最近已由花城出版社重印。小说写四川农村一对夫妇惨绝人寰的悲惨遭遇。靳以评论说："两处刻心的真情的描述打动了我。严文井的《风雨》，以十三节美丽的散文，写滔滔

---

[1]《鲁迅研究资料》，第五辑，第147页。

长江上的风风雨雨，是他创作生涯中的成名之作，由萧乾推荐。此文于次年编入《山寺暮》，列入靳以为"良友"主编的《现代散文新集》中。1981年9月，我上北京参加鲁迅百年诞辰纪念大会，严文井同志第一次告诉我，1938年他去延安进入"抗大"，组织上就凭他出版过这本《山寺暮》，才分配他去文化协会搞写作，从此以后，他和文艺的关系再也分不开了。这次他赞同萧乾的建议，由"花城"重印本书，也可说明一个成名的作家，对他早年发表的第一篇作品，或是出版的第一本书，总是怀着深厚的感情的。

今天，出版文艺书的各地出版社，很可以从 30 年代出版的旧书库里，多找一些名著佳作来重印，这比争相抢印乌七八糟的武侠、侦探小说之类，要有意义得多。所以我对花城出版社来信的答复，借用了鲁迅在《凯绥·珂勒惠支版画选集》版权页上写的八个大字："有人翻印，功德无量。"

1982.9.14

附记

"花城"新版出书后，他们对每位可以找到的小说作者，都有样书分送。其中由洪深选自《广州日报·东西南北副刊》的两篇广东作家的小说作者，分别署名为香菲和楼西，当时我不知道这两位作者是谁。但从花城出版社编印的《粤海书讯》（1983 年第 4 期）上，责任编辑湛伟恩的一篇《〈短篇佳作集〉的佳话》中，才知道他从萧殷的一篇回忆录中看到，30 年代在广州写小说最多的，就他所了解，有杜埃、楼栖和他自己。他从"楼西"和"楼栖"两字相近，便向广州中山大学中文系教授楼栖请教，得到的回音是当年署名香菲和楼西的两篇作品都是他写的。这位教授的早年创作，经过四十五个寒暑，又重印问世；而且经过曲折的过程，出版者又找到了原作者，这与我从无意中发现"金山城"笔名的原作者是我的老友适夷同志，真是无独有偶，确实可称文坛佳话了。

1983.12.12

原刊于《读书》1983 年 1 月号。此次有补充，另加附记。

鲁迅编选《苏联版画集》

一

伟大的鲁迅，为了让中国人民看到世界上第一个社会主义国家——苏联的革命和建设的新面貌，为了让更多的美术青年掌握木刻这个锐利的武器，他对苏联的木刻、版画独力搜求，独力展出，独力出版，让千千万万要求进步、爱好美术的青年，广开眼界，接触新生事物，从而引导他们走向光明，走向革命。

从《朝花夕拾》的几篇回忆文章中，早就看到童年时代的鲁迅爱看木刻绘图读物《山海经》和《点石斋丛画》之类。鲁迅于1927年从广州到上海定居后，1929年，就同一样爱好收藏木刻版画的革命青年柔石等人"往来了许多日，说得投合起来了，于是另外约定了几个同意的青年，设立朝华社。目的是在绍介东欧和北欧的文学，输入外国的版画，因为我们都以为应该来扶植一点刚健质朴的文艺"。[1]这一年陆续编印了《近代木刻选集》四种，所选都是英、法、德、日的作品。1930年2月编印的第五种，选画对象有了显著的转变，书名《新俄画选》。鲁迅在该书《小引》中说出了他的出版意图："新俄的美术，虽然已经给世界以甚大的影响，但在中国，记述都还很寥寥。"这本画册包括十二幅作品，其中绘画七幅，木刻五幅。木刻中有苏联木刻大师法复尔斯基的作品《莫斯科》，是从日本昇曙梦著《新俄美术大观》里翻印的。他说明这本画集所以多选版画，是因为"当革命时，版画之用最广，虽极匆忙，顷刻能办"。这几句话已足证明鲁迅介绍这些美术作品给中国读者，目的是为了

---

[1]《鲁迅全集》，第4卷，第369页，1958年版。

给中国革命美术青年以斗争的武器,决不是为艺术而艺术的。在中国现代美术史上,这本画集是鲁迅把苏联版画介绍到中国来的第一块里程碑。

从《鲁迅日记》所附历年书账来看,突出地表明1930年花用的书款高于任何一年,而书目中约近半数是从国外购入有关美术和版画方面的名贵画册。鲁迅在搜购各国出版的版画画册并加翻印介绍后,对翻印后的印刷效果当然不会感到满意。于是从1930年开始,委托在法国和德国的朋友分别从彼邦收购原作版画。次年2月,又托在苏联的曹靖华购买毕斯凯来夫为《铁流》所作木刻插图原拓本。鲁迅说:"靖华兄的来信说,这木刻版画的定价颇不小,然而无须付,苏联木刻家多说印画莫妙于中国纸,只要寄些给他就好。"〔1〕以后就通过这种"抛砖引玉"的方法,在鲁迅与苏联著名版画家之间,建立了中苏人民之间的最初的文化交流。鲁迅得到的"意外的收获"中,包括1932年6月收到的三十七幅,1933年8月收到的十七幅和11月收到的五十六幅。据最近发现的致国外友人书信中,鲁迅曾在1934年向赠送木刻作品的苏联版画家克拉甫钦珂、冈察洛夫和亚历克舍夫等五人分别写过三封表示感谢的信。

寄画者排除种种困难,把这些艺术珍品从十月革命的故乡送到鲁迅手中时,他的喜悦之情我们是可以想象的。但是他说:"这些作品在我的手头,又仿佛是一副重担。"他担心:"现在的人生,又无定到不及薙上露,万一相偕湮灭,在我,觉得比失去了生命还可惜。"〔2〕于是他通过两种途径,使这些版画手拓本与广大群众见面。

1933年10月14日,在上海千爱里和日本青年会两处举行了"德俄木刻展览会"。12月2日至3日,又在日本青年会举行了"俄法书籍插画展览会"。在这两次会上,鲁迅把他从"那边"寄来的版画手拓本各展出了四五十幅,法国的都是复制品。他所以要这样做是因为"内容,苏联的难以单独展出,就须请人作陪,这回的法国插图就是陪客"〔3〕。已故木刻家陈烟桥回忆说:"这次展览会的出现是中国接受苏联新艺术最早的

---

〔1〕《鲁迅全集》,第7卷,第673页,1958年版。
〔2〕同上书,第7卷,第674页。
〔3〕《鲁迅书信集》,第456页,人民文学出版社。

一次。"[1]

同时，他从所收藏的苏联版画原作中选了六十幅（实际只有五十九幅），用自己节衣缩食得来的钱，送去日本制版印刷，到1934年4月完成。版权页上书明："三闲书屋据作者手拓原本用珂罗版翻造三百部，内五十部为纪念本不发卖，二百五十部为流通本，每本定价一元五角。"他给郑振铎的信上说："新俄木刻集已印成……此系从东京印来，每本本钱一元二角，并不贵，印工也不坏，但二百五十本恐难以卖完，则折本也必矣。"[2]这本画集就是大家所熟知的《引玉集》。

当时上海的进步文艺界一直处于白色恐怖中，鲁迅更是首当其冲。反动小报屡次造谣说鲁迅拿到了卢布；国民党反动派更把木刻视为一大禁忌。鲁迅给李桦信上说："所以在这里，说起'木刻'，有时即等于'革命'或'反动'，立刻招人疑忌。"[3]给曹靖华信上说，反动派"看到'俄国'两个字就恨恨"。[4]现在木刻版画之前又加上苏联的，更像是一团烧红的火炭，谁也不敢去碰它。但是鲁迅就以希腊神话中的普罗米修斯自居。他说："人往往以神话中的Prometheus比革命者，以为窃火给人，虽遭天帝之虐待不悔，其博大坚忍正相同。……然而，我也愿意于社会上有些用处，看客所见的结果仍是火和光。"[5]当时还有人写文章嘲笑鲁迅印珂罗版木刻画集是私人精印本，属于罕见书之列。鲁迅说："这就是在讥笑这一件事。我还亲自听到过一位青年在'罕见书'边说，写着只印二百五十部，是骗人的，一定印的很多，印多报少，不过想抬高那书价。"[6]

当时我已同鲁迅先生有了多次来往。他知道"良友"自备印刷厂，见到我时曾多次对我说，为什么不想法出些有意义的美术画册呢？这给

---

[1] 陈烟桥：《鲁迅与木刻》，刊于《鲁迅先生纪念集》，第2辑，第8页，1979年，上海书店复印。
[2] 《鲁迅书信集》，第556页。
[3] 同上书，第715页。
[4] 同上书，第312页。
[5] 《鲁迅全集》，第4卷，第170页，1958年版。
[6] 同上书，第4卷，第467页。

我很大的启发和鼓励。当朋友们告诉我《引玉集》已出版时，我就写信去问他。1934年9月1日，鲁迅给我的信上说：

> 来信所说的木刻集，当是《引玉集》，出版之后，因为有一个人要走过公司前面，我便将送先生的一本托他带去交出，直到今天，才知道被他没收了，有些人真是靠不住。现当于下星期一挂号寄上，以免错误。

隔两天，我就收到一件印刷品挂号。从纸匣内抽出的是一本纸面精装的画册。看到黄底封面的上半部，裱糊着一方大红纸，鲁迅在上面用毛笔把所选十一位苏联版画家的英文译名字母，分六行组成一幅别具风格的封面图案，色泽和谐，朴素大方，一看就知道是鲁迅亲自装帧设计的。用木刻形式反映十月革命的星星之火，终于通过鲁迅的辛勤劳动，送到中国革命美术青年手中来了。这本画集是鲁迅介绍苏联版画到中国来的第二块里程碑。

二

1936年初，从南京传来了消息，由苏联对外文化协会（VOKS）组织的规模宏大的苏联版画展览会已在南京展出，即将运来上海。进步文艺界朋友喜出望外，引领翘盼。2月20日，展览会在上海八仙桥青年会九楼东厅开幕了。

鲁迅事前如何参加这次画展活动，过去有不同的说法。有人认为鲁迅为《申报》写介绍画展的文章成于2月17日，发表于2月24日，根据当时展览会先举行预展的习惯，鲁迅有可能是在参观预展后写的。至于谁组织这篇发表在《申报》上的文章，一直是一个谜。1977年《革命文物》第四期发表了在上海新发现的鲁迅致茅盾的七封信，其中有两封是有关苏联版画展览会的，对此提供了重要的线索。

1936年2月14日给茅盾的信中说："关于版画的文章，本想看一看再作，现在如此局促，只好对空策了。发表之处，在27以前出版的期刊（20日），我只知道《海燕》，而是否来得及登载，殊不可知，因为也许现在已经排好。至于日报，那自然来得及，只要不是官办报，我以为哪里都可以的。文稿当于20左右送上，一任先生发落。"2月18日致茅盾函中说："新八股已经做好，奉呈。"这两函所说就是后来发表在《申报》上的那篇文章。再查2月1日的《鲁迅日记》，记有："下午明甫来。得苏联作家原版印木刻画四十五幅，信一纸，又苏联版画展览会目录一本。"明甫即茅盾。可见苏联方面在2月初就把展览会目录和请他写介绍文章的信，通过茅盾送给鲁迅了。同时送给他的还有参加展出的版画家本人送给鲁迅的四十五幅手拓本。

鲁迅认为这次展览会可能对我国青年木刻工作者起到很大影响是早有估计的。他在2月17日给郑野夫的信中说："20日起，上海要开苏联版画展览会，其中木刻不少……于中国木刻家大有益处，我希望先生和朋友们去看看。"[1]原来这次在上海的展出是由官办的中苏文化协会上海分会出面的，所以2月20日《日记》记有："得中苏文化协会信。"这大约是一封由主办机关发出的正式请帖，但鲁迅没有在典礼日出席。

当我知道画展将于上海展出时，引起了我一连串的幻想：如果能取得这次展品的出版权，将是多好啊！如果能请到鲁迅来选画、写序，那将是文艺出版界一件极有意义的大事！木刻，尤其是苏联木刻，一直遭到国民党反动派的仇视，但1936年究竟比前几年有所不同。国民党的"图书杂志审查会"已因发生得罪了日本皇帝的"《新生》事件"而关门大吉。国民党反动政府在全国人民压力下，不得不于1932年底宣布中苏复交。这次画展就是由官办的中苏文化协会出面的，他们也要在这方面装点门面，欺骗群众。这些是出版画集的有利条件。但值得顾虑的事也不少。展览和出书影响不同，前者受时间地点的限制，后者将广泛流传，影响深远。国民党反动政府可以同意展出，不一定就会同意出书。至于苏联方面，像良友图书公司这样一个中型出版社，他们是否会看得上眼，把出版权交给我们呢？此外，鲁迅是否会答应为我们选画作序呢？

我怀着这些问题，赶在20日开幕那天去青年会大楼浏览一下，企图

---

[1]《鲁迅书信集》，第948页。

摸些情况，再作打算。那天我上了九楼东厅，看到约三百件展品，琳琅满目，美不胜收。对于苏联版画，过去只有少数进步文艺刊物偶有介绍，也仅限于木刻。这次从莫斯科直接运来这么一大批艺术珍品，包括木刻、石刻、铜版、胶刻、套色木刻、粉画、水墨画和独幅版画等，这对中国美术青年，真是大开眼界。至于要求对十月革命的苏联有一次初步认识的广大群众来说，这更是空前未有的机会，通过艺术创作，可以形象地接触到一个新的世界。许多观众在描绘集体农庄、大油井、水电站、拖拉机站、熔铁炉、扫盲班等画幅前停住了脚步。更多的观众在列宁、斯大林、高尔基的画像前，在描写十月革命的历史画前，默默地注视着，连呼吸的声音都听得出来。苏联工人阶级在社会主义革命和建设中所取得的伟大成就，吸引着正在黑暗、贫穷、饥饿、内战中挣扎着生活的中国观众。我从观众的反应里，看出把这些版画编印出版，确实是件值得一做的工作。

  第二天，21日，我就去内山书店找鲁迅先生。一见面，我就迫不及待地把我的初步想法都向他谈了，也提出了将来请他选画作序的要求。他听完了我的话后，非常高兴地支持我去做。但是我当时首先想到的是如何取得出版权的问题。知道鲁迅与苏联方面有交情，因此言语之间，我吐露了要他为"良友"去取得出版权的一种幼稚可笑的想法。鲁迅看出了我的心意，便亲切地对我说："出版这样一本画集是一件有益于革命的工作，而革命工作是要自己去争取的啊！"我一时答不出话来，只好连声称是。事后我才体会到这两句话是鲁迅对我最大的教育和鞭策。

  我便在随后的几天里，每天去展览厅找工作人员打听谁是展览会的负责人。待我说明来意后，他们多方推托，不直接答复我。我就天天去和他们磨，缠住不放。23日上午鲁迅偕许广平和海婴来参观时那幕动人情景，我也亲眼目睹了。如今回忆，犹历历在目。

  那一天，原来已有不少观众的展览厅里，忽然看到一群观众向一位刚进门的老年人迅步奔去，围在他的四周，以后紧跟在他背后一起看画。当时我在大厅的一角，开始不知发生了什么事。从远处张望，才发现鲁迅来了。长期渴望亲眼见一见鲁迅的青年，怎么会放过这样一个宝贵的机会呢？我看到一位青年拿出自己的一支自来水笔，连同展览会目录本一起送到鲁迅手里，要求他签名留念，他欣然执笔签了。这一下，大家都学他的样。鲁迅热爱青年，不住地向四周群众点头微笑。我是有机会经常见到鲁迅的，那天看到这样兴奋的场面，不便再去招呼他，打扰他，不久就悄悄地下楼走了。

从《日记》上看，那天除去参观外，鲁迅还"定木刻三枚，共美金二十"。根据许广平回忆："在公展期间的上午去看，并且订购了八幅……这天他非常之兴奋，看完一遍，就在食堂用膳，后又陪同司徒乔先生等再看一次，然后回去。待到展览结束之后，先生总像小孩焦急着买来的玩具到手似的。有一天，史沫特莱女士亲自送来了，而且口头带到的好意，是苏联大使把他订购的八幅连同镶好的镜框全送给他了，一个钱也不要。"[1]最近经我向上海鲁迅纪念馆了解，这几幅画现在都由该馆编目珍藏着，但既不是三枚，也不是八幅，而是七幅，这和《日记》后面书账所列是相符的。

后来，一位负责展出的工作人员告诉我，能够答复我要求的只有当时任中苏文化协会上海分会会长的黎照寰，他是上海交通大学校长。我在获得良友公司经理同意出版这样一本画集后，去交通大学找到了黎照寰。他虽然表示个人赞成出书，但又说展览会是苏联对外文化协会所主持，如此重大的事情他无权答应。他要我直接去苏联驻沪领事馆找那里的负责人，但答应把我的要求代为转达，然后由我自己去商谈。

隔了几天，展览会工作人员来电话，约我第二天上午去苏联领事馆联系。朋友们告诉我，地处上海外白渡桥堍的苏联领事馆附近，经常有国民党特务守望着，对于出入的中国人特别注意。但当我想到鲁迅对我讲过的两句话时，就增加了百倍的勇气。第二天上午，我终于跨入了苏州河畔苏联驻沪领事馆的东大门，一个人胆战心惊地步上石阶，走进了粉刷着青灰色的大楼。我是不会讲俄语的，但还能说几句英语。管门人把我引入一间大客厅。一会儿，从边门走来了一位高个子的苏联人，他热情地接见了我，并且自我介绍，名叫萨拉托夫，负责秘书工作。他似乎事先已知道了我的来意。当我把我们的要求，以及准备请鲁迅选画写

---

[1] 许广平：《关于鲁迅的生活》，第74页，1954年，人民文学出版社。

序等话说完后，他很高兴地同意了。但他提出两个条件：第一，要保证把原作保管好，不得污损，对于制版印刷，要尽量使印刷效果接近原作；第二，定价要便宜些，使一般读者都有能力购买。至于作品的出版权，苏联方面不要求任何报酬，将来对每位作者送些书就可以了。临别时，约定一待展览会结束，他将电话通知我，由我去领事馆领取全部展品。

我怎样和何时把这个好消息告诉鲁迅的，现在已记不起来，但从他给友人的两封信中，可以看出鲁迅已经知道了。3月26日给曹白信中说："苏联的版画确是大观，但其中还未完全，有几个有名的作家，都没有作品。新近听说有书店承印出品，倘使印刷不坏，是于中国有益的。"〔1〕3月30日给寓居苏联的德国艺术评论家保尔·艾丁格信上说："2月中，上海开了一回苏联展览会，其中的作品，有一家书店在复制，出版以后，我想对于中国的青年会有益处的。"〔2〕

我得到萨拉托夫的电话可能在3月底的一天。我第二次去苏联领事馆，心情和上一次完全不同。我满怀信心地上领事馆找到了萨拉托夫同志，他告诉我今天可以把全部展品交我带走。本来良友公司经理已关照我，回来时可以雇一辆出租汽车，但这位秘书不等我开口要叫车，他已派人把一只像小方桌那样大面积、高有三四寸的大木箱扛下楼去。当他送我到门口时，大木箱早已装进了他们自己用的一辆黑色小轿车的后座，让我坐在司机旁边。就这样，一箱凝结着数十位苏联著名艺术家心血的结晶品，不要我签一个字，就让我带走了。

这箱画拿到后，我小心翼翼地把它安放在我自己的编辑室里一张长沙发下面，晚上加了门锁才回家。4月1日，我写信给鲁迅，问他是否把画送去内山书店由他选，因为前一阵，我已从朋友那里听说，最近鲁迅身体不很好。我在信中还提出了请他写序的事。他在2日复信上说：

> 苏联画展，曾去一览，大略尚能记忆，水彩画最平常，酌印数幅已足够。但铜刻、石刻、胶刻（Lino-cut），Monotype各种，中国绍介

---

〔1〕《鲁迅书信集》，第966页。
〔2〕同上书，第968页。

尚少，似应加印若干幅，而 Monotype 至少做一幅三色版。大幅之胶刻极佳，尤不可不印。

至于木刻，最好是多与留存，因为小幅者多，倘书本较大，每页至少可容两幅也。

我可以不写序文了，《申报》上曾载一文，即可转载，此外亦无新意可说。展览会目录上有一篇说明，不著撰人，简而得要，惜郭曼教授译文颇费解，我以为先生可由英文另译，置之卷头，作品排列次序，即可以此文为据。

阅览木刻，书店中人多地窄，殊不便。下星期当赴公司面谈，大约总在下午二点钟左右，日期未能定，届时当先用电话一问耳。

三

当时良友图书公司设在北四川路851号，底层是门市部，后边是印刷厂。编辑部在后部三楼，走上三楼要通过一条露天的狭窄的铁扶梯。我的编辑室只有十多个平方的面积，放着两张写字台，一张长沙发，还有书橱和文件柜之类，已没有多少回旋的余地。向西开的窗子，虽然挂着一幅竹帘，一到下午，初夏的太阳直晒进半屋。

4月7日上午接到电话，听到的是我所熟悉的声音，鲁迅约定当天下午二时来公司选画了。过去鲁迅来"良友"，我们都在楼下会客室见面，这次是他第一次亲临编辑部，我的情绪有些紧张。两点不到，门市部来电话，说鲁迅先生已到了，我连忙下去迎接他上楼。他走完三层铁扶梯，显得气喘吁吁，脸色有些苍白。进屋后，我就请他坐在长沙发上。仅仅寒暄一会儿，还没有吸完一支烟，他就要我把画拿出来。我从他坐着的那张沙发底下，拉出那只大木箱，他站起身来让我把箱盖打开，一大堆精裱的画幅就放在沙发上。这时，他改坐在一把写字椅上，开始静静地从第一幅起轻轻地翻阅，把入选的放在左边，不要的放在右边。慢慢地他的气色好了，这个时候，他似乎进入了另一个精神世界，脸上不时地浮起一阵满意的笑容。我和刚从另屋进来的编辑部其他同事，一起站在他的背后，大家想借此机会，再一次欣赏这批艺术杰作，也想听听鲁迅的宏论。他一边选画，一边和我们谈话，时而点一支烟。他先给我们谈起过去托人在苏联搜集木刻原拓，经历了怎样的艰难；又说到前次去青年会参观，跟随的人多，时间又局促，走马看花，印象不深，现在倒可以安坐着仔细欣赏了。鲁迅对每幅作品都细细玩味，先放近看，然后放远处看，偶尔遇到大幅作品，还叫我们把画拿到门口光线充足的地方让他远远地看。他有时谈笑风生，有时凝神静思，久久地默不作声，有时指出一幅画的优缺点，谦逊地征求旁人的意见。

鲁迅对苏联木刻大师法复尔斯基是非常崇敬而熟悉的。他是由鲁迅介绍到中国来的第一个苏联版画家。这位美术家曾两次赠送鲁迅原作十一幅。那天鲁迅除关照我把他的作品列为第一位之外，又决定了入选十五幅木刻的编排次序。他对为小说《人参》所作插图第二幅特别赞扬，后来我们就把它作为纸面精装本的封面装饰画。（见第182页插图）

他特别喜爱克拉甫钦珂所作三幅描绘第聂伯水电站的木刻。画家用最精细的刀锋刻画了苏联社会主义建设的宏伟图景。现在知道鲁迅在展览会选购的七幅作品中，有两幅是克拉甫钦珂的作品，其中一幅就是《但尼伯尔（第聂伯）水闸》，另一幅是《巴古（库）油田》。4月12日鲁迅给我信中，又要我把《但尼伯尔（第聂伯）水闸之夜》翻摄一张六吋照片，"因须用于一篇文章中，作为插图，来不及等候画集的出版了。"展出品中有他的两幅小品：木刻邮票两枚。这与我们平时所用普通邮票差不多大小。其中一幅以大水坝、高耸云霄的大铁塔与高楼大厦做背景，前面下方是一字长蛇阵的拖拉机，成群的飞机翱翔天空；另一幅刻了一架大型客机，背景里有一大排工厂和多层大厦，远处是克里姆林宫和莫斯科河上的多孔大桥。在这样小的画面上刻出如此丰富多彩、层次分明的复杂景色，木刻家所表现的神妙手腕，确实使每个人看了都会拍案叫绝。鲁迅叫我们拿放大镜给他看，他说，这是以小品形式表现的两幅"巨制"。他担心如果制版技术不能保持原作纤巧的刀触，那就太可惜了。他认为这些地方，我们要拿出较高的制版水平，才算不辜负苏联艺术家同意我们复制出书的好意。

选画时，木刻大部分都收了，因为这可供中国木刻青年多所借鉴。对其他各种版画，几乎每种都收一些，以资参考。鲁迅最关心的 Monotype，后来他译成"独幅版画"，收了三幅，其中两幅指定制彩色版。鲁迅对我们准备印彩色版的八幅画，选得格外仔细，不但从各个版画品种方面着眼，而且考虑到苏联是个多民族国家，对少数民族作家的作品不能忽视，因而选了亚美尼亚和格鲁吉亚作家的两幅乡土风景画。此外，他选《文盲的消灭》和《基洛夫像》作彩色版，今天看来，也是含有深意的。

在选画时，他对文学家的画像和文学名著的成套插图备加赞美，几乎都选了。现在知道他订购的七幅版画中，其中有三幅就是《高尔基像》、《柴霍甫像》和《普希金像》。对于十月革命的历史画和列宁、斯大林的画像一幅都不删。他说，这些画，过去一直无缘同中国广大读者见面，这次既印成画册，就应当让读者尽量多看到一些。为了满足中国人民对世界革命导师的渴望和崇敬，让他们对第一个社会主义国家革命斗争的历史多留下一点形象化的印象，鲁迅想得多么周到啊！

选画时间原来估计不会太长，但选到最后一幅时已近四点半了。太阳从西窗晒满了斗室，屋内气温逐渐上升，看来他老人家已显得非常疲乏。我们立刻把分成几堆的画幅用报纸分别隔开，一起堆到沙发的左边，并请鲁迅重新坐回到沙发的右角。这时，原来在旁看画的同事们都已陆续回到各自的办公室，屋内只剩我与鲁迅两个人。我就替他斟满了茶水，请他再抽一支烟，他便靠在沙发里闭目养神。休息一会儿后，我们谈了些关于青年作家的创作不易得到出版机会的问题，又谈了有关这本版画集编排制版方面应注意的事项。

原来过去出版的各种美术画册，从来不标明原作尺寸。鲁迅对此甚表不满。那天他就要求这本画集出版时，应在每幅作品下端，除署明画题和作者姓名外，并注明原画尺寸。如果和原作一样大小，就标明"原寸"二字。他认为这样做，就使读者看到复制品时能够想象到原作的大小，这也是出版者尊重原作者的一种必要表示。《苏联版画集》就是遵照他的嘱咐这样做的，现在，我看到很多美术画册也都这样做，得到美术工作者的好评。饮水思源，这一点应归功于鲁迅。

苏联木刻家的技术既如此精密细巧，制什么版才能存真呢？鲁迅在《论翻印木刻》一文中曾说过："锌版的翻印也还不够。太细的线，锌版上是容易消失的，即使是粗线，也能因镪水浸蚀的久暂而不同，少浸太粗，久浸就太细，中国还很少制版适得其宜的名工。"因此他印《引玉集》时送日本去印珂罗版，但每制一版，最多只能印三百次。那天，我们对这批名贵的苏联木刻制什么版的问题，尤其像两幅木刻邮票等，交换了意见，但未获结果。当时我提出可否按《引玉集》那样送日本去印制，他答应把东京那家印刷厂介绍给我们。同时我们也考虑到原作系向苏联方面借来，远道寄递，如有差错，那就非同小可了。关于苏联方面提出定价务求低廉这一点，鲁迅认为极重要，应尽量使画集能为一般读者买得起。在书价问题上，他要我向"良友"经理力争。他又建议不妨出两种版本，后来我们就是这样做的。

我又谈到今后出版其他版画集的一些设想。最后我向他提出可否为画集另写一篇序言，他听了我的要求后，微笑地点头答应了。这使我感激万分，这一天，我的两个愿望都实现了。

等到把有关事项都向我交代清楚后，时间早已过了五点，迅速西沉的太阳，使屋内光线逐渐变色。他站起身来伸了一下腰，频频地用手帕拭去额上的汗水。忽然间，他接连咳嗽起来，我才发觉这一个下午把他老人家累坏了。我恳切地要他休息一下再回去，他不等我说完，已拿起放在桌上的呢帽，一下就跨出了房门。我跟在他后面缓步走下铁扶梯时，从背后看出同上次见面时相比，他已苍老多了。在大门口握别后，他匆匆地往北走去，我久久地站在门口，在暮色苍茫中，望着他的背影渐渐隐没入人群中。独自回到三楼编辑室时，只看到空荡荡的长沙发上堆着已经选好的画稿，地下丢满了烟蒂。想到鲁迅最近身体欠佳，为了介绍十月革命的辉煌事迹，为了让木刻青年多所借鉴，仍然满腔热情地花了整个下午抱病来选画，这种为革命文化事业鞠躬尽瘁的崇高精神，使我长久地平静不下来。这天下午留给我的深刻印象是我终身难忘的，因为这不仅是鲁迅最后一次来"良友"，也是我和他的最后一次见面。此后不久，他就病倒了。

鲁迅回去后第二天，4月8日立刻给我一封信，告诉我印《引玉集》的东京印刷厂地址。接着说：

> 就是印《引玉集》那样的大小，二百页左右，成本总要将近四

  元，所以"价廉物美"，在实际上是办不到的，除非出版者是慈善家，或者是一个呆子。

  回寓后看到了最近的《美术生活》，内有这回展览的木刻四幅，觉得也还不坏，颇细的线，并不模糊，如果用这种版印，我想，每本是可以不到二元的。

  我的意思，是以为不如先生拿这《美术生活》去和那秘书商量一下，说明中国的最好的印刷只能如此，而定价却可较廉，否则，学生们就买不起了。于是取一最后的决定，这似乎比较的妥当。

  如果印起来，我看是连作者的姓名和题目，有些都得改译的。例如《熊之生长》不像儿童书，却像科学书，《郭尔基》在中国久已姓"高"，不必另姓之类。但这可到那时再说。

  这里可以看到鲁迅回寓以后，为制什么版的问题，替我们费尽心机；考虑到那位秘书提出售价要低廉，他建议我再去找秘书谈一次；关于画题译名问题是他事后想到的，也提醒我们注意。

  不久，我们找到了一家制版所，他们能用制锌版的方法，改用三氯化铁代替镪水浸蚀在厚铜版上，既有深度，又能保持极细的线条，名曰铜锌版。试制几幅后，效果甚佳，两幅邮票做得非常逼真。于是我寄了几幅样张给鲁迅看看。4月17日复信说：

  所做的铜锌版，成绩并不坏。不过印起来，总还要比样张差一点，而且和印工的手段，大有关系：这一点是必须注意的。

  照《引玉集》大小，原画很大的就不免缩得太小，但要售价廉，另外也别无善法。《引玉集》的缺点，是纸张太厚，而钉用铁丝，我希望这回不用这钉法。

  制版技术问题解决后，接着彩色版样张也出来了。我又去请蔡元培老先生为这本画集写了一段题词，用手迹制版，放在书前，这是得到鲁迅赞许的。这段题词也是宝贵的文献，抄录如下：

  木刻画在雕刻与图画之间，托始于书籍之插图与封面，中外所同。惟欧洲木刻于附丽书籍外，渐成独立艺术，因有发抒个性寄托理想之作用，且推演而为铜刻、石刻以及粉画、墨画之类，而以版画之名包举之，如苏联版画展览会是矣。鲁迅先生于兹会展览品中精选百余帧，由良友公司印行，足以见版画进步之一斑，意至善也。

展览会目录上那篇英文的介绍说明，我遵照鲁迅的意见，试译一遍，请鲁迅过目后，也已打了清样。这时，万事俱备，只欠东风，我们但等鲁迅答应写的新序了。5月23日，我写了信给他，他当天复我如下：

> 发热已近十日，不能外出，今日医生始调查热型，那么，可见连什么病也还未能断定。何时能好，此刻更无从说起了。
>
> 版画如不久印成，那么，在做序之前，只好送给书店，再转给我看一看。假使那时我还能写字，序也还是做的。

现在查阅当时的《日记》，鲁迅连续几夜都有低温。五天后的28日，记有："得赵家璧信并复制苏联木刻。"我现在回忆，那是我已把印刷完成的图版部分用散装形式送给了鲁迅，说是供他写序时作参考，实际上是向他暗示，书版已全部印成，只要序文一到，即可出书了。再查《日记》，29日请须藤医生来注射强心剂一针；31日记有："下午史君引邓医生来诊，言甚危，明甫译语。"这一天就是美国友人史沫特莱女士请了美国医师邓肯来会诊，断定鲁迅所患已是肺病进入最后危险期的那一天。今天回想，当时我对鲁迅的病情真是一无所知啊！我真不该在那样的时刻，还为了写序的事去催逼他。

6月24日，我收到许广平寄我的一封简信，内附鲁迅为画集新写的四段序文。先看笔迹是许广平的，读到最后，才知道是鲁迅病中口述，由许广平在病榻旁逐字记下的。鲁迅指定仍把发表在《申报》上的文章放在前面，后面加上这新写的几节。新序中说：

> 右一篇，是本年2月间，苏联展览会在上海开会的时候，我写来登在《申报》上面的。这展览会对于中国给了不少的益处；我以

为因此由幻想而入于脚踏实地的写实主义的大约会有许多人。良友图书公司要印一本画集,我听了非常高兴,所以当赵家璧先生希望我参加选择和写作序文的时候,我都毫不思索地答应了:这是我所愿意做,也应该做的。

参加选择绘画,尤其是版画,我是践了夙诺的,但后来却生了病,缠绵月余,什么事情也不能做了,写序之期早到,我却连拿一张纸的力量也没有。停印等我,势所不能,只好仍取旧文,印在前面,聊以塞责。不过我自信其中之所说也还可以略供参考,要请读者见恕的是我竟偏在这时候生病,不能写出一点新东西来。

这一个月来,每天发热,发热中也有时记起了版画。我觉得这些作者,没有一个是潇洒、飘逸、伶俐、玲珑的。他们个个如广大黑土的化身,有时简直显得笨重,自十月革命以后,开山的大师就忍饥、斗寒,以一个廓大镜和几把刀,不屈不挠的开拓了这一部门的艺术。这回虽然已是复制了,但大略尚存,我们可以看见,有哪一幅不坚实、不恳切,或者是有取巧、弄乖的意思的呢?

我希望这集子的出世,对于中国的读者有好影响,不但可见苏联艺术的成绩而已。

我们从这几段充满着激情的文章中,深深地感受到作者那颗热爱十月革命、热爱真理、热爱艺术的窃火者的心灵,纵使暂时受到疾病的折磨,还是像太阳一样发放着光和热,至今读来,仍然照暖着每个读者的心。查6月份的《日记》,1日至5日病势沉重,6日起到30日止,因"日渐萎顿,终至艰于起坐,遂不复记"。在连每日必写的日记都停笔的大病之中,仍念念不忘于这批苏联版画,接我信后,还于23日扶病口授序文,赶在出书前如约寄出,虽寥寥数百字,真是字字呕心沥血。

四

7月4日,几经周折的《苏联版画集》终于出版了。我知道鲁迅急于要看到样书,所以当装订厂送来第一批十册样书时,立刻把半数送去内

山书店。那天《日记》上记有:"良友公司赠特装本《苏联版画集》五册。"两天后,又送去了十八本。7日给我的复信上说:

> 在中国现在的出版界情形之下,我以为印刷、装订,都要算优秀的。但书面的金碧辉煌,总不脱"良友式"。不过这也不坏。至于定价,却算低廉,但尚非艺术学徒购买力之所能企及,如果能够多销,那是我的推断错误的。

本来,有关本业的东西,是无论怎样节衣缩食也应该购买的,试看绿林强盗,怎样不惜钱财以买盒子炮,就可知道。然而文艺界中人却好像并无此种风气,所以出书真难。

刊在《良友画报》封底的广告

这封信仍然是许广平的手迹，用钢笔写，信末看到用毛笔写的鲁迅的签署；可见他体弱，仍不能执笔，还是由他逐字口授，许广平代笔的。但从这封来信中，可以想象到当他拿到自己劳动的成果，看到他所大力支持的一个出版计划终告实现时，他老人家该是多么高兴啊！

特装本《苏联版画集》书影

这封信对我既有表扬，又有批评。鲁迅对封面装帧极为重视。他自己设计的《引玉集》、《凯绥·珂勒惠支版画集》和《海上述林》等的封面，都具有独特的风格。"良友"出版的这本画集，精装本封面用的是闪色蓝黑小花点丝绸，书脊用金色绉纹纸，上印朱红书名，确实不免落于庸俗。鲁迅用"良友式"三字，不仅指这本画集而言，也是对当时"良友"出版的文艺读物和画册的装帧设计的总评语。但接着他又抚慰地说："不过这也不坏。"这种温厚长者对青年编辑的爱护和鼓励，至今回忆，还是使我衔感无已。

但在另一方面，他对当时那种粗制滥造、投机取巧的书商，却表示了无比的愤慨。苏联版画展览会结束后，有一家书店编印了一本名为《庶联的版画》的画册，把刊物上发表的各种苏联版画，重加翻印，集成一册，弄得面目全非，他看到后大为震怒。他在8月2日写给曹白的信上说："最可恶的是一本《庶联的版画》，它把我的一篇文章，改换题目，作为序文，而内容和印刷之糟，是只足表示'我们这里竟有人将苏联的艺术糟蹋到这么一个程度'。"[1]看到他在"版画"二字之下加上两个问号，说明他对盗印者的深恶痛绝。他的爱憎是多么分明！

此后有一个极短时期，鲁迅的健康似乎逐渐得到了恢复。8月8日起，又为其他书稿出版的事继续和我通信。他对于画集出版后国内外读

---

[1]《鲁迅书信集》，第1017页。

者的反应非常关心。9月初,他自认为病情好转了,对介绍苏联版画又有了雄心壮志。9月7日给保尔·艾丁格的信中说:"我极希望你有关于中国印的《Sovietic Graphics》(即《苏联版画集》的英译名)的批评,倘印出,可否寄我一份,我想找人译出来,给中国的青年看。不过,这一本书的材料,是全从今年在上海所开的'苏联版画展览会'里取来的。在这会里,我找 Deineka 的版画,竟一幅也没有。我很想将从最初到现在的苏联木刻家们的代表作集成一册,绍介给中国,但没有这力量。"[1]这说明鲁迅对介绍苏联版画工作还抱有一个更为宏大的理想,试图从苏联版画发展史的角度,通过介绍所有重要作家的代表作品,系统地编一部完整的大画集。可惜这个伟大的出版计划,不是因为他没有力量,而是他没有时间来完成了。而且,即使他早已用他自己所收藏的另外六十幅苏联原作编成的另一本画集,连书名也已取好为《拈花集》,也没有来得及问世。一个多月后,死神把鲁迅的生命夺走了。

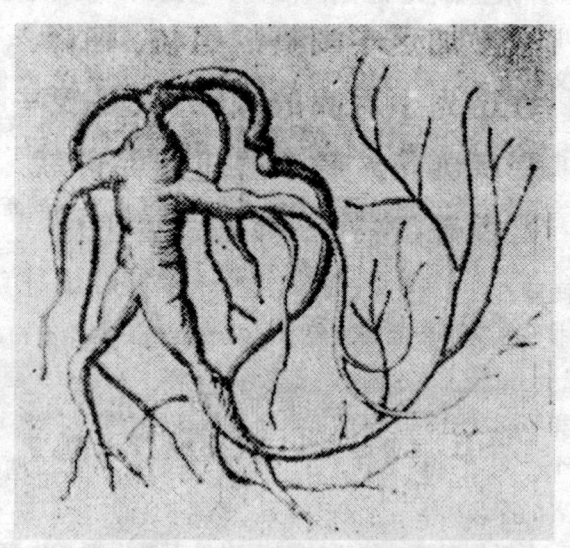

《苏联版画集》纸面精装本上用的装饰图案——
法复尔斯基作:《人参》,曾得到鲁迅好评

---

[1]《鲁迅书信集》,第1034页。

当我在 10 月 19 日上午得到靳以的电话通知，赶去大陆新邨九号，走上二楼鲁迅的卧室兼工作室，站在床前瞻仰遗容时，最先浮现在我脑海里的还是半年前他抱病来"良友"选画那天的感人情景。如今，鲁迅和我们永别了！鲁迅平时接见我都在内山书店。这是我第一次到他的家，也是最后一次了。

　　那一天，我记得在卧室靠右窗口的一只堆满书报药物的镜台上面，看到过一幅我所熟悉的外国木刻画，几十年来，这个印象早已淡忘了。这次重读许广平所写题为《我怕》的纪念文，这是她在鲁迅逝世后几天，回到旧居，睹物思人，含泪写成的一篇动人心弦的悼文，以后没有编进过任何集子。她在文章中提到这幅画时说："藤躺椅左方镜台，那安放好他新收到的书报杂志的一角，是准备随手取阅方便的，也安放着他最后服用的药品食物。还有他喜欢的《夏娃》木刻画，和苏联木刻展览会闭幕后苏联大使送的那一张木刻画像。这张画，本来是他选购的，后来作为赠品托史沫特莱女士带来的时候，史女士问他为什么选这一张？他说：'这一张代表一种新的，以前没有过的女性姿态；同时刻者的刀触，全黑或全白，也是大胆的独创。'"〔1〕足见鲁迅对苏联的木刻怀有深厚的感情，因而把它作为案头装饰，朝夕与共。这幅放在镜台上的画，至今珍藏在鲁迅故居中，画名《拜拜诺娃像》，是毕柯夫所作（见书前插图）。

　　《苏联版画集》的出版，同《新俄画选》和《引玉集》一样，对中国革命美术活动，特别是对青年木刻和版画工作者，曾经起过很大的影响。回顾四十多年前，我有幸参加这本画集的组稿、翻译、编辑和出版工作，亲聆鲁迅先生对我的教诲，这是我毕生难忘的。如果把《苏联版画集》称为鲁迅介绍苏联版画到中国来的第三块里程碑，也许不算是过誉吧！

1981.3

原刊于《南开大学月报》，1978 年第 3 期。修订后曾收入《编辑生涯忆鲁迅》。

---

〔1〕《鲁迅先生纪念集》，第 4 辑，第 67 页，1979 年，上海书店复印。

关于曹靖华编译的《苏联作家七人集》

鲁迅一生所写书信，约计三千余封，收入最新《鲁迅全集·书信》的，共计一千三百三十三封。他最后一封信是在逝世前二天写给曹靖华的。信中提到："兄之小说集已在排印，20以前可校了。但书名尚未得佳者。"这里所说，就是由鲁迅推荐给良友图书公司出版的《苏联作家七人集》。译者在序文中说："《七人集》合集的编定和校样，都是先生亲自作的，这可以说是先生最后编校的一部书，我只是供给了两部稿件的材料而已。"

一

1924年12月，鲁迅在北京创立未名社时，曹靖华是五位青年社员之一。在《未名丛刊》中，曹靖华翻译出版了四种苏联小说。其中有《烟袋》一书，引起过不少风波，经历了重重磨难，最后与《第四十一》，合编成《苏联作家七人集》。现在先从《烟袋》说起。

1925年大革命时，曹靖华在国民革命第二军顾问团工作，认识了由第三国际派来的俄罗斯人华西里耶夫，中文名王希礼。一个爱好俄罗斯和苏联文学，一个爱好中国文学，很快结成朋友。在互相交流、互相馈赠中，曹靖华把鲁迅的《呐喊》送给王希礼，以后他就把它译成俄文；王希礼把一本包括十三个短篇的小说集《十三个烟斗》送给曹靖华。[1] 每篇内容都与烟斗有关，但只有爱伦堡的《共产党员的烟斗》曹靖华认为写得最好。他把它连同其他十个苏联短篇编成一集，书名即用爱伦堡小说的篇名。由于北方人称烟斗为烟袋，书名便译为《共产党员的烟袋》，

---

[1] 曹靖华：《译海细浪——有关爱伦堡的译名问题》，《书林》，1980年第5期。

1928年初交给未名社出版。

　　当时,正值蒋介石在上海发动"四·一二"反革命事变后不久,在北平的北洋军阀还拥有一股不小的力量,对进步书店进步人士,虎视眈眈,随时准备下手。李霁野等对身边形势估计不足,他把这部小说集寄给住在上海的鲁迅。鲁迅审阅了这部译稿后,1928年2月26日复信给李霁野,肯定了这部小说集的内容,但对第一篇《共产党员的烟袋》,凭他历年对反动派斗争的经验,觉察到:"第一篇内有几个名词似有碍。不知在京印无妨否?倘改去,又失了精神。倘你以为能付印(因我不明那边的情形),望即来函,到后当即将稿寄回。否则在此印,而仍说未名社出版(文艺书籍,本来不必如此,但中国又作别论),以一部分寄京发卖。如此,则此地既无法干涉,而倘京中有麻烦,也可以推说别人冒名,本社并不知道。"〔1〕这种为未名社细心考虑的方法,既说明鲁迅善于对敌作战,也看出鲁迅对当时北方密云未雨之局,早有警惕。李霁野等为了"不以出版印刷的琐细事务去浪费先生的时间和精力,我们决定仍在北京印行,为不辜负先生的苦心,我们把书名只简单用了《烟袋》两个字"〔2〕。不料两个月后,未名社被山东督军张宗昌的一个电报,下令查封,有几个人几乎丧生。未名社结束后,在一次事件中,这本《烟袋》混在一堆存书中,还被指为"罪证"之一。未名社的存书,后来全部出盘给另一书店。鲁迅说:"出盘之后,靖华译的两种小说都积在台静农家,又和'新式炸弹'一同被没收,后来虽然证明了这'新式炸弹'其实是制造化妆品的机器,书籍却仍然不发还,于是这两种新书,遂成为天地间之珍本。"〔3〕

　　这里所说的另一种是《第四十一》,书内包括拉甫列涅夫的两个中篇:《第四十一》和《平常东西的故事》,都是20年代末二年,译者在莫斯科中央出版局(后改名外国文书籍出版局)汉语部工作时翻译出版的。同时还有《星花》,作者也是拉甫列涅夫,1933年鲁迅为《良友文学

---

〔1〕《鲁迅书信集》,第181页,人民文学出版社。
〔2〕李霁野:《鲁迅先生与未名社》之一,《鲁迅回忆录·一集》,第135页,上海文艺出版社版,1978年。
〔3〕《鲁迅全集》,第6卷,第447页,1958年。

丛书》编《竖琴》时把它收入了。

1933年冬，曹靖华已自苏联回国，在北平教书，他把《烟袋》和《第四十一》由友人Y君介绍送给上海某书局，还把书后的作者介绍，根据新材料重行增删。但稿子寄去后，译者说"下文就是：不出版，不退回，写信不答复，托人就近询问也不理。好像绑票似的，这两本集子就这样的被绑了两年多。直到"这家书店关门之后，"还不肯把票子放回来"。[1]现查鲁迅1934年6月29日给曹靖华的一封信中，谈到向某书局索稿"仍无回信。真是可恶之至"[2]后，是年12月28日，又在一封信中说道："至于书，兄尽可编起来，将来我到'良友'这些地方去问问看。"[3]可见译者在未收回两本译稿前，已准备把原书合编成一部，征求鲁迅的意见时，鲁迅就想到了向良友公司去试试。

至于这两部书稿何人何时从某书局去拿回来的，也有一段故事。1935年6月18日瞿秋白被害后，鲁迅准备为这位牺牲的战友自编纪念文集《海上述林》，但瞿秋白有两部文稿已向这个书局预支过版税。此事鲁迅托黄源去办，黄源想用付现款赎回的办法，鲁迅于8月16日给黄源信上说："付钱办法，极好，还有两部，是靖华的翻译小说，希取出，此两部并未预支稿费，只要给一回收稿子的收条，就好了。"[4]这就是《烟袋》和《第四十一》。从黄源的《鲁迅书简漫忆》中看，这两部书稿似乎是同瞿稿"一起取回的"，[5]事实并非如此。《鲁迅日记》8月12日记有："河清来交望道信及瞿君译作稿二种，……还以泉二百。"8月16日鲁迅告诉黄源还有曹靖华的两部。而直到1936年4月1日，才写信给曹靖华说："兄……的两种稿子，前几天拿回来了，我想找一出版的机会。假如有书店出版，则除掉换一篇（这是兄先前函知我的）外，再换一个书名，例如有一本便改易书名，称为：'不平常的故事'。否则，就自己设法来印，合成一本。到那时当再函商。"屈指计算，这两部文稿确实被耽

---

〔1〕《苏联作家七人集》译者序。
〔2〕《鲁迅书信集》，第591页。
〔3〕同上书，第709页。
〔4〕同上书，第860页。
〔5〕《鲁迅书简漫忆》，第76页，第80页，《西湖》文艺编辑部，1979年。

搁了三个寒暑。据曹靖华的回忆，他曾向鲁迅说明，稿子讨回后，如无可能出版，可暂存上海；如有机会出版时，为"出版方便"起见，不妨将原书次序掉换，也可以另换新名。〔1〕

二

1936年6月，鲁迅在大病之中，连数十年来每天必写的日记，也从5日后停记了。30日补记时，写着这样几句话："其间一时颇虞奄忽，但竟渐愈，稍能坐立诵读，至今可略作数十字矣。"7月1日起，又重新每天写几行。6日记有："晚得赵家璧信并《苏联版画集》十八本，夜复。"这封复信，因病体虚弱，不能握笔，鲁迅口授，由许广平用钢笔代书，鲁迅亲笔签署。我的信中，除了谈到由鲁迅亲自选编的《苏联版画集》出版情况外，同时告诉他，我们新编印一种篇幅较大的《良友文学丛书特大本》，准备把《竖琴》和《一天的工作》合成一厚册编入，书名《苏联作家二十人集》，征求他的同意。这个建议，触动了他数年来一直要为曹译两部译稿找到出版机会的夙愿；而且两年前，他早已在给曹靖华的信中表示过，"到'良友'这些地方去问问看"。于是虽然缠绵病榻，又为老朋友的书热心起来了。在信末他口授了两条意见：

《竖琴》和《一天的工作》可以如来信所示，合为一本，新的书名很好。序文也可以合为一篇。

靖华译过两部短篇，一名《烟袋》，一名《第四十一》，前者好像是禁过的，后者未禁，我想：其实也可以将《烟袋》改名，两者合成一本，不知良友愿印否？倘愿，俟我病好后，当代接洽，并为编订也。

一个月后，硬布面精装特大本的《苏联作家二十人集》出版了，我送去了十册样本，附去的信上，表示愿意接受曹靖华的译稿。鲁迅于接

---

〔1〕《苏联作家七人集》译者序。

信次日(8月7日),立即亲笔复我一函,高兴地谈了许多出版方面的具体办法:

> 靖华译的小说两本,今寄上。良友如印,我有一点意见以备参考:即可名为《苏联作家七人集》。
>
> 上卷为《烟斗》(此原名《烟袋》,已被禁,其实这是北方话,南方并不如此说,现在正可将题目及文中名词改过),删去最末一篇《玛丽亚》(这是译者的意思,本有另一篇换入,但今天找了通,找不到,只好作罢),作者六人。照相可合为二面,每面三人,品字式。
>
> 下卷印《41》,照相一个。
>
> 大约如此办法,译者该没有什么反对的。
>
> 我的病又好一点,医师嘱我夏间最好离开上海,所以我不久要走也说不定。

译者主动删去的一篇是涅维洛夫的《女布尔希维克——玛丽亚》,这个短篇写一个素受丈夫压迫的农村妇女,经过十月革命的洗礼,终于转变为被群众推选当上苏维埃委员的女布尔希维克,和丈夫分了手,走上了自己独立的道路。我把全稿读了一遍,发觉爱伦堡的《共产党员的烟斗》不但篇名太惹眼,情节也易引起反动当局的口舌,因为故事写法国大革命时期,在巴黎公社失败后,一对贵族夫妇,把一个一直跟着父亲在战壕里生活而被俘获的四岁孤儿,当作游戏的枪靶子,残酷地打死。他的父亲是在保卫公社的战斗中牺牲的工人,而这个嘴里噙着用黏土做的小烟斗吹肥皂泡玩的小孩,当敌人抓住他审问时,他英勇地回答说:"我是一个真正的共产党!"这篇出于名小说家爱伦堡之手的短篇,早被

《苏联作家七人集》书影

译者在1928年所赏识，确实是一篇充满革命激情的短篇杰作。但是这样一篇完整的小说，如果改动几个名词，"又失去了精神"；留在集中，影响整个小说集的命运是颇有可能的。为了求得全书早日与读者重新见面，我坦率地向鲁迅提出了我的看法。至于书名，我们提出另立一个新的。8月20日，我收到鲁迅的复信，信上说：

> 对于曹译小说的两条，我以为是都不成问题的，现在即可由我负责决定：一、暂抽去《烟袋》；二、另立一新名。
>
> 因为他在旅行，我不知道其地址，一时无从探问，待到去信转辗递到，他寄回信来，我又不在上海了，这样就可以拖半年。所以还是由我决定了好。我想他不至于因此见怪的。
>
> 但我想：新名可以用漂亮点的，《两个朋友》、《犯人》之类，实在太平凡。
>
> 我想月底定，10月初回来。

鲁迅对两个具体问题立即代为决定，目的是求书快出。书的出版周期是作译者最关心的事，编辑决定用稿后，第一件任务就是要出版印刷部门迅速动手，谁愿意一本书被搁上一年半载，渺无音讯呢？鲁迅最理解编辑的这种争分夺秒早日出书的心情，所以有关出版方面的信不是当晚即复，便是次日复，校样从不拖拉。

在这两封信中鲁迅都提到自己的病已有好转，并计划易地疗养。实际上他虽然已能动笔写信，处理日常事务，但病体仅仅略见缓解，而对友人作品，内容如何安排，插图怎样编列，取个怎样书名等出版编辑工作的细节，都替我们想到了。现在特别令人怀念和惋惜的是：当时美国邓肯医师发现他已患后期肺结核，劝他必须立即去外地疗养；他在7日信中，仅说："所以我不久要走也说不定"；18日信中，好像已预计到立即要出门，最后一句话，对来回的日期都已作了估计；可惜此后仍然未能离开上海。所谓8月底走10月初回来的计划，已不是去苏联，而是去日本或国内海滨山上之类的短期旅行。即使如此，到9月初写给他在北平老母的信中说："大约因为年纪大了，一直医了三个月，还没有能够停药，因此也未能离开医生，所以今年不能到别处去休养了。"[1]如果当时能够早些离开上海这个地方，他的生命至少能从死神手里夺回几年、几十年，让他活着看到中国人民获得大解放。不料就是这个当时还无法根治的病，终于把他拖垮了。而在生命的最后两个月中，他始终念念不忘于老朋友的这部译作的出版问题。

8月27日，鲁迅把"良友"接受出版的事正式通知译者。信中说："良友公司愿如《二十人集》例，合印兄译之两本短篇小说，但要立一新名，并删去《烟袋》。我想，与其收着，不如流传，所以已擅自答应他们，开始排字。此事意在牺牲一篇，而使别的多数能够通行，损小而益多，想兄当不责其专断。书名我拟为《七人集》，他们不愿，故尚未定。"[2]曹靖华对"良友"的接受此稿，在他事后写的译者序文中，作了如下的回忆："在这样的环境里，在这《性典》之类的东西充斥了中国书市的今日，多年来遭遇了无限灾难的《第四十一》和《烟袋》，居然能重行出世，这正是求之不得的事。在欢快之余，当即检出四篇短稿，寄去加入，同时也想将在沪、平已经翻成几种拉丁化本子，而汉文本却很难得的《不走正路的安得伦》也加入，并请（鲁迅先生）在出版时写点小引。"鲁迅对译者提出增加四篇并无异议，但对于涅维洛夫的《不走正路的安得伦》持有不同的看法。他在9月7日复曹的信上说："至于《安得伦》，则我以为即使来得及，也不如暂单行，以便读者购买。而且大书局是怕这本书的，最初印出时，书店的玻璃窗内就不肯给我们陈列，他们怕的是图画和'不走正路'四个字。"[3]鲁迅的政治警觉性是很高的，他主张"壕堑战"，反对赤膊上阵，作不必要的牺牲，而是用机动灵活的战斗策略，向敌人作从容不迫的斗争。对良友公司这样的出版阵地，哪些文章可以登，哪些文章最好不登，他事先早给我们考虑到了。鲁迅既已征得译者同意，事情已经大定，9月5日给我的信，根本不提《安得伦》的事。他说：

---

[1]《鲁迅书信集》，第1031页。
[2] 同上书，第1023页。
[3] 同上书，第1033页。

　　　　顷接靖华信,已同意于我与先生所定之印他译作办法。并补寄译稿四篇(共不到一万字),希望加入。稿系涅维洛夫的三篇,左琴科的一篇,《烟袋》内原有他们之作,只要换次加入便好。但不知已否付排,尚来得及否?希即见示,以便办理。
　　　　他函中要我做一点小引,如出版者不反对,我是只得做一点的,此层亦希示及;但倘做起来,也当在全书排成之后了。

　　发出此信的同一天,他写了一篇题名为《死》的杂文,总结了一生斗争的经验,立下七条遗嘱,他已经意识到自己的健康大不如前了。9月7日我又寄他一信催问补稿,9日复我。现在回忆,曹靖华把补稿寄沪后,鲁迅又在病中校读一遍。复信说:

　　　　译稿四篇,今送上。末校我想只要我替他看一看就好,因为学校已开课,他所教的是新项目,一定忙于预备。
　　　　书名我们一个也没有,不知篇名有比较的漂亮者否?请先生拟定示知。

　　自己重病在身,还考虑到朋友开了新课,忙于准备,要我们把末校清样送他代校。这种处处想到别人,独独不想到自己的忘我胸怀,令人肃然起敬。这么个善良的心愿,可惜他已来不及完成了。
　　排字房工作繁忙,清样未能如约送出。10月12日,鲁迅等得着急了,也许他要在生前为朋友完成这件事,正如他病中写过的一篇文章中所说:"从去年起,每当病后休养,躺在藤椅上,每不免想到体力恢复后应该动手的事情:做什么文章,翻译或印行什么书籍。想定之后,就结束道:就是这样罢——但要赶快做。"[1]因此又写信(见书前插图)催问我:

　　　　靖华所译小说,曾记先生前函,谓须乘暑中排完,但今中秋已

---

〔1〕 见《死》,《鲁迅全集》,第6卷,第495页,1958年。

过,尚无校稿见示。不知公司是否确已付排,或是否确欲出版,希便中示及为荷。

这最后一句话,带有质问的意味,老人家对我有些生气了;在所有给我的近五十封来信中,这样的话是极为少见的。我立刻去排字房催促,15日写信给他,除了表示歉意外,保证五天内送去。因此他在17日给曹靖华的最后一封信中,在告慰老友"此病虽纠缠,但在我之年龄,已不危险,终当有痊可之一日,请勿念为要"后,接着就把我保证20日送校的话转告了译者:"兄之小说集,已在排印,20以前可校了,但书名尚未得佳者。"[1]不幸此信发出后的第二天早晨,鲁迅先生遽然长逝了。曹靖华在北平收到此信已是20日。他回忆说:"这信是在先生逝世后第二天才收到的。此情此景,真不忍回想!先生真挚的火热的心,刻刻的在顾念着友人,刻刻的在顾念着中国新文化的生长,刻刻的在给中国青年大众推荐最滋养的精神上的生命素,刻刻的在创作、翻译、校印'不欺骗人的书'……。"[2]

三

鲁迅逝世后,大约一个星期光景,我接到许广平寄我一信,寥寥数语,告诉我,附件是鲁迅生前为曹译小说集写成的序文,没有时间及早寄出,所以迟到今天才寄,希望我快把此书印出,因为这是鲁迅最后几天所经常惦念着的一件事。我读完序文原稿,不禁凄然泪下。末行署着"1936年10月16日鲁迅于上海且介亭之东南角"。这一天是我去信告诉他20日可送校样的次日;同一天,鲁迅又写一封信给曹靖华。现在从最后一页日记上看,这是鲁迅一生所写的最后一封信,[3]也是他一生所写最后完成的一篇文章。[4]

---

[1] 《鲁迅书信集》,第1056页。
[2] 《苏联作家七人集》,译者序。
[3] 鲁迅的最后绝笔是18日写给内山的一张便条,《日记》未记。
[4] 鲁迅17日续作《因太炎先生而想起的二三事》,未完稿,《日记》未记。

序文共分五节，开始讽刺了当时盛行的一股抢译风，称"曹靖华是一声不响，不断地翻译着的一个"。在略叙两书所遭"无妄之灾，而且遭得颇可笑"以后，第四段就说："但现在居然已经得到出版的机会，闲话休提是当然的。"言归正传中，交代了内容与旧版本不同之处，也谈了介绍这几篇苏联小说的意义。最后一节，抒发了他完成这最后一件工作后的愉快心情。文章说：

> 靖华不厌弃我，希望在出版之际，写几句序言，而我久生大病，体力衰弱，不能为文，以上云云，几同塞责。然而靖华之译文，岂真有待于序，此后亦如先前，将默默的有益于中国的读者，是无疑的。倒是我得以乘机打草，是一幸事，亦一快事也。

想到鲁迅介绍给良友公司出版的这最后一部书，由于我们排字拖延，推迟了出版期，没有能够在他生前把样书送到病榻上，让他亲自看到，这已成为我一生追悔莫及的遗憾了。序文发排后，11月中旬赶印出版，那时，鲁迅先生已离开我们一个多月了。曹靖华在译者序中说："倘若先生在世，看到它的出版，一定愉快的同自己的书出版一样的。……但不幸得很，现在《七人集》却做了先生灵前的祭礼！"

鲁迅逝世后，我们和译者共同主张，为了纪念为这本书呕尽最后一滴血的鲁迅先生，书名遵照鲁迅最早亲定的《苏联作家七人集》，不再另立什么新名了。次年5月，我们又出版了《第四十一》的特印插图本，这也是鲁迅生前设想过的。

鲁迅和曹靖华是当年并肩作战的战友，他们从20年代开始，一直把介绍苏联文学看做是一件庄严的革命任务，共同为身处黑暗、追求光明的广大中国青年读者，提供大量的精神食粮。鲁迅的《苏联作家二十人集》和曹靖华的《苏联作家七人集》早已成为天然的姊妹篇了。

1981.4

原刊于《新文学史料》1981年第3期；曾编入《编辑生涯忆鲁迅》。现将副题改为正题。

徐志摩和《志摩全集》

——纪念诗人逝世五十周年

只活了三十六岁的诗人徐志摩,在 1931 年 11 月 19 日,因飞机失事,不幸罹难,迄今已是整整半个世纪了。党的拨乱反正精神贯彻以来,"双百"方针真正得到落实,文艺界的明媚春光照耀着我国大地。十年、二十年和三十年来,被靠边、被错划和被冤屈的作家,一个个获得了新生,重新拿起了笔,又回到我们这支队伍里来。另外一些早已不在人世而素来没有得到正确对待的作家,这两年来,也有幸被用历史唯物主义这个科学的武器,对他们进行一分为二的分析,因而开始得到实事求是的评价,这是一个非常可喜的现象。徐志摩就是其中之一。现在《徐志摩诗集》已由四川人民出版社出版;准备已久的人民文学出版社编选的分量较大的《徐志摩选集》也将问世;讨论研究徐志摩作品的论文,已纷纷出现在各地文学期刊上;一些大学中文系还涌现了一批专门研究徐志摩的文学青年。这些说明,如果是一块真宝石,任凭被埋在地下多少年,总有一天会出土发光的。

我在大学读书时曾听过志摩老师的课,在外国文学研究方面受到过他的启发和教育;在我从事文艺编辑的最早一段日子里,曾得到过他的指点,也有过较多的交往和谈话。诗人逝世后,我又在他留居国内的亲属——夫人陆小曼的支持下,编辑出版过他的三部遗作:《秋》、《爱眉小札》和《志摩日记》。特别值得一提而过去未为读者所知的是,我曾协助陆小曼于 1935 年编辑《志摩全集》十卷本一套,只是由于胡适的阻挠,未能及时出版。现在差可告慰的是,这套《全集》虽屡经沧桑,一部完整的清样八卷,至今仍由国家图书馆妥善保存,安然无恙。值此诗人五十周年逝世纪念之日,缅怀往事,能不感慨?这篇回忆史料,旨在为海内外徐志摩研究者提供一点参考材料。

一

我第一次认识徐志摩是我在上海光华大学附中念书的时候,那是1927年的初冬,他在大学里教英国文学。我当时在附中学生自治会主编校刊《晨曦季刊》,在那里写了几篇介绍荷马、王尔德、小仲马等作品的文章,也在大学的一本周刊上发表过关于拜伦、济慈和但丁的读书札记,因而引起了这位大学教授的注意。有一天,他通过一位高年级大学同学把我叫到大学教员休息室去谈话。开始我吓了一跳,见到这位和蔼可亲的年轻教授,白皙的脸,大阔嘴,长下巴,一个大鼻子上架了一副玳瑁眼镜,话说得那样娓娓动听,我一下子被他迷住了。我不停地向他发问。他知道我对西洋文学感兴趣,正在自己暗中摸索,听到我请教他有无入门秘诀时,他就认真地对我说:"文学不比数学,需要层次地进展。文学的园地等于一个蜘蛛网,如有爱好文学的素养,你一天拉到了一根丝,只要耐心地往上抽,你就会有一天把整个蛛网拉成一条线。我自己念书,从没有一定的步骤,找到一本好书,这本书就会告诉你别的许多好书。"他当场介绍我刘易斯(G. H. Lewis)的《歌德传》,说他爱读这本书,相信我也能从这本书里发现歌德的伟大和读书的秘诀。后来我在他写的《济慈的夜莺歌》里也看到这个书名,是在他谈到"我的文学知识是'无师传授'的"后面举例时说到的[1]。原来是他在读《金银岛》作者斯蒂文生所著《写作的艺术》时才发现了这本"黄金的书"。

我在1928年进入大学,读的是英国文学系,凡是徐志摩开的课,能选的都选了。选读他课的同学都感到这位诗人丝毫没有教授的架子,充满着蓬勃的生气、活泼的思想、渊博的知识、广泛的兴趣。他踏进课堂,总是偷偷地吸最后一口隐藏在他长袍袖底的烟蒂,向门角一丢,就开始给我们谈开了。他有说,有笑,有表情,有动作,时而用带浙江音的普通话,时而用流利的英语。真像是一团火,把每个同学的心都照亮了。他的教学法不同一般,他教英国散文、诗、小说都没有指定的课本,也不

---

[1]《巴黎的鳞爪》,第119页,1927年,新月书店。

是按部就班地教，而是选他自己最欣赏的具有代表性的作品念给我们听，一边讲课文，一边就海阔天空地发挥他自己的思想，我们这批青年就好像跟了他去遨游天上人间，从而启发我们闯入文学艺术的广阔园地。他用他诗人的气质，试图启迪我们性灵（他常用这个词，意指 inspiration）的爆发。他确是一个具有赤子之心的好老师，他给我们高声朗读济慈的《云雀歌》；亲自带领我们去参观汪亚尘在法国临摹的美术展览会；鼓励我们去听上海工部局交响乐团每周演出的西洋古典音乐，因为有一次在演奏会门口，他见到了我。此后他曾对我说："要能真正欣赏西洋文学，你就得对西洋绘画和古典音乐具有心灵上的相当训练，这是一条大道的两个旁支。你们研究文学，决不应放弃这两位文学的姊妹——绘画与音乐，前者是空间的艺术，后者是时间的艺术，同样是触动着性灵而发的。"此后，就推荐我去读 J.A. 西蒙斯的有关散文集。他经常讲到古希腊的悲剧，要我们从那个源泉里吸取智慧。对意大利的文艺复兴，一讲起就联系到他在意大利参观访问时的所见所闻。对大画家达·芬奇又是飞机的第一个发明者，更钦佩得五体投地，介绍我们自学有关他的传记。一堂课下来，就开了一大批参考书，让我们上图书馆去自己学习，或是叫我们上别发洋行[1]去买。对于哈代（T. Hardy），他怀有最深厚的感情，他在英国曾访问过哈代。这位"厌世的、不爱活的"诗人的作品，给我们念得最多。我至今还怀念着一本羊皮面装帧的一寸多厚的牛津版《哈代短篇小说集》，那是志摩先生亲笔签名赠我的结婚礼物，现在不知落入谁手了。

1930年春天，我们征得志摩老师的同意，上他课时，索性把课堂搬进校园里一座古墓前席地听讲。他身靠那棵古槐树，我们分坐在两旁树荫下的石条上，顶上满天的绿叶，小鸟儿在啁啁地唱歌。他给我们念赫特生（W.H. Hudson）的《绿色大厦》和《鸟与人》。他讲泰戈尔怎样喜爱赫特生的作品，和他一起研究《鹞鹰和芙蓉雀》[2]的故事。最后感慨

---

[1] 别发洋行（Kelly and Walsh Book Co.），设在上海南京路外滩一家英国人所开的西书店，徐志摩经常带同学一起去选购文学读物。
[2] 《巴黎的鳞爪》，第145页，1927年，新月书店版。

万分地对我们说:"你们假若能去泰戈尔创办的那所国际大学,住上一星期,你们才会感到宇宙万物的可爱。我们要回到自然界去,这世界实在太脏了,什么地方都是丑的。"诗人不满现状的情绪,在讲课时随时都有吐露。这种要求回归自然、逃避现实的思想,对我们产生一定的影响。[1]

我那时已半工半读,在良友图书公司编一个学生刊物。原来有意对西洋文学深入研读,因而准备在古希腊文学方面下番功夫,但国家民族已面临危亡的边缘,斗争的号角早在我耳边响起,时代的使命已不容许我这样的青年视而不见,听而不闻。志摩先生曾屡次向我表示,不宜过早地参加社会工作,他劝我好好多读些书,大学毕业了,可去牛津或剑桥再求深造。我当时和他有不同的看法。到1930年冬,光华闹了学潮,徐志摩也被时代的激流冲倒了。

光华大学是在"五卅"惨案发生后,因美国人办的圣约翰大学学生进行反帝斗争遭到压制,便由中国人自己集资捐地创办的一所民办大学。国民党反动派潘公展之流,蓄意把它纳入国民党的势力范围,指使特务学生杨树春带头掀起学潮。校长张寿镛、副校长廖世承主持正义,与临时由教职员组成的七人校务执行委员会把杨树春开除了。志摩在这场学潮中立场鲜明,大义凛然,被推为校务执行委员会委员之一。后来国民党反动政府出面干预校政,徐志摩出于义愤,年底时写信给他的朋友、当时任教育部次长的郭有守说:

> 光华风潮想大致知道。最近又有新发展,已告到大部。我们想从你得知一些消息。市党部于四、五日前有正式公文送光华,提出四条件:(1)恢复闹事被斥党员学生杨树春;(2)辞退廖副校长及教职员会所选出之执行委员七人(内有兄弟);(3)斥退"所谓"共党学生三人,(4)整理学校。……此事以党绝对干涉教育,关系甚大。弟等个人饭碗不成问题。如有内定情况,可否先漏一二?俾穷

---

[1] 关于徐志摩的教学生活,可参阅我所作《写给飞去了的志摩》,载于《秋》第13—43页,良友版,1936年。

教授有所遵从。[1]

　　从此信中，看出徐志摩对学潮中两派学生的爱憎是非是非常分明的。对国民党反动派公开干预民办大学不以为然。他表示穷教授找个饭碗不怕没有，但他要早知内情，俾作生活上的准备。这里足见一位爱国的、具有民主思想的旧知识分子内心的一角。从此，他离开上海，于1931年春起，改去北京大学任教。

　　就在志摩先生去北京之前，我已在"良友"准备编一套袖珍本的小丛书——《一角丛书》。我曾几次去福煦路（现名延安中路）看望他，在他家谈天、吃饭，陈梦家和何家槐就是在那里初次认识的。我约志摩先生为丛书写一本，他就把前二年在暨南大学的演讲稿给我。《一角丛书》每种规定一万五千字，他说那篇讲稿字数不到一万，等将来另写一篇散文来补足。讲稿原题《秋声》，他要我印书时取消"声"字。他又介绍陈梦家写一本，那就是列入这套丛书的第一本文艺创作——《不开花的春天》。何家槐的小说，也是志摩先生所介绍，因分量多，1933年改编入《良友文学丛书》，即短篇小说集《暧昧》。

　　这本薄薄的小册子《秋》，已成为诗人一生所写的最后一篇散文，由于他在文章中吐露了最后几年的真情实感，30年代茅盾和穆木天所写、今天还受到文学批评界重视的两篇《徐志摩论》里，都把它看做研究徐志摩政治思想的重要作品。我回忆我读完原稿并重读《落叶》后，曾和作者进行过一次交谈。因为他把《秋声》原稿交我时，曾对我说："这篇文章应当与《落叶》并读，因为其间有联系，也有差别；是不同时期的两篇演讲稿，但从中可以看出我一点相同的思想。"茅盾从这篇《秋》里就得出了如下的结论："他是一个诗人，但是他的政治意识非常浓烈。"[2]这两篇讲稿的题目，在《悼沈叔薇》一文中两次出现在一起："一同在野外仰望天上的繁星，或是共感秋风与落叶的悲凉"；"在一个冷静的秋夜，倾

---

[1]　《徐志摩全集》，第5卷，第161页，香港商务印书馆，1983年。
[2]　茅盾等著：《作家论》，第29页，生活书店，1936年。

听着风吹落叶的秋声。"[1]单从这两篇散文的命题里,已充满着诗人一片悲秋哀秋的感伤心情。

  这两篇讲演稿都用一句欢呼式的英语作结束——Everlasting yea！我问他为什么用这个词。志摩先生说,"这是英国哲学家托马斯·卡莱尔的话,意即千秋万代,永远向前！我用这来鼓励中国青年应当就在今天采取积极的、肯定的、向上的人生态度。我想望着一个伟大的革命,因此我在《落叶》里喊着。两年时间过去了,我盼望的事情出现没有呢？没有！但是我在《秋》的结束处,还是照样喊着,我对青年的希望没有变,对未来的希望没有变！"原来《落叶》是1924年秋在北平师大做的讲演,《秋》是1929年在上海暨南大学做的讲演,这相隔的四年时间里,国内、国际的形势变化极大。诗人在《落叶》里,举了俄国革命和日本地震后全国上下努力重建家园两件事,他个人受到很大的感触,因而表示钦佩,希望中国青年"也表明他们一致重新来过的伟大的决心！"[2]但在《秋》里,感到大大地失望。他在悲观失望之余,提出了中国目前三种症候——混乱、变态和一切标准颠倒后,开出了一张可笑的药方。他主张打破知识分子和农民的界限,打破江浙人和北方人的界限,实行"尽量的通婚",来改善我们的民族,使"将来的青年男女一定可以兼有士民和农民的特长,体力和智力得到均平的发展"。[3]这种回归自然的乌托邦思想在课堂里也谈过,他恳切地要求女同学毕业后嫁给农民做妻子,要我们江浙人找北方女性做对象,引得同学们哄堂大笑。我直率地问他:"你提出的办法真能改造我们的国家民族吗？"他说:"这也仅仅是我的'理想国'而已。"

  当时光华学潮已经平息,他虽已决定离开光华,对这次学潮的原因和背景,我们还是在共同回顾中自由地交换过各自的看法。有一点是有共同语言的:从小小的学潮也反映了国民党和共产党的斗争越来越激烈,这次事例,已充分说明斗争的激浪已冲湿我们的衣履,到了无法躲

---

[1] 徐志摩作:《自剖》,第66—67页,新月书店,1928年。
[2] 徐志摩作:《落叶》,第28页,北新书店,1926年。
[3] 徐志摩作:《秋》,第72页,良友版,1936年。

藏或隐蔽的地步。我当时还未接触到"左联"作家,郑伯奇在一年后才来"良友",自己的思想也处于彷徨苦闷之中。我随便问他:"你看共产党能不能救中国?"志摩先生没有料到我会提出这样一个问题,他思索好久,然后对我说:"我反对俄国人来领导我们的革命;如果是中国革命家,像孙中山那样的人来领导我们的革命,治好我们民族的病症,我也会拥护的。"他的这种思想,在《列宁忌日——论革命》[1]和《血——谒列宁遗体回想》[2]中都曾明白表露过。受到时代的和阶级的局限,出身于大资产阶级家庭,深受欧美资产阶级教育影响的徐志摩,虽有爱国救国的一片赤诚,对暴力革命是害怕的,对革命理论是无法理解的;他向往的还是英美式的德谟克拉西精神。

二

是年2月,志摩先生去北京大学执教,离沪前,我又去他家送行。6月中,我给他去了一信,说风潮已息,同学们还是希望他回来。6月30日复我一信,开头说:

> 你的信颇使我感动。一来你写得十分真挚,二来,我在光华先后几年,确有使我系恋的地方。诸同学对我的感情,如今在回念中尚是有甜味的。我是极不愿脱离光华的,一因去年不幸的风潮,又为上海生活于我实不相宜,并兼北方朋友多,加以再三的敦促,因而才决定北来的。

这是志摩先生给我的唯一的一封信。信的末段,还给我开了一批研究古希腊文学的书单,最后说:"你能如此黾勉从学,我是说不尽的欢喜,你爱研究古希,尤其是好门径。"可惜不久,我就放弃古希文学的研究,而转向研究现代美国文学,这是志摩先生所反对的。

---

[1] 徐志摩作:《落叶》,第122页。
[2] 徐志摩作:《自剖》,第210页。

徐志摩来信，1930年

　　这次徐志摩离沪迁平，表面原因似乎是光华的学潮，事实上有他不得已的苦衷。他给我信中，也说出了"上海生活于我实不相宜"。研究徐志摩的创作生活，前后总共不过十年。只有最早的两年，他自己承认"我的诗情真有些像山洪暴发，不分方向乱冲"。[1]这些作品都收在《志摩的诗》中。1927年《翡冷翠的一夜》出版时，他已在序文中说："这几年都市的生活早就把它压死，这一年间我只淘成了一首诗，前途更是渺茫。"[2]当时对他创作生活起消极作用的是与陆小曼的婚姻，她给他带来了庸俗奢侈的社交生活；此外，婚后与他老父决裂，也引起了他家庭经济上的窘迫。1927年有两件事很可以说明当时诗人寓居上海这个十里洋场期间的矛盾心理。8月3日他给周作人信中说："我新办两家店铺，新月书店想老兄有得听到，还有一爿云裳服装公司，专为小姐娘们出主

---

〔1〕　徐志摩作：《猛虎集》，第7页，新月书店，1931年。
〔2〕　徐志摩作：《翡冷翠的一夜》，序，新月书店，1927年。

意的,老兄不笑话吗?"〔1〕这家服装公司实际上是志摩前妻张幼仪出资创办,用陆小曼、唐瑛等名媛的名义开设在南京路上而轰动一时的。10月27日《志摩日记》上有这样一段自白:"我想在冬至节独自到一个偏僻的教堂去听几折圣诞的和歌,但我却穿上了臃肿的袍服上舞台去串演不自然的'腐'戏。我想在霜浓月澹的冬夜独自写几行从性灵暖处来的诗句,但我却跟着人们到涂蜡的跳舞厅去艳羡仕友们发金光的鞋袜。"〔2〕这里所说就是当时为募捐赈济而演义务戏,在上海夏令配克戏院上演京剧《玉堂春》时,他为陆小曼当配角的事。

徐志摩和陆小曼的恋爱过程,可以称得起是一部充满着"爱,自由和美"的浪漫史;但当理想成为现实以后,诗人的幻想很快破灭,最后成了一幕悲剧。以后几年,陆小曼因体弱久病,染上了阿芙蓉癖,加上生活懒散,不理家政,以致日常生活入不敷出。诗人在这样的家庭中过日子痛苦已极,为了要解脱这个缠住他身心的绳索,他乘光华闹学潮之机,决心离开上海。他要把自己从这个泥潭里拔出来,同时还要挽救小曼。从他在1931年到北平后写给小曼的几封信,看出志摩当时已下了如何大的决心。

> 即如近两年,亦复苟安贪懒,一无朝气。此次北行,重行认真做事,颇觉吃力。但果能在此3月间扭回习惯,起劲做人,亦未为过晚。所盼者,彼此忍受此分居之苦,至少总应有相当成绩,庶几乎彼此可以告慰。此后日子借此光明,亦快心事也。(1931年3月4日)

> 至于我这次走,我不早说了又说,本是一件无可奈何事。我实在害怕我自己真陷入各种痼疾,那岂不是太不成话,因而毅然北来。(1931年3月7日)

> 但上海的环境我实在不能再受,再窝下去,我一定毁,我毁,于别人亦无好处,于你,更无光辉,因此忍痛离开。母病妻弱,我

---

〔1〕《徐志摩全集》,第1辑,第628页,台湾:传记文学社,1969年。
〔2〕《志摩日记》,第138页,晨光出版公司,1947年。

岂无心？所望你能明白，能帮我自救，同时你亦从此振拔。（1931年3月19日）〔1〕

《猛虎集》是诗人生前自编的最后一本诗集，出版于是年8月，书前序文是他住在北平时所写，其中有几段话，既同上述家书中的情调相同，又表示了他追求新生的决心。诗人说："最近这几年生活不仅是极平凡，简直是到了枯窘的深处，跟着诗的产量也尽'向瘦小里耗'。……今年在六个月内在上海与北平间来回奔波了八次，遭了母丧，又有别的不少烦心的事，人是疲乏极了的，但继续的行动与北京的风光却又在无意中摇活了我久蛰的性灵，抬起头来居然又见到天了。眼睛睁开了，心也跟着开始了跳动。……我希望这是我的一个真的复活的机会。"

徐志摩到北平后就借住在米粮库胡同胡适家里。他把在两个大学教书所得，留下三十元大洋外，全部汇沪充小曼家用。胡适和徐志摩友情极深，志摩与小曼的婚姻得以如愿以偿，胡适从中出了大力，这些经过，后来陆小曼曾给我详细谈过。但志摩和胡适在为人处世上并非真正的莫逆之交，小曼后来也曾向我提到，志摩对胡适在热衷仕途方面有一些不同看法。这次刚到北平时，给小曼信中说："适之家地方倒是很好，楼上楼下，并皆明敞，我想应得可以定心做做工。"（1931年2月底）〔2〕最后给郭子雄信中又说："适之热心国家大事，尚在南中。我在此号称教书，而教员已三月不得经费，人心涣然，前途黯淡。"〔3〕发此信是11月1日，离出事之日不到二十天，更可见他对胡适的看法和自己经济拮据的狼狈相。诗人与胡适的不同处，还可以看他早在1927年写给胡适的一封信：

但你我虽兄弟们的交好，襟怀性情地位的不同处，正大着。……事业世界我已决心谢绝，我唯一的希望是能够得到一种生活的状态，可以容我集中我有限的力量在文字上做一点工作。好在小曼也不慕

---

〔1〕《徐志摩全集》，第5卷第89、91、93页，香港商务印书馆，1983年。
〔2〕《徐志摩全集》，第5卷，第87页。
〔3〕同上书，第169页。

任何浮荣,她也只要我清闲度日,始终是一个读书人,我怎能不感谢上苍,假如我能达到我的志愿。(1927年1月7日)[1]

当时志摩与小曼新婚不久,刚从硖石逃难来沪。同一信中还说了这样两句话:"我又是绝意于名利的,所要的,只是'草青人远,一流冷涧'。"现在事隔四年,形势虽变,但小曼由于健康关系,找错了治病之方,以致沉迷于烟雾之中而不能自拔。我于两年前听到过一位熟悉当时情况的朋友告诉我,当志摩死后一年,他路过北京时就住在胡适家楼上那间房里,也就是志摩死前住过近一年的那间屋,胡家中人都不敢住了。半夜里胡适上楼和他谈起志摩遇难前的一些情况,使我这位朋友回想起就在这间房里,志摩借寓胡家时,有一个晚上,在临窗一张长藤椅上,曾向他诉说过一段苦衷。志摩对他说:"这些日,熟人都极力劝我,以为小曼既不肯来北京,最好是离婚。胡太太素以保护女权著名的,现在也居然同意这件事,但我不能这么办。你知道她原是因我而离婚的,我这么一来,她就毁了,完事了。所以不管大家意见如何,我不能因为只顾自己而丢了她……"当时我听到这段话,就回忆起小曼生前从未和我谈起过这样的事,我相信她至死也不知道过胡适夫妇曾对志摩有过这样的献计。但从这件事,足见志摩对小曼的爱是真诚的,无私的;而他为人的厚实处,就表现在这种关键时刻。从此时起,志摩极力动员小曼迁离上海,和他一起在北平另租住处,重创新生活。可惜小曼既没有决心解除恶癖,也就无法离开上海这个万恶的殖民地大都市,因为只有在上海租界里,中国人是可以公开抽大烟的。

徐志摩在北平的几个月,因为换了一个环境,见到了许多老朋友,抬头看到了天,创作的欲望又一次跳动起来了。但是关键还在留居上海的小曼,而经济的拮据,使诗人的心情无法得到平静,因而《猛虎集》序文中的乐观的自白也无法成为现实。从7月开始写到上海的家书,已显示出诗人内心的无限悲愤和伤痛,下面抄两段诗人下半年所写信中看了会叫人心酸的那种绝望的哀鸣:

---

[1]《胡适来往书信选》,上册,第416页,中华书局,1979年。

你不记得我们的"翡冷翠的一夜"在松树胡同七号墙角里亲别的时候？我就不懂何以做了夫妻，形迹反而往疏里去了？那是一个错误。（1931年7月8日）〔1〕

今天是9月19，你二十八年前出世的日子。我不在家中，不能与你对饮一杯蜜酒，为你庆祝安康。这几日秋风凄冷，秋月光明，更使游子思念家庭。……虽然光阴易逝，但我们恩爱的夫妇，是否有此分离的必要？眉，你到哪天才肯听从我的主张？我一人在此，处处觉得不合适，你又不肯来，我又为责任所羁，这真是难死人也。（1931年10月29日）〔2〕

胡亚光画徐志摩像，张大千补衣裙

如果连同《猛虎集》序文中所说："你们不能更多的责备。我觉得我已是满头的血水，能不低头已算是好的"那段话来对照，诗人在他生命即将结束前的一段日子，真像是"一种痴鸟，他把他的柔软的心窝，紧抵着蔷薇的花刺，口里不住的唱着……"志摩当时的生活，真是够他受的。雪莱在《西风歌》中所唱的："我倒在生命的荆棘丛中，我流着血！"不是对志摩最后半年生活的最确当的写照吗？

发出上面这封信后十多天，11月13日，徐志摩回到了上海。他苦苦哀求小曼听他的话，跟他一起迁往北平，小曼还是没有勇气答应他。18日离沪；因为要在南京处理一件要事，先在南京下车。原来打算搭乘张学良的福特式专机于19日飞北平，临行前，张通知他因事改期。徐志摩本来可以搭火车或推迟一二天再走，又因要赶上林徽音那天晚上在北平协和小礼堂向外宾做的一次关于中国古代建筑的讲演，他就捡到从上海

---

〔1〕《徐志摩全集》，第5卷，第119页。
〔2〕 同上书，第5卷，第127页。

带在身边的一张免费飞机票,是中国航空公司送他的。那天上午八时,搭上该公司装运邮件的小飞机起飞了。十时二十余分,飞抵济南附近党家庄附近,忽遇漫天大雾,机触山顶着火。他在《云游》一诗中似乎已替自己的神奇的死事先作了如下的描述:

> 他要,你已飞渡万重的山头,
> 去更阔大的湖海投射影子!
> 他在为你消瘦,那一流涧水,
> 在无能的盼望,盼望你飞回!

徐志摩的死是中国文坛的一大损失。茅盾在《论徐志摩》一文中作了这样的结束语:"最后,值得我们注意的是,徐志摩在《猛虎集》的自序中又告白了他的'复活的机会'。……然而他就不幸死了。我们没有看见'复活'后的他走了怎样的路,这一个谜,我们不能乱猜。"[1]

关于诗人遇难后的情况,沈从文同志数年前来信中告诉我其经过,作为史料,值得录下:

> 我当时在青岛大学,记得徐先生在山东遇难得北京电告时,我正在杨金甫先生家中,和闻一多、梁实秋、赵太侔诸先生谈天。电文中只说"志摩乘飞机于济南附近遇难,奚若、慰慈、龙荪(金岳霖)、思成等,如乘×次车于×日早可到济南,于齐鲁大学朱经农先生处会齐",使大家都十分惊愕,对电文措辞不易理解。我当时表示拟乘晚车去济南看看,必可明白事情经过。大家同意,当晚八点左右上胶济路车,次日一早即到达。去齐鲁大学,即见到张奚若先生等也刚下车不久。此外,还有从上海来的徐大公子。据经农叙述,才知道已由济南中国银行一工作人员把徐先生尸身运到,加以装殓,拟搭晚车去沪。大家吃了早饭,即同去城里一个庙里查看。原来小庙是个卖窑器的店铺,院子里全是大的成堆的瓦罐,小庙里边

---

[1] 茅盾等作:《作家论》,第31页,生活书店,1936年。

也搁下不少存货,停尸在入门左边贴墙一侧(前后全是大小钵头)。银行中那位上海办事人极精明能干,早已为收拾得极清洁整齐。照当地能得到的一份寿衣,戴了顶青缎瓜皮小帽,穿了件浅蓝色缎子长袍,罩上件黑纱马褂。致命伤系在右额角戳了个李子大小洞,左胁下边也有个同样微长斜洞,此外无伤。从北京来的几个熟人,带了个径尺大小的花圈,记得是用碧绿铁树叶作主体,附上一些白花(和希腊式相近)。一望而知是思成夫妇亲手作成的。大家都难料想生龙活虎般的一个人,竟会在顷刻间成了古人,而且穿上这么一身极不相称的寿衣,独自躺在这个小庙中一角,不免都引起一点人生渺茫的悲痛。大家一句话不说,沉默在棺旁站了一会儿,因为天已落雨,就被经农先邀回校中。听银行中那个办事人谈了些白马山地势和收殓经过,才知道事实上致命伤即是两处,和后来报纸传说全身焚化情形不合。

这段史料极为重要,因为"文革"期间,硖石乡间,盛传诗人死后,徐父曾用金头配上殉葬,坟墓因此被掘。1983年4月5日,浙江海宁县人民政府拨款在硖石西山的白水泉重建,这是可以告慰于海内外关心诗人的亲属和友好的。

三

志摩逝世后,我最先想到的是尽快把他留在我手中的遗作《秋》送到读者手中,但字数不够,因此开了三个夜车赶写了一篇悼念文章,题为《写给飞去了的志摩》,凑成一册,编为《一角丛书》第十三种,于11月27日出版。由于书前要附印诗人照相一幅,我去访问陆小曼,她知道我们将出版志摩遗作《秋》,极表欣慰。就在这一次会晤中,她提出她还藏有其他遗稿、日记和书信之类,问我是否可以帮她做些整理工作,有机会时出版。她也吐露了将来如有可能,是否把志摩的所有作品,合成全集出版。从这第一次会晤起(以前虽在志摩家中见面,仅仅点头招呼而已),一直到她1965年逝世为止,在长期交往中,慢慢发现她是一位非常聪明的女子，幼年学习过油画，后拜贺天健为师，所作国画，以山水画驰名艺坛；又通英法两国文字，能翻译英文小说；文笔秀丽，写得一手动人的散文，除已收入《爱眉小札》和《志摩日记》内的作品外，1947年还为赵清阁编的《无题集》（晨光版）写过一个中篇小说。她为人善良、忠厚，气度开阔，就是因病染上烟癖，精神萎靡不振，凡事随遇而安，没有事业心和上进心。她每次谈到志摩时，总表示无限的内疚，她最感悔恨的是没有听取志摩的最后劝告，脱离上海，迁居北平。她自认余生的目的就是要出版志摩的遗作，最符合她理想的是为他编个全集。这在她所写《哭志摩》的挽联中就表达了这种心情。挽联的下联说："万千别恨向谁言，一身愁病，渺渺离魂，人间应不久，遗文编就答君心。"

1935年5月底，《中国新文学大系》的编辑工作已基本完成，十卷书稿已先后排印，我第一次去北平组稿，见到了许多神交已久而初次见面的老作家，其中有几位是志摩生前的好友，如沈从文、冰心、周作人；早在志摩家相识的陈梦家，那次又见到了。我们谈话中常常提到已去世四年的共同的师友徐志摩。我当时已有试图编印"五四"以来作家全集的打算，这也是见到英美和日本书店所陈列的世界著名作家多卷本全集而触发的。但那时现代著名文学家，从"五四"时代开始创作生活，都正在盛年，出版全集似嫌过早。虽然当时北新书局在大刊广告，出版《郁达夫全集》五卷本，用日记集、短篇集、散文集、游记集和翻译短篇集而冠以"达夫"二字；严格说来，这说不上是全集，何况这五本书也未包括达夫所有已发表的著作在内。当时有条件结成全集出书的，唯有中年夭折的徐志摩，而陆小曼正怀着这样的愿望。我在北平征求志摩旧友意见时，他们都给我以鼓励，其中最热心的是郑振铎，志摩的不少作品，最初发表于他主编的《小说月报》。我那次去北平原定住郑振铎家，后来改住章靳以家，振铎先我返回上海。当我回沪后，对出版《志摩全集》还犹豫不决时，振铎要我去找茅盾谈谈。他们两位前辈一年前在计划编选《中国新文学大系》时，曾给我以极大的支持。不久，我去请教了茅盾。

茅盾先生听完我的打算后，赞成我们的这个出版计划。他认为徐志摩在现代中国文学史上有他杰出的代表性，他称志摩为"末代诗人"，当时的新诗作者还没有人能和他相比的，因此值得出书。他为我分析了志摩的思想，既是颓唐悲观，又想革命，看到革命的影子又害怕，正代表了当时一部分知识分子的心情。他估计，今后会有许多人研究徐志摩的生平和作品，出版全集，有一定的意义。当他知道陆小曼手里还有一批日记和书信时，他认为这是编辑全集所不可缺少的部分。要研究一个作家，日记和书信最能忠实反映作家的内心世界和日常生活，这是研究者所不可能从作品里得到的最宝贵的资料。他鼓励我尽最大的努力去搜集信札、日记之类，分别编集，为中国出版界编出第一部现代作家全集来。茅盾先生的一席话给了我最大的勇气，在征得良友公司经理的同意后，不久我就和陆小曼二人着手拟订编选大纲，向许多图书馆和收藏家借阅文学期刊，收集散见各处而未编入文集的零星文章，并写信向有关朋友征求徐志摩的书信。

徐志摩和陆小曼各有日记数部，但并不都在上海，有的在北平朋友那里。留在小曼手中的有关他们初恋生活的《爱眉小札》，可以说是最重要的一部。1936年1月，陆小曼先把它交给我，于是我们先按诗人手迹本影印了一百部，然后把它编入《良友文学丛书》中。由于字数不足，小曼把同一时期自己写的一部日记也拿出来了，还有志摩写给小曼的十一封信。此书为研究诗人早期生活者第一次提供了宝贵的资料。书前有小曼序，它是这样开始的：

> 今天是志摩四十岁的纪念日子，虽然什么朋友都不见一个，但是我们两个人合写的日记，却已送了最后清样了。

序文中既谈了他们之间从初恋到结婚的经过，对最后一年没有能"全家再搬回北平从新造起一座乐园时"表示无穷的悔恨。她说："他就不幸出了意外的遭劫，乘着清风飞到云雾里去了。这一下完了他——也完了我。"

是年秋，我们立即开始行动，对于征求书信一事，由小曼和我分别写信给自己熟悉的志摩老友。由我负责的对象不多，郁达夫是其中之一。谈起郁达夫，他与志摩同是浙江人，中学同学，两人都是名作家，虽然思想抱负不同，但交谊很深。据我所知，徐志摩的社会关系都是上层社会中的大学教授、英美留学生、银行家、企业家和官儿们，志摩朋友中要找左翼作家,恐怕只有郁达夫一人。何家槐后来虽成为"左联"重要成员,但在志摩生前,他还师事志摩,生活上受到过志摩的帮助,[1]思想上并未对志摩产生过什么影响。我现在尚可查阅到郁达夫于1935年9月16日写给我的一封信,[2]谈的就是我向他征求志摩书信的事:

> 志摩生前,和我通的信札不少,但在上海受了几次惊,亲友信稿,全部烧了。所以现在找了数天,终找不着一封。适之此番南来,我无机会见面。大约志摩的信,以给适之、陈通伯、凌叔华、冰心、林徽音的为多,小曼更可以不必说。男朋友间,或者周作人先生还藏有几封耳(当然泃美处也有不少)。我之所见如此,聊供这点意见,以备采择。(他给梁任公的信,思成或有保存,亦可以写信去问问。)我月底边去上海,当来拜访。

从此信中,可看出我曾通知他胡适即将来沪,所以他说,这次没有机会见到他了。

在向各方征集志摩书信的同时,我们已把志摩已发表的和未发表的著作,分别编成诗集一卷,散文集四卷(内除收《落叶》、《自剖》和《巴黎的鳞爪》三书五十五篇外,又从报刊杂志上搜集到散文、杂文五十余篇),小说集一卷,戏剧集一卷。计划另编书信集二卷,日记集一卷,合成十卷。小曼发出的征求信反应不强,仅征得志摩致刘海粟的十九通,致蒋慰堂(复聪)的九通,致郭有守的九通,致郭子雄的八通。小曼对我说,"即使应当交出信函的许多老朋友都不来(她指的是胡适和住在北方的朋友),我自己收藏的部分为数也不少,凑成一卷没有问题,虽然其中有些信,我实在不愿公开发表。另外有一部分志摩从国外寄回来的英文信,如能译成中文,也可凑出二三十封。"(这批英文信,当时没有译出,小曼生前交我保管,"文化大革命"中,一起不知下落了。)

我在和小曼共同编辑工作中,深感她对志摩的确一往情深,由于志

---

〔1〕 见何家槐作:《怀志摩先生》,《新月》第4卷第1期,1932年。
〔2〕 孔另境编:《现代作家书简》,第137页,生活书店,1936年。

摩生前最后几年不能从她那里得到什么安慰和鼓励,她在谈到《全集》时,总是希望它能早日与读者相见,借此告慰诗人于九泉之下。当时小曼生活上相当困难,但对全集的出版,并不在经济上寄予很大的希望,书店方面也还未考虑到要预支她多少钱,虽然按通例,签订合同时,总要付一笔钱的。我们估计,一切顺利,1936年下半年可以开始出书。

但事情发生了变化。胡适在10月来沪时,这个计划,由于他的关系,被他从"良友"手中抢走了。经过情况是这样:我在主编《中国新文学大系》时,由郑振铎介绍,曾约胡适编选《建设理论集》,开始和他通信往来。1935年6月到北平,曾去米粮库胡同六号拜见他。当我提到接下去拟编印《志摩全集》时,他反应冷淡。10月中,我知道他到上海,就在北四川路味雅酒楼宴请他,并请陆小曼等作陪。席间,小曼就向胡适谈了她和我已把《志摩全集》初稿编订就绪,要求他把志摩给他的信以及给北方朋友的信由他收集后早日寄沪,也谈到留在别人手中的几本日记的事,最后还要求胡适为这套全集写一篇序。我看出胡适当时对小曼的请求不置可否,似乎毫无兴趣。吃饭后的第四天,小曼突然来电话约我去面谈要事。我到她家后,她用非常婉转的话告诉我,《志摩全集》的出版计划,胡适认为交"良友"出版不适当,他建议改交商务印书馆,王云五已表同意,并愿立即预支一大笔版税。小曼哀求我,鉴于她生活困难,急需现款,她已答应了胡适,要求我一千个一万个原谅。这对我来说,简直是晴天霹雳,是做梦也没有想到的事。

我完全体谅一大笔预支版税可以使小曼毁了与"良友"的口头约定。论"良友"的资力和地位,当然不能与"商务"相比,但胡适对我这个青年编辑施出这样一种手腕,不禁令人气愤。当时胡适住在北四川路桥堍新建成的新亚饭店,我于第二天去找他评理。胡适笑眯眯地对我说:"《志摩全集》不在'良友'出,对你们并无什么损失,因为你们的工作还在集稿编辑阶段。现在事已成事,你也不必为此生气。我有一本书给'良友'出,就作为对你们的补偿罢!"我考虑到版权所有人既已同意交"商务",而且从胡适那里,还知道小曼已于前一天收下那笔钱,我怎样同他争论,也已无济于事,他先下手为强嘛!这就是为什么在1936年8月,一本薄薄的胡适著作由"良友"用单行本形式出版的真实情况。

书名《南游杂忆》，是胡适那两年去香港、广东和广西游历讲学的记叙文集，书共五万字。当年胡适的书都是新月书店出的，这是唯一的例外。在胡适、王云五之流的"大人物"面前，我这个青年编辑只好败下阵来。

隔了几天，我就把《志摩全集》的全部稿件送给陆小曼，她看到我，说了不知多少遍表示抱歉的话，我说："只要商务印书馆真能把全集尽快印出来，大家都一样高兴的。"但是我在担心，这部书到了王云五手里，不知何年何月才能出，虽然小曼当时的生活关，确实过去了。最近看到台湾出版的《徐志摩全集》，在第一辑《年谱·谱后》里，编者在民国二十四年（1935年）项下，写了这样一段话："这时陆小曼和赵家璧收集先生的文稿，准备编印《全集》，终因困难太多，没能实现。"[1]这仅说了表面现象的一半，没有了解此后发生的许多变化。

四

抗战胜利后，我从重庆回到上海。"良友"结束，从1946年起，我参加晨光出版公司主持编辑工作。有一次，我又去看望陆小曼，她一见我就流下了眼泪，说当年没有听我的话是错了，否则《全集》可能在抗战前已和读者见了面。她近似忏悔般地对我说："那年，胡适逼我把《全集》交给商务印书馆，一方面是利用我急于要钱用的心理来破坏我们的合作，他真正的目的还在于，不愿让新月派诗人的全集，由你这样一个青年来当编辑。特别是胡适对良友公司出的文艺书，左翼作家如鲁迅、茅盾等占主要地位，心中最不高兴，因此他千方百计逼我把这套书拿出来。我当时也预料到，进了'商务'这个大书局，不知何年何月才能出，现在事实不正是这样吗？今天后悔也来不及了！"我对她劝慰一番，又敦促她是否还有其他的日记或遗稿之类，可和《爱眉小札》等重新合编一册，列入《晨光文学丛书》中。她说，"今年正好志摩诞生五十周年，让我再去找些未发表的日记编一本新书吧！但是志摩最好的日记，还有几本，都不在我这里，而是在北平的两个人手里，我也没有办法去要。"经

---

[1]《徐志摩全集》，第1卷，第667—668页，台湾，传记文学社，1969年。

过她翻箱倒箧、四处搜寻的结果，发现还有两本篇幅不多的未发表的志摩日记：写于1918年的《西湖记》，和写于1926年到1927年的《眉轩琐语》。我记得在她家里还见过一本纪念册，志摩亲笔题名为《一本没有颜色的书》，都是他俩友人的题诗题画，内有闻一多、胡适、杨杏佛、陈西滢、顾颉刚、曾孟朴、林风眠、俞平伯、章士钊、任叔永、张正宇、邵洵美等的手迹，共二十五幅，都是外界所未见过的；特别是印度诗人泰戈尔用中国毛笔写的一首印度文诗和一幅画，画上还用钢笔写了一句英文小诗，尤为名贵。我征得陆小曼同意，全部制版复印，作为该书的插页，这就是1947年列入《晨光文学丛书》的《志摩日记》。书前小曼的序文中第一次提到那部《志摩全集》。

  十年前，当我同家璧一起收集他的文稿，准备编印《全集》时，我有一次在梦中好像见到他，他便叫我不要太高兴，《全集》决不是像你想象般容易出版的。不等九年十年决不会实现。我醒后，真不信他的话，我屈指算来，《全集》一定会在几个月内出书，谁知后来固然受到了意想不到的打击。一年一年的过去，到今年整整十年了，他倒五十了，《全集》还是没有影儿，叫我说什么？怪谁？怨谁？

据刘心皇说，梁实秋曾在《谈徐志摩》一文中，说过这样一些关于《全集》难产原因的话，梁说："听说，志摩有一大堆文字在林徽音手里，又有一大堆在另外一位手里，两方面都拒不肯交出，因此，《全集》的事延搁下来。我不知道这传说是否正确。总之，《志摩全集》没有印出来，凡是他的朋友都有一份责任。"[1]这里所谈的两大堆文字资料，正是小曼屡次向我谈到过的。真相连小曼生前似乎也说不清楚。最近，《胡适来往书信选》出版，提供了这方面的重要线索。

  原来志摩逝世后不到一个月，凌叔华有一信给胡适，提到这批日记，凌叔华把它称为"八宝箱"，这个词儿，我也从小曼口中听到过，大

---

[1] 刘心皇著：《徐志摩与陆小曼》，第16页，台湾，学津书店，1963年。

概志摩生前就是把这批日记如此称呼的吧。信中说：

> 志摩于1925年去欧时，曾把他的八宝箱（文字因缘箱）交我看管。欧洲归，与小曼结婚，还不要拿回，因为箱内有东西不宜小曼看的，我只好留下来，直到去上海住，仍未拿去。我去日本时，他也不要，后来我去武昌交与之琳[1]，才算物归原主。……今年夏天，从文答应给他写小说，所以把他天堂地狱的案件带来与他看，我也听他提过（从前他去欧时已给我看过，解说甚详，也叫我万一他不回来时为他写小说），不意人未见也就永远不能见了。……前天听说此箱已落徽音处，很是着急，因为内有小曼初恋时日记二本，牵涉是非不少……
>
> 有好几人已经答允把志摩信送来编印，我已去信约了潘贞元抄写一半月看看。我想如果你存的信件可以编好，同时出书好不好？这是你说的散文的新光芒，也是纪念志摩的好法子。（1931年12月10日）[2]

从这封信里看出有两册小曼写的日记原来留在凌叔华处。胡适于半个多月后另写一信给凌叔华说：

> 昨始知你送在徽音处的志摩日记只有半册，我想你一定把那一册半留下作传记或小说材料用了。
>
> 但我细想，这个办法不很好。……你藏有此两册日记，一般朋友都知道，……所以我上星期编的遗著略目，就注明你处存两册日记。……今天写这信给你，请你把那两册日记交给我。我把这几册英文日记全付打字人打成三个副本，将来我可以把一份全的留给你做传记材料。如此则一切遗留材料都有副本，不怕散失，不怕藏

---

[1] 据卞之琳同志最近来信说："凌叔华致胡适信，说曾把徐'文字因缘箱'交与我，是她记错了，我从未闻此事，不知道她究竟交给了谁。"
[2] 《胡适来往书信选》，中册，第98页，中华书局，北京，1979年。

秘,做传记的人就容易了。(1931年12月28日稿)[1]

这又证明志摩还有两本英文日记,留在凌叔华处。这些东西,当时经胡适施以压力,是否都交给胡适,现在也无从知道了。但据陈从周说,后由林徽音保管。

我记得开始与小曼合编《志摩全集》时,她确有计划去北平找寻这些日记,并试图面恳这些志摩的老友把书信和日记借给她编入全集。现在回顾,当时胡适、凌叔华等不但早有自己编印日记和书信集的计划,还有朋友打算写传记、写小说等等,可惜后来什么也未见实现。

直到1969年,住在台湾的梁实秋和蒋复聪编辑了六卷本《徐志摩全集》,由台湾传记文学社出版。第一卷中收志摩儿子徐积锴写的三百字《前言》,梁实秋写《编辑经过》,蒋复聪写《小传》。这一卷中还刊有图片、墨迹函札、未刊稿(诗二十四首)、纪念文、挽联挽诗祭文和年谱(最后两部分,极大部分来自陈从周编《徐志摩年谱》),共六百七十八页,是新排本。第二卷影印诗集四种;第三卷影印文集四种;第四卷影印小说、戏剧和日记;所谓日记就是"良友"版《爱眉小札》和"晨光"版《志摩日记》的影印本,并无其他新内容。第五卷影印三个译本;第六卷内容较珍贵,新排本,都是散见于报章杂志而未曾收集的,计有诗二十三首,散文三十四篇,译文十一篇,共六百四十二页。梁实秋的《编辑经过》,是这样开头的:

> 民国四十八年(按:即1959年)胡适之先生回到台湾,我赴南港看他,和他谈起徐志摩的一部分著作在台湾有人翻印,翻印的人不大负责任,往往将一本书割裂成好几本,号称"全集"者又缺漏太多,鲁鱼亥豕,更不必说,情形实在不能令人满意。但是志摩的作品,这么多年来,一直受到读者欢迎,是可喜的事。因此我建议胡适之先生,由他主持,编印徐志摩全集。胡先生说:"当初朋友们早有此意,只因志摩的遗稿,包括信札在内,不是全在一个人手里,由于

---

[1]《胡适来往书信选》,中册,第98—99页,1979年,中华书局。

人事关系调集起来不是一件容易的事,因循至今,搜求更加困难了。"只因遗稿不易集中,随将印行全集之事搁置下来,实在遗憾之至。

从胡适答复梁实秋的几句话里,说明纠纷所在的几本日记和书信终于未得下文,因此台湾版《徐志摩全集》既没有单独编成一部书信集,仅在第一卷墨迹函札项下刊入十封,更谈不上留在这个人那个人手中八宝箱里珍藏的什么日记了。这对研究志摩生平和作品的人,确是一大遗憾。

五

我们编辑的《志摩全集》原稿转移给"商务"以后命运如何,陆小曼有一篇遗作题名《遗文编就答君心——记〈志摩全集〉的编排经过》,叙述甚详。[1]1954年,私营出版社经过社会主义改造后,设在北京的商务印书馆初改公私合营,后改国营。在整理旧稿时,对于暂时不会出版的书稿,都按规定无条件退还作者或作者家属,预付版税,不再追还,《志摩全集》八卷本(后改八卷本)的最后清样和全部纸型,就这样由"商务"退还上海的陆小曼了。小曼接到全部清样后,曾约我去看过。可见这套书直到陆小曼去追问当时担任商务总经理的朱经农以后,才由编审部重新整理发排的。这时离小曼交稿日期已越十三年,而当时正临近解放战争中具有伟大历史意义的三大战役发动的前夕,由商务付印出版,当然是无从谈起了。

1957年4月,北京人民文学出版社请卞之琳编《志摩诗选》,去信通知住在上海的陆小曼,要她提供诗人照片和手迹,她接信后,喜出望外。虽然紧接着发生的反右扩大化以及随后的"十年动乱",诗选计划在出版社里又躺上二十多年,粉碎"四人帮",党中央拨乱反正后,卞之琳已于1979年9月的《诗刊》上发表了有关徐志摩的文章,肯定他是一位"爱祖国、反封建、讲'人道'"的诗人,现在这本志摩的选集,据说即将与读者见面,虽然陆小曼已无缘读到了。

---

[1]《新文学史料》1981年第4辑。

《志摩全集》清样八卷，现藏于北京图书馆

解放后，陆小曼才真正戒除了嗜好，在社会主义的新社会里，真正获得了新生。她写文章，翻译泰戈尔小说，参加上海国画院与上海美协的活动，创作了许多受到中外人士称赞的山水画，为成都杜甫草堂举行的"杜甫生平"画了四幅纪念画。当时，陆小曼与赵清阁友情甚笃，往来频繁。据赵清阁最近回忆说："记得是上海美协举办的一次展览会，陆小曼参加了几幅画。就在这个展览会上，她的画引起了陈老总的注意。陈老总眯着眼睛一面观赏画，一面带点惊诧的神情，自言自语着：'这画很好嘛！她的丈夫是不是徐志摩？'"[1]陪同参观的人就把陆小曼的生活和工作近况告诉了当时担任上海市长的陈毅，从此陆小曼得到了党的关怀和照顾。1956年起，任上海文史馆馆员；1959年起任上海市人民政府参事室参事，一直到1965年4月3日病逝于华东医院。

陆小曼的侄女陆宗麟，与陆小曼共同生活了许多年，她最近告诉我解放后有关小曼的两件值得一记的事。陆小曼第一次见到陈毅市长是在1958年。在一次上海市委召开的会议上，小曼去出席会议时，工作人员把她领到一位首长的旁座。这位首长亲切地问到她的健康，鼓励她多作

---

[1] 赵清阁作：《红叶联想》，《人民日报》1980年1月22日第8版。

画,可以开个个人展览会;又要她注意身体,不要太劳累。小曼见到党的领导同志平易近人,非常亲切,亲身体会到党的温暖。会议休息时,老画家钱瘦铁上去问小曼:"陈市长和你谈了些什么?"小曼平时不很关心国家大事,她这才恍然大悟,原来坐在她身旁的就是上海人民所爱戴的陈老总。还有一次是在1957年,张歆海夫人韩湘眉自美回国探亲,曾两次打电话找陆小曼,她都未接到。小曼见到上海美协主席赖少其时,向他谈起这件事,并表示不愿接见这样一位远居国外又数十年没有见面的徐志摩和她的老朋友。赖少其鼓励她去锦江饭店看望韩湘眉。当两人见面后,韩湘眉简直不相信自己的眼睛了,因为她在美国听徐志摩的老朋友们都把小曼说得一身是病,什么工作也不做,而且日子也很难过,因而她受老友们的委托,一方面来看看她,一方面还准备给她一些帮助。现在站在她面前的陆小曼,不但身体健康,精神也极旺盛,还知道她一直在绘画,在翻译小说,并从事各种社会活动,她们两人都不约而同地大笑起来,韩自认小曼确实大变了。据陆宗麟说,那晚她姑妈回家,那副手舞足蹈的兴奋劲儿,简直像打了一场胜仗回来。多愁多病、意志消沉的陆小曼,终于享受到了一个幸福的晚年,而且发挥了她的一技之长。

1965年春,她知道自己即将不起,把"商务"退还的《志摩全集》全部清样和该书纸型,还有一些志摩遗物,包括志摩的字和梁启超的对联等,嘱咐陆宗麟通知陈从周领去保管,陈从周是徐志摩的表妹夫,他对志摩小曼有深厚的感情,迄今为止成为研究志摩的唯一重要参考资料《徐志摩年谱》,就是由他于1949年在上海自费编印的,当时仅印五百册,非卖品,也有一部分流传海外(这本《年谱》上海书店已影印出版)。陈从周从陆小曼那里接受这批文物后,考虑到交国家保管胜于个人珍藏,因此除一般文物送浙江博物馆外,《志摩全集》清样,于1966年3月,全部捐献给北京图书馆,时间正是"文化大革命"发动前的三个月。

陆小曼病危期间,我曾去华东医院看望她。她谈了许多感谢党的心里话。她对我说:"如果不解放,我肯定活不到今天。假如志摩生前知道,我们的共产党是这样的好,他也会和我一样相信的,可惜他死得太早了。"她又不胜惋惜地讲到志摩最后一天如果不坐那只小飞机的可能性。她告诉我,"九·一八"事变后,志摩曾搭乘张学良的福特牌座机自平返沪。途中张学良曾向志摩谈了许多蒋介石自己不抗日,还要张替他背黑锅的怨言。志摩那次回家,一方面对坐飞机兴趣很浓,因此引起小曼的警惕,要他以后不要再坐;另一方面,志摩对蒋介石的不抵抗政策极表不满,因而更激起他更大的义愤。小曼说:"可惜他生前没有机会接触党。如果不死,我相信他不会跟着走胡适的道路,也有可能走闻一多的道路。"我向她点点头,表示同意。但是我心里默默地想着,还是茅盾的话比较符合诗人的思想实际:徐志摩会走什么道路,"我们不便乱猜"。虽然他留下的文学作品,将永远成为新中国文学宝库的一个重要组成部分。小曼最后嘱咐我的话,还是念念不忘于那部《志摩全集》。我安慰她,志摩的书将来肯定要出,不但会越出越多,而且会出版一种以上的全集本的。现在海峡两岸不是都在出版志摩的作品吗?

我一直准备写这样一篇回忆史料,一拖再拖,到今年,正好志摩先生逝世五十周年,就把它作为我对志摩老师的一点纪念吧!

1981.7

附记

此文发表后,我曾寄给旅居英伦三十余年的凌叔华女士一份,她除给我复信外,1983年5月7日复陈从周同志信中,又提供了当时的许多史实。摘录如下,可供来日研究徐志摩、胡适等人的参考:

> 前些日,收到赵家璧来信,并寄我看他纪念志摩、小曼的一文,内中资料提到当年志摩坠机死后,由胡适出面要求朋友们把志摩资料交他的事。事实那时大家均为志摩暴卒,精神受刺激,尤其林徽音和她身边的挚友,都有点太过兴奋。我是时恰巧由武汉回北京省亲避暑,听到志摩坠机,当然十分震动悲戚。志摩与我一直情同手足,他的事,向来不瞒人,尤其对我,他的私事也如兄妹一般

坦白相告。我是生长在大家庭的人，对于这种情感，也司空见惯了。为了这种种潜在情感，志摩去欧之前（即去翡冷翠前），他巴巴的提着他的稿件箱（八宝箱），内里有"向未给第二人读过的日记本"及散文稿件（他由欧过俄寄回原稿件等）多沓，他半开玩笑的说："若是我有意外，叔华，你得给我写一传记，这些破烂交给你了！"我以后也问过他几回，要不要他的八宝箱拿走……他大约上海有家，没有来取。

至于志摩坠机后，由适之出面要我把志摩箱子交出，他说要为志摩整理出书纪念。我因想到箱内有小曼私人日记二本，也有志摩英文日记二三本，他既然说过不要随便给人看，他信托我，所以交我代存，并且重托过我为他写"传记"。为了这些原因，同时我知道如我交胡适，他那边天天有朋友去谈志摩事，这些日记，恐将滋事生非了。因为小曼日记内（二本）也常记一些是是非非，且对人名也不包含，想到这一点，我回信给胡适说，我只能把八宝箱交给他，要求他送给陆小曼。以后他真的拿走了，但在适之日记上，仍写志摩日记有二本存凌叔华处，胡的日记在梁实秋编的徐志摩传上也提到。赵家璧也看到胡的日记上如此写。这冤枉足足放在我身上四五十年，至今方发现！

日来我平心静气的回忆当年情况，觉得胡适为何要如此卖力气死向我们要志摩日记的原因，多半是为那时他热衷政治。志摩失事时，凡清华、北大教授，时下名女人，都向胡家跑。他平日也没机会接近这些人，因志摩之死，忽然胡家热闹起来，他想结交这些人物，所以制造一些事故，以便这些人物常来。那时我蒙在鼓中，但有两三女友来告我，叫我赶快交出志摩日记算了。我听了她们的话，即写信胡适派人来取，且叮嘱要交与小曼。但胡不听我话！竟未交出全部。小曼只收回她的二部日记（她未同志摩结婚前的日记，已印出来了！但许多人还以为另有日记）。

根据这一线索，印在《爱眉小札》后由陆小曼亲手交我发表的日记（1925年3月11日至7月11日），应当就是从凌叔华那里交给胡适，而又由胡适交还陆小曼的。但这也仅是一部，而且据我的记忆，小曼从未对我说过，这部日记是志摩死后由北平友人交来的。从内容看，这是更早时期写的日记，内容并未牵涉到胡适、徐志摩那个圈子，根本没有"滋事生非"的可能。所以这两本陆小曼的日记，她生前并没有领回。现在哪里，谁也不知了。

1983.12.30

原刊于《新文学史料》，1981年，第4辑。有补充，有修正，也有删节，另加附记。

商务版《徐志摩全集》序

这已是半个世纪前的旧事了！当时我在上海良友图书公司当文艺编辑，《中国新文学大系》的组编工作幸已完成，心中还有两个理想。根据蔡元培的建议，另编《世界短篇小说大系》，为五四以来翻译文学作品同样来个总结；作为《中国新文学大系》姊妹篇的这个十卷本的出版计划，组稿工作都已落实，预约广告也在 1937 年 8 月号《良友画报》封底刊出，却在日寇挑起的"八·一三"战争炮火中，活活地被断送了。另外，那套得到茅盾的支持，协助陆小曼共同编辑的《志摩全集》[1]，我是把它作为"五四"以来现代文学家的第一部全集作次尝试，未及如愿完工，在 1936 年因版权转移给上海商务印书馆而顿成泡影。我一直把这两件事视为我编辑生涯中的终生遗憾。

今年 2 月中从北京开会回来，突然接到商务印书馆香港分馆来信，告诉我过去那套《志摩全集》目前正在用原纸型打黑样，准备转为胶版印刷，希望用《徐志摩全集》名义近期内出版。信中说："王云五时商务没有做完的事情，希望由我们去做完它。"同时约我写篇序。这对我来说，真是喜出望外，是我晚年生活中一件值得高兴的事，我欣然复信同意了。

一

徐志摩先生是我在光华大学读书时代的老师，不但在英国文学研究方面受到过他的熏陶，当我半工半读开始走上编辑道路的最早时期里，也曾得到过他的指点和帮助。1931 年初，他离沪去北京大学任教后，还

---

[1] 当时陆小曼把这套全集称为《志摩全集》而不称《徐志摩全集》，此后我们径用此名，本文中也用了这个旧称。

保持着书信往来，每次南来，我都到四明村去看望他，因此也熟识了他的夫人陆小曼女士。我最早编辑的《一角丛书》中，他就把散文《秋》交我列入计划，但到该书于1931年11月27日初版出书时，他早已在一周前离开了我们这个世界，"飞渡万重的山头，去更阔大的湖海投射影子"去了。我当时还没有从大学毕业，完全出于朴素的师生之情，忽然跃出了一种天真的遐想，当我看到《秋》一印再印极受读者喜爱时，我就想起为什么将来不能给徐志摩出一部全集呢？这个念头是当时在大学图书馆和西书铺里，陈列着许多欧美著名作家成套全集所诱发起来的。陆小曼回忆文章中有这样一段记载：

> 在他遇难后，我病倒在床上有一年多。在这个时间，昏昏沉沉，什么也没有想到。病好以后，赵家璧来同我商量出版全集的事，我当然是十分高兴的。[1]

这说明编辑全集的设想，早在志摩逝世后一年（1932年）就开始酝酿了。但真正排上工作日程表还在1935年。

1935年5月，《中国新文学大系》开始出书，我第一次去北京访友组稿。见到志摩生前友好郑振铎、冰心、胡适、周作人、沈从文和陈梦家等，我向他们谈了编辑徐志摩全集的打算，除胡适反应冷淡外，无不对我热情鼓励。那一年郑振铎先我来沪，我回到上海后，他看到我还犹豫不决、勇气不足时，要我去请教茅盾。茅盾对《中国新文学大系》的出版，可以说起了决定性的作用，他为我们出了许多好主意，解决了不少疑难。最近发表的茅盾《回忆录（十八）》叙说甚详。[2]我那天去看望茅盾先生时，对他谈了我的编辑计划，他立即表示赞成。他认为徐志摩的思想既是颓唐悲观，又想革命，看到革命的影子又害怕，正代表了当时一部分知识分子的心情。徐志摩写的诗，在当时的新诗作者中还没有人

---

[1] 陆小曼：《遗文编就答君心》，载《新文学史料》1981年第4期。以后文中说到小曼回忆文章，均见此文，不另加注。
[2] 《新文学史料》，1983年第1期，北京，人民文学出版社。

能与他相比的。据茅盾估计，今后几代人会研究他，现在出版他的全集具有一定的意义。当我告诉他在陆小曼手中还掌握着一批未发表的日记和书信时，他说这是研究一位作家最重要的资料，因此鼓励我早日动手编；并认为替一位已过世的现代作家编印全集，在此以前尚无先例。翌年3月间，我把志摩的部分日记和书信用《爱眉小札》为书名，列入《良友文学丛书》出版，走出了第一步。同时征得经理同意后，我就与陆小曼正式商谈编辑全集的步骤，并订出了规划。我把已出的诗集、小说集、散文集和剧本等各种版本收集到手；需要花大力的是散见在南北各地报刊而没有入集的作品。这方面的工作，因限于当时的条件，远远没有做完做好。

二

关于徐志摩的日记，他没有每天都写的习惯。但是他常常在一个特定的时间、地点，写下一二十个片段；更有为某个心爱的人写下一个本子的，《爱眉小札》就是求爱时期专写给小曼看的一个实例。灰蓝色布封面，天地头很宽的雪白连史纸，十行蓝格中，作者用毛笔写下秀丽的手迹，字里行间，表达了当时诗人一团火热的真情，单单那个古色古香的狭长本子，令人一见就心爱；我们当时影印了一百册真迹手写本，现在连我自己都不留了。就是这一类日记，据说在与陆小曼结婚前，他们二人都还各人写过几本，当时小曼曾告诉我，保留在凌叔华手中。她当时曾去信要求借来编入全集，却连一封信也不复。直到去年凌叔华答复陈从周的信上，才第一次由这位保管人自述了诗人死后在北平展开的一幕为这几本日记的争夺战。这几本日记，小曼生前就告诉我安置在一只"八宝箱"里。原来徐志摩去欧洲找泰戈尔前，就把它交给凌叔华。凌最近在信中说："不幸在他飞行丧生的后几日，在胡适家有一些朋友，闹着要把他的箱子取出来公开，我说可以交给小曼保管，但胡帮着林徽音一群人要我交出来……他们人多势众，我没法拒绝，只好原封交与胡适。可惜里面不少稿子及日记，世人没有见过面的，都埋没或遗失了。"[1]为进

---

〔1〕《新文学史料》，1983年第1期。

一步了解详情,我写信去英国,请教凌叔华女士。她于1983年5月4日复信中说:"因为志摩遗稿存在我处,第一个不甘心的是徽音,第二个想讨好她的人是胡适(他政治兴趣方浓……)。我很坦白地说,据理说,志摩既把它托付我,我有权代他作主(那个'八宝箱'中不止是日记,还有不少寄与晨报的文稿),我说这个箱子应交与陆小曼,因她是妻子,不意胡适一再催交,并且劝我不必保存作'秘宝'(此二字是他用,十分伤我的自尊心,我为什么须借志摩的遗物为秘宝呢?)我托公超转告胡,要交与小曼,不意他没照我话做,这是我想不到的。现在遗稿失散,我不能不难过。"从这里可见胡适在志摩遗稿的保存和转移方面,玩了多大的花样。近据卞之琳写的文章中透露,就是这些后来交给林徽音保留的日记等,"在'文化大革命'期间终于消失了(倒不是直接出于'打、砸、抢')"。[1]这样看来,志摩日记留存在世的,除《爱眉小札》外,可能就是40年代由小曼交我编在《志摩日记》(晨光版)中的《西湖记》和《眉轩琐语》了。海外出版有关志摩的遗文佚篇中,也至今未见有什么其他日记发现。

三

回忆当年为向志摩生前友好征求借印作者的书简,我和小曼合拟了一封情辞恳切的信,还附印了一封由"良友"出面的铅印公函,但反应不强。北方的几位掌握大量书信的朋友,都默不作声。小曼为此深感苦恼,其中理由,小曼也给我讲了。现在从《胡适来往书信选》中,也可以了解个中底细。1931年12月10日凌叔华致胡适信中说:"有好几人已答允把志摩信送来编印,我已去信约了潘贞元抄写一半月看看。如果你存的信件可以编好,同时出书好不好?这是你说的散文的新光芒,也是纪念志摩的好法子。"[2]这些书信至今不知下落。又据梁实秋在台湾版《徐志摩全集》书前所写《编辑经过》一文中,转述胡适于1959年自美回台谈起如何编好全集时,"胡先生说:'当初朋友们早有此意,只因志摩的遗

---

[1]《上海师范学院学报》,1982年第3期。
[2]《胡适来往书信选》,中册,第88页,中华书局,1979年。

稿,包括信札在内,不是全在一个人手里,由于人事关系调集起来不是一件容易的事,因循至今,搜求更加困难了。'"[1]证诸台湾版《徐志摩全集》六卷本中,没有单独编一卷书信集,仅在第一卷用"墨迹函札"形式发表了志摩致胡适、周作人、傅斯年、梁实秋和张幼仪的共十封,可见志摩书信留世不多。我们当年总共搜到未发表信共一百零五封,内有致陆小曼信六十一通,致刘海粟信十九通,致蒋慰堂信九通,致郭有守信八通,致郭子雄信八通。今天回头看,也可聊以自慰了。前几年梁锡华在海外搜集到的徐志摩英文书信一大批,[2]那是十分难得的。

最近凌叔华在给陈从周信里还说起,她于1936年至1937年,在武汉主编《武汉文艺周刊》时,曾发表过志摩给她的一大批信。[3]我因此去信武汉大学中文系唐达晖同志代为找寻,他花了极大时间和精力,在湖北省图书馆找到了刊于1936年《武汉日报·现代文艺副刊》上的《志摩遗札》六封,长近万字,这可以说是国内最近发现的重要资料,可能写于1923年。当我去信英伦告诉凌叔华时,她在复信的一开始就说:"意外的收到来信,真是惊喜万分,这是多年未有过的喜事。"(1983年5月4日)这批书信将编入本全集《补遗·书信集》中。

郁达夫给我的许多信都丢了,仅存的一封就是答复我向他征求志摩书信的。他复信中告诉我志摩写给他的信都因几次受惊烧了。但信中说:"大约志摩的信,以给适之、陈通伯、凌叔华、冰心、林徽音的为多,小曼更可以不必说。"[4]郁达夫是徐志摩少年时代的同学,以后都成为中国文坛上的著名作家,私交甚笃。他这两句分析志摩书信的话是很有根据的。陆小曼所得书信应当是大量的,但那年拿出的也仅六十一封,其中属于结婚前及婚后半年(1925—1926)的计二十六封,1928年十一封,诗人生命最后一年(1931)的二十四封。这些书信由小曼交我编入全集时,曾对我讲过这样的话:"这批家书内容,很多涉及我们间的私情,也有牵涉到家庭琐事的。我原来不准备全部交你拿去发表,现在北

---

[1]《徐志摩全集》,第1卷,第17页,台湾,传记文学社,1953年。
[2] 梁锡华编译《徐志摩英文书信集》,台湾,联经出版社。
[3]《新文学史料》1983年第1期。
[4] 孔另境编《现代作家书简》,生活书店,1936年。

方的老朋友们都不来支援我们这个全集的计划,万不得已,只能由我一个人来出丑了。我也不想再去校读,将来付印前,你帮我做些清洁工作吧。"事实上,我在移交给商务之前也无心去仔细替她读一遍。直到1979年冬向北京图书馆复印一份带回上海后,我才有机会从头到尾地读了。但这次出版,为了尊重出版者的意见,仍然只字未动,以存其真(虽然对小曼不无内疚)。

至于被小曼丢掉的信为数更多,这可以从志摩致小曼信中得到证明。1926年2月25日从国外来信中说:"我的信想都寄到,'蓝信'英文的十封,中文的一封,此外非蓝信不编号的不知有多少封。除了有一天没有写,总算天天给我眉作报告的。"西俗男女相爱,互通情书,都用特制的一种淡蓝信笺,故曰"蓝信"(blue letter)。当年小曼把六十一封中文信交我时,也曾给我一包志摩写在蓝色洋纸上的英文信,就是上述"蓝信"的一部分,约有十几封,每封都是厚厚的一大叠。那时我没有想到就用英文付排;我的同学也是志摩学生陆上之,时正在《良友画报》任英文翻译,我曾请他译成中文发表。他读后说:"这些满纸真情而英文又写得这样优美的情书,我这支笨笔如何敢动手翻译呢?"就这样把原信还我。这批"蓝信"我一直连同三四十年代其他作家的六七百封书信保藏在一起。"文革"期间全部被抄,至今下落不明,实在可惜。1931年5月12日志摩给小曼信中,志摩又愤愤不平地质问她:"前三年我去欧美印度时,那九十多封信都到哪里去了?那是我周游的唯一成绩。"可见现在发表的仅是一小部分,更多的书简都被小曼无心丢弃了。

小曼对这一时期编辑经过,她自己是这样回忆的:

> 不过,他的著作除了已经出版的书籍,还有不少散留在各杂志及刊物上,需要各方面去收集。这不是简单的事,幸而家璧帮助我收集,过了许多时候才算完全编好,一共是十本。当时我就与商务印书馆订了合同,一大包稿子全部交出。

四

陆小曼在这里有意回避了涉及全集如何从良友图书公司转移到商务

印书馆的一段过程。现在事情已过去了几十年，为了尊重历史，由我来补上一笔，对本书读者也许会感到兴趣，因为这不但是一段值得一记的文坛史话，而且也好向旅居海外的志摩生前友好说明，对编印《志摩全集》的第一个热心人，是陆小曼而不是胡适。

事情的变化发生于1936年10月间，胡适从北平来到上海。他是《中国新文学大系·建设理论集》的编选者，前一年我上北平，曾去米粮库胡同拜访过他。这次来沪，住在北四川路桥堍新亚饭店，我在附近味雅酒楼宴请他，约陆小曼等作陪。席间，我们谈起《志摩全集》的编辑工作已初步完成；小曼当场请胡适写篇序文，并再次请他转向北方朋友征借志摩书简和日记。胡适顾左右而言他，我看出他面有愠色，但猜不出原因。几天后，小曼来电话约谈，才知胡适已为《志摩全集》另作了安排，与王云五讲妥，改由商务印书馆出版。只要小曼把编好的全集文稿全部交给商务，可预支一大笔现款稿酬。我这个青年编辑做梦也想不到当时像胡适、王云五这样两位大人物竟会对我耍这样一个花招。陆小曼当时生活困难，急需现款，"良友"经理当时也绝不会为了出这套书与商务争一日之短长。这"一大包稿子"由我亲手送给小曼，小曼便立即"全部交出"，从此这套全集的命运就归商务所掌握。胡适对我又来了一套安抚的手法，把他所写的一部五万字的游记《南游杂忆》交"良友"出版，当时他的著作一般都是新月书店出版的。

五

全集文稿移交后一年，上海"八·一三"抗战爆发，"良友"宣告破产关门，商务总机构先去香港，后迁重庆，全集文稿的出版，当然遥遥无期了。八年抗战胜利，商务迁回上海。小曼怀着满腔希望去商务打听全集的下落，得到的答复是"志摩的稿子，可能在香港，也可能在重庆，要查起来才能知道这一包稿子是否还存在"。小曼当时的失望之情，我们可以想象得之。1947年，她为了纪念志摩诞生五十周年，又把两本志摩的未发表日记交我，我用《志摩日记》为名，列入我当时在晨光出版公司主编的《晨光文学丛书》中。小曼在序文中说：

十年前，当我同家壁收集他的文稿，准备编印《全集》时，我有一次在梦中好像见到他，他便叫我不要太高兴，《全集》决不是像你想象般容易出版的。不等九年十年决不会实现。我醒后，真不信他的话，我屈指算来，《全集》一定会在几个月内出书，谁知后来果然受到了意外的打击。一年年的过去，到今年整整十年了，他倒五十了，《全集》还是没有影儿，叫我说什么？怪谁？怨谁？

那时，王云五已上南京当财政部长去了，商务总经理改由朱经农担任。当我把这一消息告诉小曼时，她从烟铺上跳了起来，大声地笑着说："这就好了，朱经农是志摩的老朋友，他一定会帮我去把志摩的稿子找回来，我明天就去商务找朱经农，这一下有了希望了。"不久，朱经农居然有信给她，说全集文稿安然无恙，但还在香港商务，将尽早把它调回上海。小曼得到这个喜讯，打电话要我到她家去谈谈。见到我时，她高兴得手舞足蹈，那张瘦了的嘴笑得合不拢来，她对志摩的一片深情，使我感到她的后半生，一直把出版《志摩全集》作为她报答丈夫的唯一愿望。

但那时，上海正处于解放战争的前夕，人心惶惶，百业凋零，出版业更是一蹶不振，这样一部大书，商务也不会列入出书计划中。所以到1949年5月上海解放时，陆小曼发出了这样的哀鸣：

谁知等来等去，书的消息没有，解放的消息倒来了……我这时候，只有对着苍天苦笑！用不着说了，志摩的稿子是绝对不会再存在了，一切都绝望了！我还能去问谁？连问的门都摸不着了。

陆小曼所不知道的是，这一大包稿子从香港调回上海后，商务编审部的编辑，投下不少人力，已默默地把它整理、编校完成，而且打成了纸型。他们还为了适应当时的政治环境，把志摩给小曼信中，有几个重要人物的名字留了方框（此次付印，把能够记起的人名恢复了，有的已无法记起，有的也不能妄加猜测，一仍其旧）。他们当时是准备用《志摩遗集》名义出版的。在书后还写了一段后记："……整理未就而'八·一三'之难作。敝馆编审部自沪迁湘,由港徙渝,抗战期间,几无宁处,原稿仅获保全,未遑编印。"向读者说明了事实经过,下署"民国三十七年七月一日商务印书馆编审部谨识。"我现在重读这段后记,颇有所感。商务编审部是以严肃认真的态度处理这"一大包稿子"的。回忆我在胡适压力下把编辑工作还没有完全做完做好的文稿交还小曼后,从此不再过问,也不再帮她做些其余力所能及的事,深感歉意。试想如果当年商务没有在兵荒马乱的战争年代,把文稿转移到香港妥为保存,如果抗战胜利后商务编审部没有及时整理、编校,最后留下清样,打成纸型,陆小曼在上海解放时所担心的事,很可能不幸而被言中的。

六

全国解放后的1954年,我国出版业和其他各业一样进行社会主义改造,商务印书馆也不例外。各出版社对所有存稿纸型都根据实际需要分别处理。根据当时情况,《志摩全集》当然没有出版的可能,北京商务印书馆按国家政策规定,把该书全部清样和纸型退给陆小曼保存,对已付稿酬不再追还。小曼于绝望之中,忽然接到北京商务的一封通知书时,她的惊喜之情,表达在她的回忆文章中:

> 呆头木脑一直到1954年春天,在一片黑沉沉的云雾里又闪出了一缕光亮,我忽然接到北京商务来的一封信,说《志摩全集》稿子已经寻到了,因为不合时代性,所以暂时不能出版,只好同我取消合同,稿子可以送还我。这意想不到的收获使我高兴得一句话也说不出,心里不断地念着:还是共产党好,还是共产党好!……我知道只要稿子还在,慢慢的一定会有出版的机会……我再等待吧。

小曼当时还不知道退还给她的已是全集的半成品——纸型和清样了。所以当北京商务把一箱纸型连同一份清样送到她家时,她又约我到她家去。她一方面高兴得简直要流下泪来,这确实是她没有料到的;一方面又对着几大包包扎得整整齐齐的纸型发呆,因为她从来没有看到过这些东西，而见不到原来的"一大包文稿"又使她大失所望。我向她进行解释后，她才满意了。但当我离开她家大门时，我自己也在问，这一大堆纸型要到什么时候才能发挥它的生命力呢？我和小曼一样在怀疑。但那八册清样至少把志摩一生最重要的作品和一部分书信为后代人保留下来了。

1956年下半年到1957年春，百花齐放、百家争鸣的方针刚刚提出，我国文艺出版界似乎出现了一片曙光，北京人民文学出版社约请卞之琳编一本《徐志摩诗选》。出版社开始与陆小曼通信联系，告诉她有这样的计划。她知道后，在回忆中说：

> 今天我得到了"诗选"出版的消息，不禁使我狂喜，志摩的灵魂一定更感快慰，从此他可以安心的长眠于地下了。诗集能出版，散文、小说等，一定也可以一本本出版了。

就在这种极度兴奋的精神状态下，她自己在1957年2月间，在一本陈旧的练习簿上，用红墨水笔写下了一篇优美散文——《遗文编就答君心》[1]，既回忆了编辑全集的坎坷历程，也表达了她自认为已见到多年希望终于开始逐渐实现的欢乐心情。不料国内逆风突起，出版《徐志摩诗选》的计划也随之烟消云散，小曼心中一度复燃的热火又一次熄灭了。

七

小曼在解放后，戒绝了嗜好，参加各种社会活动，开始了新生，既绘国画，又写文章，还翻译泰戈尔的小说，度过了一个幸福的晚年。1956年起任上海文史馆馆员，1959年起任上海市人民政府参事室参事。1965年4月3日病逝于华东医院。弥留期间，我去看望她，她还是念念不忘于《志摩全集》出版的事。我告诉她，志摩的著作，海外一直在翻印，我

---

[1] 陆小曼的这本写有两篇遗稿的练习簿，我是1979年在她侄女陆宗麟家中发现的。

们这里，迟早也会出版的。陆小曼临终前，遗嘱把全部清样和纸型交志摩表妹夫陈从周保藏。这几年，我们已出版了《徐志摩诗选》和《徐志摩诗文选》等，许多现代文学研究者，已写出很多篇有价值的关于徐志摩的学术论文。但有朝一日，能按《志摩全集》的本来面目仍与世人相见，连我自己也从未存此奢望。五十年后居然如愿以偿，真是要感谢商务的。

十年浩劫，幸赖陈从周的深谋远虑和精心安排，早于1966年春，把商务的清样送交北京国立图书馆保存，一大箱纸型另外托人保管。现在这部抗战八年期间，在香港商务书稿柜里安度国难的文稿，隔了近四十年的岁月，又由商务印书馆香港分馆按原纸型翻成胶版在香港初次出版，这不但是我国文艺出版界的一大盛事，也是一件颇为曲折的出版史料；从我个人来说，更可借此告慰徐志摩老师和陆小曼女士于地下的。我把本书编印经过作为序，用以寄托我对他们的哀思。

香港商务版《徐志摩全集》第五卷封面

商务印书馆香港分馆综合编辑部把旧编《志摩全集》合编成五卷，计诗集一卷，散文集二卷，小说集一卷，戏剧和书信合为一卷，总称：《徐志摩全集》。他们还计划于最近期内，将这几十年来海内外收集到的全部遗篇佚文，按《全集》规格加编《补遗》三至五卷，使这部《徐志摩全集》真正做到一个"全"字。我相信这个完整的计划肯定会及早实现，这样就会给海内外研究中国现代文学史，特别是研究诗人徐志摩的学者，提供一份完整的历史文献，希读者拭目待之。

1983.7

原刊于《随笔》1983年第6期，广州，花城出版社。

徐志摩和泰戈尔

在我国人民隆重纪念印度伟大诗人、作家、社会活动家泰戈尔逝世四十周年的日子里,使我想起因飞机失事只活了三十六岁的我国著名诗人徐志摩,以及他和泰戈尔之间亲如父子的友谊。五四时代起直到今天,泰戈尔是被介绍来我国时间最早(1915年)、而翻译版本出版最多(三百余种)的外国作家之一。他还曾两次到过中国,在我国文艺家中,他有好几位中国朋友,但结交最早,感情最深的莫如徐志摩。20年代末二年,我在大学听徐志摩先生讲课时,他经常提到泰戈尔和他所创办的桑迪尼基坦,即国际大学,流露了衷心崇敬和深切怀念之情。

泰戈尔第一次来华是在1924年,但在前一年,郑振铎主编的《小说月报》已连续出版了两期《泰戈尔专号》,徐志摩写了许多文章,介绍他的作品,报道《泰戈尔来华的确期》。4月中泰戈尔到达上海,他在上海、南京、杭州和北京等地,举行了近二十次讲学,全由徐志摩任翻译。5月底,泰戈尔离沪去日本,志摩陪他同行,《志摩的诗》中最脍炙人口的那首诗《沙扬娜拉》,就是在那次写成的。梁启超在《饮冰室文集》中曾说过:"泰戈尔还很爱徐志摩,给他起一个印度名,叫做素思玛(Susima)。"

1925年3月,徐志摩出国去欧洲,4月10日在英国写给陆小曼的信中,谈了他想去看望泰戈尔的打算:

> 我这次来,一路上坟送葬,惘惘极了。我有一天想立刻买船票到印度去,还了愿心完事……印度我总得去,老头在不在我都得去,这比菩萨面前许下的愿心还要紧。照我现在的主意,是不迟6月初动身到印度,8、9月间可回国,那就快乐了?
>
> 这回旅行太糟了,本来的打算多如意,多美,泰戈尔一跑,我就没了落儿,我倒不怨他,我怨的是他的书记那恩厚之小鬼,一面

催我出来，一面让老头回去，也不给我个消息，害我白跑一趟。

从这封信中看出，泰戈尔在华期间，曾与志摩有约在先；这次秘书误了事，志摩到英国，泰戈尔已跑了。后来志摩因陆小曼患病催他回国，没有去成（直到1928年10月，徐志摩才完成了他去印度看望泰戈尔的宿愿）。志摩回国后，曾把陆小曼的照片送给泰戈尔，当时他们还未结婚。老人家对志摩的恋爱事件非常关心，对他鼓励、祝愿。志摩的《爱眉小札》就是在这次回国后的8、9月间写的。

泰戈尔第二次到中国是在1927年秋。他当时去美国、日本讲学，不料在美国受到一部分人的排斥，心绪不佳，又加旅途中染上重病。他先给志摩来了封信，据陆小曼回忆："看他（泰戈尔）的语气是非常之愤怒。志摩接到信，就急得坐立不安，恨不能立刻飞去他的身旁。"[1] 泰戈尔回国途中，轮船将在上海停泊数小时，他又发了无线电报，要志摩来码头见他。那一天，正巧郁达夫在路上见到志摩，两人便联袂去杨树浦大来轮船公司码头。在轮船未靠岸前，志摩情绪低沉，呆呆地对郁达夫说："诗人老去，又遭了新时代的摈斥，他老人家的悲哀，正是孔子的悲哀。"郁达夫发表在《新月》的《志摩在回忆里》说："志摩对我说这几句话的时候，双眼呆看着远处，脸色变得青灰，声音也特别低。我和志摩来往这许多年，在他脸上看出悲哀的表情来的事情，这实在是最初也便是最后的一次。"泰戈尔这次虽未踏上我们的国

泰戈尔与徐志摩合摄于北京，1924年。徐志摩穿的是泰戈尔送的印度长袍和印度帽

---

[1] 陆小曼：《泰戈尔在我家作客——兼忆志摩》，《文汇月刊》，1981年11月号，上海。

土,也已进入我们的国门了。

最值得一记的是 1929 年 3 月 19 日,泰戈尔专程自印度来上海徐志摩家作客。当时他们住在福煦路六一三号,即现在延安中路四明村沿马路的一幢普通住房中。据小曼回忆:"他老人家忽然来了个电报,说一个月后就要来上海,并且预备在我家下榻。好!这一下可忙坏了我们了,两个人不知道怎样办才对。房子又小;穷书生的家里当然没有富丽堂皇的家具,东看看也不合意,西看看也不称心,简单的楼上楼下,也寻不出一间可以给他住的屋子。回绝他,又怕伤了他的美意;接受他,又没有地方安排……一共三间半房子,又怕他带的人多,不够住,一时搬家也来不及,结果只好硬着头皮去码头接了再说。"[1]

泰戈尔在志摩家中大约呆了一星期,他们一老二小过着亲密如一家人的快乐生活。泰戈尔这次留下了两件墨宝,标志着中印两国文化的交流。原来徐志摩有一本请朋友题诗题画的纪念册,大约二十开大小,内容都是各种不同颜色的北京产精制笺纸,志摩为它题名为《一本没有颜色的书》,闻一多、杨杏佛、胡适、林风眠等二十多位文艺界知名人士都在这本书上留下了墨迹。泰戈尔也在这本纪念册上,用中国毛笔作了一幅水墨画的自画像,画在洒金的大红笺纸上,笔调粗犷,近看像是一位老人的大半身坐像,远看又似一座小山。他用秀丽的钢笔字在右上角写下了一句富有哲理的英文小诗,下署作者名。小诗译意是:小山盼望变成一只小鸟,摆脱它那沉默的重担。另一幅是用孟加拉文写成的一首诗,现请崔岩守同志译如下:

  路上耽搁樱花谢了
  好景白白过去了
  但你不要感到不快
  (樱花)在这里出现

抗日战争结束后,我把《志摩日记》编入《晨光文学丛书》时,征

---

[1] 陆小曼:《泰戈尔在我家作客——兼忆志摩》,《文汇月刊》,1981 年 11 月号,上海。

得陆小曼同意,把这本纪念册的全部诗画作为插页,编入该书中。书出版后,小曼把纪念册送给我,要我好好保存。解放后,小曼精神焕发,全力从事绘画和翻译泰戈尔的小说集,受到党的关怀照顾,任上海国画院画师、文史馆馆员、参事室参事等职。我记得大约是1952年吧,小曼来信,要我把泰戈尔的两幅诗和画交还给她,她要捐献给上海博物馆,我立即照办。我自己珍藏的其余二十多幅手迹,十年浩劫中被迫"上交",至今不知落入谁手。我相信两幅泰戈尔的亲笔诗画,一定安然无恙的。

上海沦为孤岛时期,小曼曾为《良友画报》写过一篇纪念泰戈尔的散文,遥祝印度老诗人的八十诞辰。文中谈到1930年泰戈尔离别她家时,徐志摩曾口头答应泰戈尔七十寿辰的1931年,他将亲自去印度向他老人家祝寿。小曼文章的最后部分说:"谁知道志摩就在他(泰戈尔)去后第二年遭难。老头儿这时候听到这种霹雳似的恶耗,一定不知道怎样痛惜的吧。本来也难怪志摩对他老人家的敬爱,他对志摩的亲挚也是异乎寻常,不用说别的,一年到头的信是不断的。只可惜那许多难以得着的信,都叫我在志摩故后全部遗失了,现在想起来也还痛惜。"

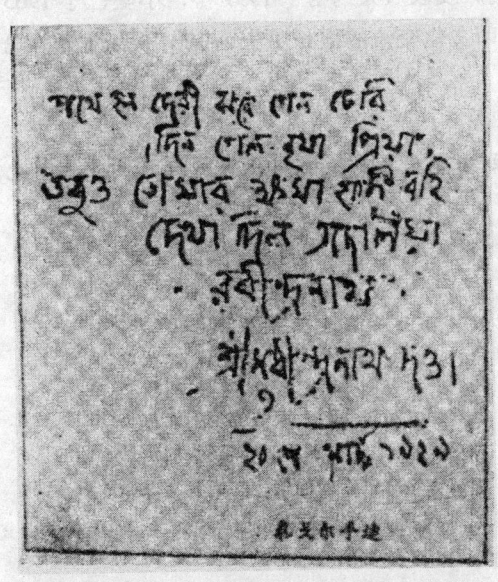

泰戈尔用孟加拉文写的一首小诗手迹

泰戈尔给志摩的书信虽遭丢失，但有一件泰戈尔的遗物，由于小曼的精心保管，妥善委托，至今还留在人间。这是我最近为了写有关徐志摩的回忆史料，向陆小曼侄女陆宗麟征求资料时，无意中在她家发现的。泰戈尔1930年离别上海时，曾把他自己所穿的一袭极为珍贵的紫红色丝织印度长袍留赠志摩夫妇，作为纪念；袍上多处用金丝精绣着一道道富有印度民族色彩的图案装饰。小曼生前把它送给宗麟作为结婚礼物，也含有交托保管之意。十年动乱中，宗麟家屡遭搜查，这件当时有可能涉及严重"海外关系"嫌疑的印度服装，由于已被略加改制，才得以保存下来。当这袭象征着中印人民深厚友谊的紫红长袍展现在我的眼前时，睹物思人，感慨万千。我既想到这位中国人民的挚友、印度伟大诗人泰戈尔，想得更多的是被冷落了数十年的我国一代诗人徐志摩。今年11月19日，正是他飞往无边空际"云游"，一去不复返的五十周年纪念日。最近听说四川版《徐志摩诗集》出版后立即被争购一空，又从全国各地文艺刊物上，不断出现研究徐志摩作品的论文，才感到党的双百方针真正得到落实了。我写这篇短文，同时把宗麟珍藏的一篇陆小曼遗文在《文汇月刊》发表（大约写于1957年，小曼已于1965年4月3日逝世），也算对中印文化交流的漫长历史，提供了点滴史料吧！

1981.10

原刊于《文汇月刊》1981年11月，上海，此次有补充。

记郑伯奇在良友图书公司

"四害"横行、天昏地黑的日子里,在干校劳累一天,晚上并不一定能得到好睡,更深半夜常常会突然醒来,从杭州湾传来的阵阵浪涛,隐约可闻。于是许多往事涌上心头,30年代文艺界的一些老同志、老朋友的音容笑貌,一个接着一个地显现在雪白的帐顶上。有的知道早已含冤去世,不在人间了;有的听说还处于"四人帮"爪牙的魔掌之中,在继续受苦受难;更多的是五六年音讯全无,远隔重山,生死不明。这后一类朋友中,经常怀念的是30年代在上海良友图书公司共事四年的创造社老作家郑伯奇同志。他世居西安甜水井,1972年4月我从干校回家,隔两年,才通过住在西安的另一位老友,打听到他幸还健在,立刻和他通了信,但也仅止于相互告慰,同庆幸存而已。1975年,为了鲁迅著作注释本上一个有关的注释通过几次信。粉碎"四人帮"后,大家都又忙起来,信也少了。今年1月初,突然接到"西安甜水井郑"来信,我以为伯奇又写信来了,读完信,才知他已瘫痪近年,最近心力衰竭,生命危在旦夕,弥留期间,神志尚清,想起我这个四十多年的老友,因而嘱咐他女儿代他来信问候,并向我表示,将来若有机会去上海,当谋一面,重叙旧情。我有一年多未和他通信,想不到他病得如此快,如此严重。从来信语气中,预感到有一种不祥之兆。我便立即写了封信给伯奇,除了慰问病情外,情不自禁地抒写了一大段向他恳切感谢30年代对我的教诲和帮助的心里话。因为最近我把我在良友图书公司担任文艺编辑期间的有关史料写下来,每次构思、动笔,就自然而然地想到伯奇,写到伯奇。事实确实如此,如果没有伯奇,我不可能走上进步的文艺工作者的道路;如果没有伯奇,"良友"也不可能出版那么多当时曾发生过一定影响而至今还受人称颂的文艺作品。我相信他会看到这封信,至少他的儿女会在病榻旁边念给他听的。可惜这是我们之间最后一封信了。

从 1937 年"八·一三"战争爆发后,我们就从上海各奔东西,从此音讯隔绝。直到解放后的 1950 年冬,才在北京前门旅舍匆匆一见。1960 年第三次全国文代大会在北京举行,我和他同住一所宾馆。白天一起出席大小会议,晚上一起参观观摩演出,二十多天里几乎朝夕与共,经常促膝谈心,重温了 30 年代在良友并坐共事的欢乐日子。临别前,我们还在宾馆花园里并坐在一条石凳上合影留念。我原有乘身体尚健去古城一游的打算,同时看望几位老友。不料 1 月 25 日噩耗传来,伯奇已永远离开了我们。两人虽然都有重谋晤面的心愿,现在只有我来写悼念文章,以寄托我的哀思了。

一

1932 年,"一·二八"淞沪战争发生,《良友》画报停刊四个月。5 月份恢复出版时,最先两期缩小开本,从影写版改为铜版印。7 月恢复大开本,增加白报纸印文字增刊十六页,每期刊载国际时事述评和文艺创作等。就在这年 4 月,有位戴了一副深度近视眼镜,瘦瘦高个子的北方人来到"良友"编辑部。他庄重朴实,不苟言笑,虽和我们一样穿一身西服,却毫不讲究。经理第一天给我们介绍时,称他郑君平先生,陕西长安人。

当时,我刚刚跨出校门,开始编《一角丛书》。但认识的文艺界圈子极小。组稿对象,仅仅是大学里的老师同学,同乡文友,还有几位月刊的经常撰稿人。"九·一八"事变,蒋介石采取"不抵抗"政策把东北三省拱手让人,思想上极为苦闷;接着发生在上海的十九路军英勇抗战结果被蒋介石出卖的悲惨结局,使自己对个人、民族、国家的前途茫然若失。虽有把文学、艺术、编辑、出版作为终身事业的愿望,但究竟为了什么这样做心中无数。

那时的编辑部占据着大约有一百多平方米的大办公室,全室十多个人,我和伯奇的办公桌正好并列在西窗底下。中午饭食自理,我和伯奇两个非广东籍的编辑经常去北四川路的小饭店共进午餐,伯奇还常请我去吴淞路日本购买组合二楼的餐厅吃日本饭。从日常的接触和谈心中,增强了相互间的了解,逐渐建立了友谊。大约一个月后,他才告诉我他就是郑伯奇,这次为了避开国民党反动派的耳目,改名来此工作。他早年毕业于日本京都帝大文学部,参加创造社。大革命时期,任广州中山大学教授,担任过黄埔军校政治教官。大革命失败后到上海,曾任上海艺术大学教授,上海艺术剧社社长,参加左翼作家联盟和左翼戏剧家联盟等。我一方面大吃一惊,看不出他是一位革命老前辈;一方面也私自庆幸,来了一位难于访求的好老师。

正当我在思想上苦恼、事业上束手无策的时刻,郑伯奇同志来到我的身边,正好成为我前进道路上的指路人。他比我年长十三岁,谦虚坦率,平易近人,完全是一位忠厚长者。自从我知道他的来历以后,他对我推心置腹,无话不谈。此后几年,我在编辑计划上有些什么想法,总是先向他请教;我自己写好了什么文章,总是先请他过目修改。对于我的编辑计划,他总是站在我的背后支持我,循循善诱,却从不强加于人。他真是我的良师益友。也在他的教诲下,我开始读了一些过去不知道或是虽然知道却不愿花功夫去认真阅读的革命书籍,逐渐懂得了一点革命的道理。同时通过他的关系,认识了许多"文总"、"左联"、"社联"和其他进步作家。我的组稿对象一下子大大地开阔了,既充实了《一角丛书》的内容,又为以后编辑的各套文艺丛书打下了基础。对我来说,伯奇来后,一个崭新的活跃的组稿局面打开了,我作为编辑的活动天地扩大了。不久,在上海的进步出版界阵营中,便出现了"良友公司"这样一支引人注目的新军。

伯奇在最初一年半时间里,为《良友》画报的文字增刊每期用"虚舟"笔名撰写一篇国际时事述评。他用科学的进步的观点,站在反法西斯斗争的立场上,分析当时的国际形势。淞沪战争之后,全国人民处于惶恐不安的状态中,亟需了解国际上的风云变幻和政治动向,伯奇就在下列的这些题目中——《第二次世界大战之危机》、《没有失业者的国——苏俄》、《日本最近政变的解剖》和《德国法西斯蒂的前途》等等,向读者进行国际形势教育。这在一贯偏向生活趣味的《良友》画报来说是一次大胆的创举,替素来对国际政治动态漠不关心或不会分析的画报读者,第一次打开了眼界。同时他又用"华尚文"笔名发表小说和散文。不久,茅盾、丁玲、张天翼、楼适夷等的散文或小说也陆续第一次在《良友》画报上出现，那是因为从 1932 年 9 月开始，《良友》画报实际上已由马国亮接手主编，他也深受伯奇的影响了。

从 1933 年 7 月开始，伯奇用郑君平名义主编《电影画报》。编者在创刊号中说："本报以提倡国片为主。我们很想提高影迷的趣味，增加观众对于电影艺术的理解，间接促进中国电影的前进。"在 1933 年出了小开本的六期；1934 年出了大开本的十期。一半用铜版纸刊印演员个人照和剧照，一半是文字，内容并无特别引人注目之处。但是这个电影刊物与伯奇在进步电影界的活动具有密切的关系，这给伯奇提供了一个有利条件，使他在电影界获得广泛接触的机会。我现在回忆，这一时期，伯奇不但在"良友"同事间，相处得非常融洽，他的社会活动，也比前一年活跃得多。

我们编辑部靠东北角是一间用木板相隔的会客室，因光线不足经常开着电灯，屋内放着三四张沙发，来看伯奇的朋友很多。我记得经常来的有阿英、夏衍、凌鹤等。起初只有伯奇招待他们，后来我也常常参加谈天，最后，马国亮也和他们交上了朋友。我当时只知道伯奇在电影界关系很多，活动频繁。他还为凌鹤编的《申报·电影专刊》经常写新影评，用的是席耐芳等笔名。但究竟他在干些什么，我从不过问。直到最近读到夏衍同志《忆阿英同志》的文章[1]，才知道当时以《孤儿救祖记》等伦理片起家的明星电影公司，主动邀请三位进步作家去当编剧顾问，建立了党的阵地，其中除阿英、夏衍外就是郑伯奇。

于伶所写《先驱者战斗的一生——缅怀郑伯奇同志》[2]一文中，还说到："适值'九·一八'、'一·二八'两大事变之后，国产电影在外来侵略和国内反动统治摧残下，面临极大困难。挣扎于危机中的明星公司，通过阿英同志要求左翼人士援助。经当时党的文艺领导瞿秋白同志指示，组成了由夏衍负责的电影小组，和伯奇、阿英三位，用黄子布、席耐芳与张凤吾这假名，秘密受聘为该公司剧本顾问。"在介绍与传播当时的苏联社会主义电影艺术理论方面，郑伯奇与夏衍用上述假名分别翻译

---

[1] 见《战地增刊》1978 年第 2 期。
[2] 《党的生活》，1980 年第 2 期，上海人民出版社。

了普多夫金名著《电影导演论》和《电影脚本论》,在上海《晨报》副刊《每日电影》连载发表。"同时,在电影小组领导下,建立起了一支庞大的影评队伍,上海各报每天有影评文章,署名郑君平、郑平子、席耐芳等笔名的建设性影评,就是郑老勤奋战斗的成果。"这些文章,仅有一小部分编入他的《两栖集》中,该书由良友出版。

另一篇阳翰笙同志写《痛悼田汉同志》的纪念文章,[1]有一段回忆也使我联想起伯奇和"良友"的关系。文章说:"继夏衍、阿英、郑伯奇等同志在'明星'公司建立了党的阵地之后",他们又利用资本家的资本筹组艺华影片公司,拍摄了许多反映人民疾苦,反对日帝侵略的革命电影。后来逐步"夺取了'明星'、'艺华'、'联华'等编导权。进步电影取得了压倒的优势!"接着国民党反动派"就用所谓'电影界铲共会'名义,纠集流氓打手,对艺华公司进行捣毁破坏……制造了震惊中外的反革命事件!"这件事发生在艺华公司的时间是1933年11月13日上午九时;同日上午十一时,良友公司的门市部大玻璃窗,也被一个手持铁锤的"怪客"击碎了。国民党反动派所进行的文化"围剿"的罪行,由于鲁迅在所编《准风月谈》后记中把它"立此存照"而永远成为研究中国现代文学史的反面材料。当时"上海电影界铲共同志会"的油印警告信,不仅发给各书店各报社,"良友"经理也于次日收到一份,他曾给我看过。信末说:"如有不遵,我们必以较对付艺华及良友公司更激烈更彻底的手段对付你们,决不宽假!"仅仅两年前还不为国民党反动派放在眼里的良友公司,忽然与艺华公司同时成为值得大动干戈,把它作为一"铲"为快的目标,这从反面证明了伯奇进入"良友"后所做的工作确实是不平凡的。解放后,我才知道他并非共产党员,但回忆那可纪念的四个年头里,他在良友图书公司,也像他在明星影片公司一样,在党所领导的文化反"围剿"斗争中,起到了极大的作用。

二

文艺大众化问题讨论的后期,随着有人提出小说大众化和通俗小说

---

[1]《人民日报》,1979年4月26日第3版。

的问题。1934年，日本文坛上也掀起一阵讨论通俗文学的热潮。伯奇就把日本的老牌文学杂志《新潮》7月号给我看，指出有五位著名作家和文学批评家如片岗铁兵、森山启等对通俗文学各抒己见，写了专文。伯奇对日本的出版物极为熟悉，他告诉我，日本的通俗刊物如King和《妇人之友》等，厚厚一大册，销行数十万册，其中发表的通俗小说很多出于名家之手，情节引人入胜，故事饶有趣味，极受广大群众的欢迎。而日本的纯文学杂志，道貌岸然，不能深入一般群众之中，中国的情况也是如此。这年冬，他有放弃《电影画报》，改编一本通俗文学杂志，准备闯一条新路的想法。我认为如果他能编一个文学刊物，一定比编《电影画报》更能发挥他的特长，所以积极支持他向经理提出这一建议。

1935年2月，用郑君平主编名义的《新小说》创刊了。方方的二十开本，插图丰富，别具一格。许多著名作家都为这第一本通俗文学刊物的出现而做出自己的贡献，纷纷试写新作，帮助伯奇开辟这个文学新园地。编者的意图在第二期《编者话》中说得很清楚："我们要出一本通俗文学杂志，这杂志深入于一般读者中间，但同时，每个作品都要带有艺术气氛……我们相信真正伟大的艺术作品都是能够通俗的，都是能够深入一般读者大众的；同时有生命的通俗作品也都是在艺术方面很成功的……把作品分为艺术的和通俗的，这是一种变态，《新小说》的发刊就是想把这不合理的矛盾统一起来。"伯奇在这一点上有他自己的见解和远大的理想。他还曾在该刊上，写过一篇《小说的将来》，作了许多科学的预言，如广播小说、电视剧、有声小说等。

创刊号里发表了张天翼的小说《从1924—1934》，作者用书信体描绘从"五卅惨案"到"九·一八"、"一·二八"等翻天覆地的十年社会大变革时期，一个最初决心投身革命的青年，如何在残酷的生活面前，放弃了远大的理想，变成一个意志消沉的小市民。小说连载二期。张天翼给编者信[1]中说：

---

[1] 以下引述许多作家给编者郑君平的信，均见《新小说》各期的"编者·作者·读者"栏。

> 看到《新小说》极为高兴,编制插图都极吸引人,但望下几期能打进学生以外的多数读者如店员等等。我觉得我那篇不大合适,因为这种文字只有读书人能读,未能通俗。

当时的纯文学刊物,由于写作的题材和方法,读者局限于知识分子阶层,打不进广大群众中去。张天翼愿意在这方面作一尝试。郁达夫也有类似的想法,他写给编者的信中说:

> 我以为通俗小说,终不是我们能写的东西……实在要把小说写得通俗真不容易。日本的大众小说倒是我们的一个模范……。

但在第二期上就发表了郁达夫的《唯命论者》。小说描写教了二十几年课,月挣三十八元六角的一位小学教员,他的妻子用外婆给她外孙的一元钱,偷偷地去买了一张航空奖券。开奖之日,夫妻俩误认号码,以为自己中了头奖,做了一场好梦。等到幻想破灭,小学教员的尸体被发现在学校附近的河浜里。这篇作品,当时《文学》5月号的一篇书评《杂志潮里的浪花》中作了这样的评语:"……郁达夫的《唯命论者》是既通俗又耐回味的一篇小说……我们也觉得在已出二期的《新小说》上真能推为通俗文学的,这也是初次啊!"第三期上刊有老舍的《善人》,郁达夫颇为欣赏,他说:"老舍的《善人》读得很有趣……"发表的通俗小说还有茅盾的《夏夜一点钟》,施蛰存的《猎虎记》,徐迟的《丽士卜的沙弗》,姚雪垠的《野祭》等。柯灵的长篇小说《牺羊》连载六期,据柯灵回忆,这篇小说的题材,也是出于伯奇的提议,"他说电影界新旧势力的矛盾很突出,这是社会矛盾的具体反映,其中形形式式的人事浮沉,都是很吸引人的素材。……后来因为《新小说》的夭折,《牺羊》也没有终卷。"[1]此外还有洪深的《山东五更调》,陈子展的《呆女婿》等,那从题目上就可看出它是为了适合《新小说》的特点而写作的。

郭沫若当时旅居日本,他来信祝贺这个新生的婴儿,他寄给伯奇的

---

[1] 柯灵:《长相思》,第116页,上海文艺出版社,1982年。

信上说：

> 《新小说》饶别致，文体亦轻松可喜。能于大众化中兼顾到使大众美化（广义的美），是一条顺畅的道路，望兄好自为之。

鲁迅对这个刊物的爱护，不但表现在他把自己翻译的西班牙作家巴罗哈的小说《促狭鬼莱哥羌台奇》寄给伯奇发表，还把萧军的短篇《搭客》介绍给《新小说》。给萧军的信上说：

> 良友收了一篇《搭客》，编辑说要改一个题目。我想这无大关系，代为答应了。[1]

这就是发表在第四期上的《货船》。鲁迅还写信叫孟十还去看伯奇。信上说：

> 良友图书公司出了一种月刊《新小说》，昨天看见那编者郑君平先生，说想托先生译点短篇，我看先生可以去访他一回……去一次自然未必能遇见，那么，只好再去了。[2]

关于鲁迅对这个刊物的支持，郑伯奇在鲁迅逝世后一月写的悼念文章《最后的会面》里，有一段自白，值得摘录："据接近鲁迅先生的人说，对于自己，鲁迅先生比较还好。这我自己也有点感觉到。我曾经有些事情托过他，他都还没有拒绝。我编《新小说》的时候，请他写稿，他马上答应，并且第一个先寄稿来。因为顾虑环境，我把那篇稿子压了两期，没有发表，他也并未生气。他还给我介绍了几个新的作家。萧军先生的小说，金人先生的翻译，都是他介绍来的。"[3]于此足见两位老作

---

[1]《鲁迅书信集》，第784页，人民文学出版社。
[2]《鲁迅书信集》，第760页。
[3] 郑伯奇：《忆创造社及其他》，第152页，香港三联书店，1982年。

家之间深厚的感情。

对这个刊物的编排和装帧设计,伯奇也花尽心机,重要作品都请万籁鸣、马国亮等作插图,有些画面几占一全版,这在当时的文学刊物中是很少见的。可惜篇幅有限,售价不低,销路受到影响。王任叔来信提意见说:

> 名为通俗读物,这样薄薄一本要卖两角,也不很"通俗",这是书店老板的事,不关吾兄。

但这个矛盾一直没有得到解决。当时良友的经济情况已不及往年,应付稿酬拖拖拉拉,这一情况,可从鲁迅给萧军一信中得到证明。上面讲过的萧军那篇小说发表后,稿费没有及时致送。鲁迅信中说:

> 良友公司的稿费单,写信去催了才寄来,今寄上,但有期限,在本月廿一,不能立刻取。[1]

这说明现金周转不灵,连一二十元的稿费都开期票了。这类事,对编辑者来说是极为恼火的。我记得有一次良友公司内部开会时,伯奇就为此与经理当面顶了起来,不欢而散。

伯奇对《新小说》是寄予很大希望的。那一时期,他经常和我商谈,如何在形式和内容上进一步进行改革,打开僵局。第一卷五期结束前,他吸取教训,重订计划,把开本缩小为二十三开本,增加篇幅,缩小插图,准备辟专栏,出专号,广约全国著名作家写稿。他在第二卷革新号的编者言中说:"通俗化不是一件容易事,不单是所登载的作品要容易受大众欢迎,就连编排的体裁,册子的大小,封面画和文字中的插图也都引起读者的兴趣,显然我们以前没有做到。"第二卷革新号于7月份出版,作者中有茅盾、靳以、万迪鹤、姚雪垠、叶圣陶、金人、任钧等。同时预告了第二期为《晚清文学研究特辑》,由郑振铎、阿英等执笔。第三

---

[1]《鲁迅书信集》,第829页。

期为《上海动态点滴特辑》，将由二十位作家分工合作，从各个不同角度反映这个冒险家乐园里两个完全不同的世界。接下去，他还预备出女作家专号、新人专号等等。一看革新号上的广告，就说明编者心中有一幅宏伟的蓝图。他当时充满着信心，认为第二卷出齐时一定可以大有起色。不料8月下旬，经理又和伯奇为了销数、成本、稿费开支等问题闹了一场。伯奇耿直为怀，经理锱铢必较。一怒之下，伯奇于第二天拂袖而去，从此离开了"良友"。

这件事在《鲁迅书信集》中也有所反映。9月1日鲁迅给萧军信中说：

> 收到良友公司通知信，说《新小说》停刊了，刚刚革新，而且前几天编辑给我信，也毫无此种消息，而忽然"停刊"，真有点奇怪。郑君平也辞歇了，你的那篇《军中》便无着落，不知留有原稿否？但我当去问一问别人。[1]

可见此事发生后，经理还以公司名义发了通知信给撰稿人，鲁迅和我们编辑部同事一样都感到突然。他要去问的"别人"，当然就是我。所以当天晚上，鲁迅就给我写信说：

> 今天下午，得知《新小说》已停刊，且闻郑君平先生亦离开公司。我曾代寄萧军作《军中》一篇，且已听得编入"革新"后一期中，今既停止，当然无用，可否请先生代为一查，抽出寄下，使我对于作者有一交代，不胜感幸。[2]

这封信是写得很婉转的，我把萧军的原稿代为寄去后，当然也把伯奇离职的情况告诉鲁迅，但主要向他说明这件事与政治无关。一位对"良友"的文艺出版事业作出过卓越贡献的老作家、老编辑就这样被经理轻易地摔走了，这对"良友"是一个无可弥补的损失；对我来说，身边失去

---

[1]《鲁迅书信集》，第867页。
[2] 同上书，第869页。

了一位随时可以请教的好老师。柯灵为悼念伯奇，曾写《追思》一文，其中说到伯奇创办《新小说》，就想把"本来不应有的艺术与通俗的矛盾""统一"起来，"使左翼文学运动'深入一般读者大众'中去。他主编《新小说》在时间上和《电影画报》相衔接，可以看出其间显明的血缘关系，那就是电影创作与理论的实践使他看到了文艺和人民的相互影响和力量。……《新小说》后来并没有发生它预期的社会影响，但无疑应当看作是左翼文学力求向纵深发展的一个标记"。[1]柯灵同志的这个评介，我认为是非常确切的。

三

　　伯奇在"良友"工作的四年之中，在"良友"出版过短篇小说集《打火机》，编在《良友文学丛书》中；还有一本关于文学与电影艺术的论文集《两栖集》。他为《一角丛书》写过一本小说《宽城子大将》，还用郑虚舟笔名写了一本揭露分析日本法西斯运动的小册子《日本的泛系运动》，也编在《一角丛书》中。至于总结"五四"新文学运动的十卷本《中国新文学大系》得以顺利出版，伯奇的贡献更是不可低估的。所以在我的印象中，鲁迅与伯奇之间的友谊是非常真挚十分深厚的。伯奇尊重鲁迅，鲁迅信任伯奇。这是我和他们二人一起谈话的好几次接触中所深切体会到的。

　　但"四人帮"横行时期，伯奇在西安也和其他各地30年代的老作家一样受尽迫害。"罪状"之一说他曾反对鲁迅，真是颠倒黑白，无中生有。据他女儿告诉我，当1968年3月4日许广平同志在京逝世，他从收音机里听到这个噩耗时，老泪横流，泣不成声。同时他喃喃自语地对家人说："今后有人诬说我曾反对鲁迅，我就缺少一个最可靠的证人了。"最近从他遗留的日记片断中，还发现1966年8月16日记下的一段话。当时西安有人贴他的大字报，警告他说："请你回忆一下五七年你的言行！"伯奇在日记上愤愤地接着写道："这些都很厉害，甚至把我打成漏网右派分

---

[1] 柯灵：《长相思》，第121页。

子，这和他以前硬说我和夏衍商谈，写回忆30年代文章一样地被诬为恶毒攻击。我必须严肃对待！"当时，写过回忆30年代文章的人都是被认为"罪该万死"，西安如此，上海也一个样。我1957年3月发表在《人民日报》文艺版上的两篇《编辑忆旧》，"文化大革命"一开始，就有人写大字报，指骂这两篇文章是我这个"漏网右派"当年所写典型的"大毒草"。我最近有机会看到从西安带来伯奇生前遗物中的两册红皮封面的日记本，灯下读到他亲笔所记的"牛棚"生活，不禁感慨系之，我们这些老人当年的遭遇是何等地相似啊。

粉碎"四人帮"后，被颠倒了的历史都要颠倒过来。"四人帮"妄图从中国现代文学史上抹掉30年代，我们就要大张旗鼓地宣传30年代的革命文艺，这是"五四"新文学运动的继续，是马列主义和中国文化革命的进一步结合。我们既是那个伟大时代的历史见证人，更有责任把那个时代的辉煌业绩，不论点点滴滴都记录下来，供后人作参考。伯奇晚年所写有关创造社的史料是极为珍贵的。

我和伯奇最后几次通信是在"四人帮"即将倒台前的1975年。一本征求意见的鲁迅著作注释本的一个注释，竟把伯奇也列入"借吹捧'伟大作家'来贬低、攻击鲁迅战斗杂文"者的一伙之中。我为此大抱不平，写信告诉伯奇，寄去了原书，征求他的意见。他当时已患病在身，情绪低沉。信中说：

> 至于自己的态度，最近观察世态动向，转觉沉默为好，因为原书编释者的态度，既属抹煞有关人物，自己跳出来表白，未免愚蠢可笑。

这几句话真实地反映了老知识分子在那"黑云压城城欲摧"的阴暗日子里，心情多么沉重，欲言犹止，悲愤填膺。虽然这个注释后来根本取消了，但当时那些未经调查研究，违背历史真实的诬陷之词，怎样地伤害了老人的心啊！

伯奇在1976年3月26日的来信上，深切怀念着他在30年代上海时的老战友：

来信谈及冯雪峰同志逝世情况，不禁引起凄怆之感。古人云："既悲逝者，行自念也。"听说阿英正患重病，正在治疗，望他早日痊愈。

现在阿英已于前年去世，伯奇自己也随之作了古人。陕西人民出版社正在筹备编选《郑伯奇文集》，这真是一个好消息。正如阳翰笙同志的唁电所说，"郑伯奇同志是以郭老为首的创造社老一辈的革命作家，'左联'的积极活动者，对于中国新文化运动的发展有过很大的贡献。"他的生平和作品中，有很多地方值得我们学习和研究的。我这里所记，仅仅是他光辉一生中短短的片段而已。

1979.5

原刊于《新文学史料》，1979年总第5辑，原题名为《回忆郑伯奇同志在"良友"》，有补充。

追叙未完成的《世界短篇小说大系》

30年代编辑出版的《中国新文学大系》(1917—1927)第一辑十卷本,不但已得到影印重版的机会,而且由上海文艺出版社续编的第二辑(1927—1937)的二十卷本,也将陆续问世。可惜当时准备就绪,即将发售预约的另一套《世界短篇小说大系》十卷本,由于日本帝国主义在我们预定出书前的十二天,在上海闸北区挑起了"八·一三"侵略战争,使这个即将临盆的出版计划,被扼死于母胎之中。1957年,虽一度曾有复活的一线希望,又顷刻熄灭,"文革"一开始,连留下的几大包原稿、清样、选目和作者来信,都被洗劫一空。最近从1937年7月号的《良友画报》封底上,重新看到那套红的广告,才使我旧梦重温,对这个未完成的出版计划,不胜感慨系之。过去也曾写到过一些回忆,但都是一鳞半爪,这次重新整理,又增加了许多新资料,另写这篇比较完整的出版史话,追叙旧事,可能还有些史料价值。

在这幅广告上,清楚地写明8月25日起开始出书,同时发售预约。全书也是十大厚册五百万言,布面精装,米黄色毛道林印。不但内容上与已出的《中国新文学大系》有密切的关联,外形上也保持统一的格式,故称"姊妹篇"。各卷书名和编译者(原拟称编选,因部分补充资料由编选者自译,故改称编译)名单如下:

    法国短篇小说集 黎烈文编译
    俄国短篇小说集 耿济之编译
    英国短篇小说集 傅东华编译
    德国短篇小说集 郭沫若编译
    日本短篇小说集 郑伯奇编译
    北欧短篇小说集 郁达夫编译

南欧短篇小说集　戴望舒编译
苏联短篇小说集　曹靖华编译
新兴国短篇小说集　巴金、鲁彦编译
美国短篇小说集　赵家璧编译

广告中还有两句话:"系统介绍近百年间的各国短篇小说;分国整理五四以来的文学翻译作品",简单说明了这套大书的编辑意图和编排方法。

刊于"八·一三"抗战前一月《良友画报》封底的广告

一

　　这样一部成套书的最初倡议者是蔡元培先生，事情发生在1935年的7、8月间。那时，《中国新文学大系》已出版了茅盾编选《小说一集》等三种，我手持样书，满怀喜悦地去中央研究院谒见蔡元培，那座坐落在兆丰公园（现称中山公园）对面的大洋房，对我来说，已不是什么陌生的地方了。印上他写的总序的《建设理论集》虽尚未出版，但当他见到这三册深蓝色烫金布脊，配在淡灰色水纹纸封面上的精装本时，这种庄重大方的装帧设计，一下子把他老人家吸引住了。他翻阅了里封和书页，满面笑容地频频点头称好。接着他问我全书十卷何时可以出齐，预约已售出多少部等等。我们交谈了十多分钟后，他一边抚摩着这几本书，一边用沉重的语气，向我表达了如下的心愿。他说："假如这套书出版后销路不坏，你们很可以续编第二辑。但我个人认为比这更重要的是翻译作品的结集。'五四'时代如果没有西洋优秀文学作品被大量介绍到中国来，新文学的创作事业是不可能获得如此成就的。当时从事翻译工作的人，他们所留下的种子是同样值得后人珍视的，困难的是这些作品散佚的情形，比这套书更难着手整理了。"我顿时感到蔡先生又向我提出了一项具有历史意义的出版任务，指出了又一条值得为之奋斗的道路。"五四"新文学运动之蓬勃发展，当然是受到世界各国近二三百年文艺思潮冲击的影响。当反对旧传统的文学家渴望有所新成就时，他们的目光势必投向国外，去探索和发现我国文学传统中前所未有的新思想和新的艺术形式；而这方面也是前人所没有汇集和总结的新天地。在完成一部"五四"以来创作文学的结集后，再编一部翻译文学的结集，那对将来研究现代中国文学发展史的人，不是一份同样有用的参考资料吗？而且我自己对外国文学的翻译和研究工作素感兴趣，因此，听了蔡先生的建议，更跃跃欲试。

　　但五四以来，从国外翻译引进的文学作品真是浩如烟海，将来是否也分门别类，像《中国新文学大系》一样，包括理论、小说、散文、戏剧、诗歌呢？我向蔡先生请教这个问题时，他没有直接答复，他仅仅举了周氏兄弟（鲁迅与周作人）在日本编印的《域外小说集》作例，向我说明鲁迅在文学创作方面的巨大贡献外，在介绍国外短篇小说方面，也是功不可没的；而鲁迅创作的第一篇小说《狂人日记》，就是在深受外国小说影响下写成的。第二天见到郑伯奇，我就把蔡元培的建议告诉了他，他认为蔡元培是一位具有远见的学者，他考虑到的选题具有重大历史意义。我们编辑出版了《中国新文学大系》，仅仅做好了为新文学运动整理、总结工作的一半，还有一半，犹待完成。

当时，内山书店里正好有一套日本东京河出书房新出的七卷本《世界短篇杰作全集》，我买了一套回来，与伯奇共同研究。我们感到五四以来新文学创作的繁荣，首先反映在短篇小说领域，作家多，作品丰富；而外国作品被迻译到我国来的，短篇小说也远远超过其他文学品种。至于我国短篇小说作家中，有许多人正如茅盾所说那样："开始写小说时的凭借还是以前读过的一些外国小说。"[1]再从世界范围来看，短篇小说也是近百年来开始发展的一种文学形式，截取人生的一个片段加以剖析描绘，最能反映近代和现代人的生活和思想。因此我们决定以短篇小说为范围，时间的下限不加规定，根据各个国家的具体情况，分为一国一卷的，或一个地区分为一卷的，如有必要，也可一国占二卷的。为了与《中国新文学大系》取得编辑方法和出版形式上的一致，也定为十卷，每卷五十万字，请十位作家、翻译家分别担任编选，仍请蔡元培先生写总序，取名《世界短篇小说大系》。征得良友公司经理同意后，我就着手拟制编选提纲，向各方征求意见，同时进行组稿。遗憾的是，郑伯奇于9月初离开良友公司，这对我来说，是无法弥补的损失，虽然他还是一样地帮助我，除担任《日本集》的编选外，还随时关心这个计划的进程。

关于每卷的编选方法，我们作了这样的一些设想。编选者把他所负责的一国或一个地区，从"五四"以来已被译成中文的所有短篇小说资料中，按该国或该地区短篇小说发展的历史，分别先后，对每个重要作家，选入被世界公认为代表作的小说一至三篇。译文入选，先看原作本身所具有的思想水平和艺术价值，再看翻译质量的高下；如有应译未

---

[1] 见《中学生》第61期，开明书店，1936年。

译，或过去译文质量不符合要求的，就由编选者自译补入。每个入选作家，都要在作品前插印一页，正面印作者照片或画像，反面印小传。书前由编选者写二万字左右的导言，包括三个内容：首叙该国或该地区短篇小说发展的历史和艺术特色，次谈"五四"以来被翻译或介绍到中国来的经过，最后分析这些作品对中国作家和他创作的小说的影响，并举例说明之。这最后一点应当是最重要的。这一特定要求，如按近年来逐渐受人注意的"比较文学"的理论来说，即"研究一个作家在另一个国家文学传统中发生了什么影响，首先应根据这个作家的著作被翻译成哪一种语言的情况来判断他是否被哪一个国家文学传统所接受"，那么，我们当时的设想，正可以在这方面提供资料。(盛宁同志在《爱伦·坡与"五四"运动以后的中国现代文学》一文中，作出了杰出的贡献。)[1] 书后加两个附录：一是"五四"以来翻译作品的全目，按作家分；二是根据原作，编一重要著作目录。前者起史料索引的作用，后者引导读者去查阅原著。编选者需要的资料，基本上由我们编辑部供应，附录由我们编辑部协同编制。

二

这个出版计划，得到茅盾、郑振铎、巴金、黎烈文、傅东华、郑伯奇等的大力支持，1936年夏开始组稿，分卷问题，和请谁来编选有关，有的很早就确定了，但也有个别国家经历了一段周折的。由于这一时期的作家来信，在十年浩劫中已荡然无存，现在仅能根据记忆和1957年发表于《人民日报》短文[2]中留存的片段书简，分别追记如下。

几个主要国家如英、法、美、日四集，很早就决定请住在上海的傅东华、黎烈文、郑伯奇担任编选，我自己编选美国集。德国集原拟请精通德语的郁达夫担任，我和郑伯奇商量的结果，想到北欧诸国如瑞典、

---

[1] 盛宁：《爱伦·坡与"五四"运动以后的中国现代文学》，《国外文学》1981年第4期，北京，北京大学出版社。
[2] 《人民日报·文艺版》，1957年，5月15日，题名《编辑忆旧》。

芬兰、挪威和丹麦等，他们的作品译成德文的居多，也需要一位通德语的作家，因此把北欧集请郁达夫担任，而请郭沫若任德国集的编选，他是《少年维特之烦恼》和《浮士德》等的著名译者。

请郭沫若担任《世界短篇小说大系·德国集》的编选者，我是有些顾虑的。1935年《中国新文学大系》筹备期间，我们已约定请郭沫若担任《诗集》的编选，郭沫若也已来信同意，不久因图书杂志审查会的无理阻挠，临时取消前约，我们对此深感歉疚。1936年，审查会已因"《新生》事件"而撤销，但我还是请郑伯奇为我去信日本，先向郭老说项。11月下旬，我专程去信约请郭沫若担任编选，12月2日，收到他的复信说：

> 《世界短篇小说大系》承邀担任德国部分，似可勉强为之。但译文材料手中毫无搜集，望尽量提供，用后退还。

我记得我们曾把两三批资料寄往日本，抗战爆发前，郭沫若的选稿尚未寄到。

郁达夫当时已从杭州迁往福州，我于得到郭沫若复信后，就与郁达夫联系，他复信表示同意。1937年3月26日来信说：

> 中文译本已出材料，请尽量供给，因此地无书可买也。北欧国少，作家也不多，而经中文译出者，恐亦不易集成三十万字耳。并且我的参考书都在杭州，总想于5月或6月中回浙一次，将这些书运来，才能动手。

我把他需要的材料送去福州后，久无音讯，原来他已如期地完成了上述信中所说的打算。7月20日来信说：

> 前两日匆匆去沪杭一转，将关于北欧之藏书，全部带来福州，过沪时，因时迫未曾晤面。……因久不见广告刊出，疑此举已作罢论，究竟你们预约卖了多少？出书定有把握否？尚祈示知。国事如此，心绪极恶，不多书矣。

此信收到后二十三天,"八·一三"抗战爆发,郁达夫的隐忧,不幸而言中,这当然是后话了。

南欧集以意大利和西班牙作品为主,兼及葡萄牙,我们请懂得意、西两个稀有语种的诗人戴望舒编选,大家认为非常合适。那时他住在上海,他是最早交稿的。我们计划8月25日出版的第一卷,就是这本《南欧短篇小说集》,共选意大利作家十八人,作品二十二篇,西班牙作家十五人,作品十九篇,其中由戴望舒自译的有十篇,这些译稿都已打成纸型,我手中留着的一份清样,一直保留到"十年浩劫"的前夕。望舒在香港沦陷期间坐过牢,1949年10月回到解放后的北京时,已患着严重的气喘病。那年冬,我去北京见到他时,他对这本《南欧短篇小说集》还殷殷垂询,我无言可告;不料1950年2月,他就离开了我们。

除北欧集和南欧集以外,当时对东欧人民民主国家和其他一些国家,如波兰、匈牙利、罗马尼亚、保加利亚、南斯拉夫、爱沙尼亚和立陶宛等,统称"新兴国"。这本集子,原约茅盾担任,因为他曾翻译过新兴国的许多作品,后因事忙,推荐巴金、鲁彦或孙用编选。我最先找巴金,他介绍鲁彦,最后决定由他们二人共同编选,实际工作由鲁彦负责。抗战爆发前,已把选稿交来一部分,计有波兰、匈牙利、南斯拉夫、爱沙尼亚和立陶宛等国的十七位作家,作品二十篇,其中三篇是由鲁彦新译的。鲁彦不幸于1944年湘桂战争撤退时,病死于桂林。

郑振铎对这套大系甚为关心,并认为"五四"新文学运动时期从事创作文学的人,很多能通一二国外语,所以大部分作家兼搞文学翻译工作。而从俄文、英文或日文介绍进来的俄罗斯文学和苏联文学,对我国的新文学建设事业,更起到过一定的推动和促进作用;鲁迅还说过:"俄国文学是我们的导师和朋友。"当我问到俄国集找谁编选最为合适时,他立刻推荐了正在苏联工作的耿济之。他介绍我和耿济之第一次通信,耿济之除接受我们的邀请,愿意担任编译工作外,对我提出如何划分革命前后的作品时,他答复说:"可用俄国短篇小说集总称,而分甲集旧俄之部和乙集新俄之部。"当时,国内文化界经常称苏联为新俄,出版物中也有用新俄二字的,但有的朋友不赞成这样的称谓。我便去信请教茅盾先生,他于1937年6月7日答复我:

> 兹先答尊询新俄旧俄之争。鄙意革命前作品为一册，可称旧俄，或径名"俄国"亦无不可。至于革命后作品，以用苏联为妥，盖苏联为正式国名之缩写，就是USSR也。新俄二字决不宜用为书名。鄙意书可分二册，一、俄国，二、苏联。……俄国二字代表以前，苏联二字代表以后，俄上无须加形容字。

茅盾对《世界短篇小说大系》的关怀支持，为我排难解纷，正如他对《中国新文学大系》一样，至今铭记在心。

俄国集肯定分二集后，拟请两位俄国文学专家分别担任编选。最先仅考虑到耿济之身在苏联，搜集新资料或较方便，所以请他担任苏联集，而由住在北平的曹靖华编选俄国集。1936年11月29日，我收到曹靖华来信说：

> 最好是我与耿先生对换。我看耿先生很爱旧俄东西，而我则酷爱新俄东西，我对旧东西实在感觉不到兴趣，不然吃力不讨好。

经过洽商，双方同意互调。

抗战胜利，我从重庆回到上海，1946年起，改在晨光出版公司主持编辑工作，曾为耿济之出版过他翻译的《卡拉马助夫兄弟们》四卷本，书是在他死后出版的。关于30年代曾请他编选《俄国短篇小说集》事，我曾在近几年所写回忆文章中简略谈及，但当年他在苏联工作期间是否已动手编选，情况如何，对我一直是个谜，而且也无人可去打听。他的老夫人钱福芝同志至今还和我通信，她对济之生前译作等情是一无所知的。去年我读到戈宝权的《忆耿济之先生》，才第一次知道这个集子是耿济之和戈宝权二人共同编选的，这就为我这篇出版史话增添了新材料。戈宝权在文章中说：

> 我又记得当他在莫斯科时，良友图书公司准备继《中国新文学大系》之后再编一套《世界短篇小说大系》，也是十本，赵家璧先生请他选编《俄国短篇小说》，他把这件事嘱托给我。我们两人共同研

究了选题,选了二十多个作家的作品二三十篇,凡已有中译本的都尽量采用,此外再补译了一些作品,我记得他重译了他早年翻译过的赫尔岑的《鹊贼》,在很短几天之内就把它译完。……我翻译了莱蒙托夫的小说《当代英雄》中的《塔曼》。……这部书的稿子后来的下落就不明了。〔1〕

我读完这节回忆录后,仿佛又回到了孤岛时期与济之共同在上海生活的一段日子,当时我们经常在一起,但我一直不敢启口,向他询问这本俄国小说集译稿的情况。戈宝权的文章对我揭开了一个谜。为了了解得更多、更具体、更直接,我在去年8月底去信北京,向戈宝权同志求教,正好他出外讲学。12月6日他写了封长信答复我。他说,耿济之是在1936年年底调至莫斯科中国大使馆担任秘书工作,"他是我国翻译和研究俄国文学的老前辈,同时又是我叔父戈公振的好朋友,我走上翻译和研究俄国文学和苏联文学的道路,在相当程度上受了他的影响。当他调到莫斯科后,我有时常去大使馆他住的地方看望他,陪他踏着寒冬的冰雪逛书店买旧书。1937年初,你代表良友图书公司请他编选《世界短篇小说大系》中的《俄国短篇小说集》,他当即把这件事告诉了我,请我协助参加编选和翻译工作。我当时还不过是个二十三四岁的青年,当然感到既高兴也荣幸。"他们两人先研究了选题,把从普希金到高尔基的二十多位俄国重要作家的代表性作品列了一张表,如普希金的《驿站长》,果戈里的《外套》等等,每人少则一篇,多则数篇。戈宝权同志说:"我已经看到《中国新文学大系》中的几本小说选,知道这套丛书的编辑方针。同时我又从上海购到一本新出版的《生活全国总书目》,我立刻把其中俄国小说的中译本都抄下,由耿济之先生写信给你们,请你们在上海设法搜购。过了不久,就接到你们寄来的几包书……我们从中选出了可用的译文。"戈宝权把小说选编成后,交给了耿济之,由他撰写导言,这已是1937年夏天了。信的最后说:"这年年底,我离开莫斯科经欧洲回国,那时耿先生还在莫斯科。听说他后来在这年年底或1938年也经欧洲

---

〔1〕《新文学史料》1982年第1期。

回国。从那时起,我不知道这部译稿的下落,我们也未再说起过这件事。现在回想起来,这套大系没有能出书,俄国小说集未能出版,确实是一件憾事!你这次不再提这件事,我也早把它忘记了,想不到的是我走上翻译和研究俄国文学的道路,这还是一个重要的起点呢!"

三

1937年春,组稿工作全部完成后,计划按《中国新文学大系》出版前的旧例,着手编一本《世界短篇小说大系样本》,既可供推广宣传之用,也是一种文献资料。我请了十位编写者各人写了一段编选感想,也准备请蔡元培先生仿过去写《中国新文学大系总序提要》那样,写一段题辞,将来再请他写一篇总序。

记得那是5月中旬,我又去中央研究院拜见蔡先生,那时,他大病初愈,概不见客。经我再三请求,秘书答应我可作五分钟谈话。这次我与蔡元培先生的见面,印象极深,后来成为最后的一次。我把过去受到他的启发而计划编一套《世界短篇小说大系》的筹备经过,向他谈了,也把每本集子的编选要求,和已约定的各集编选者名单告诉了他。我希望他为这套大系写一篇较长的总序,可在年底交稿。为了编印样本,先请他写段题辞,谈谈他对出版这套大系的感想,交稿期较急。蔡先生过去曾为《中国新文学大系·样本》写过一段类似的东西,他就答应了。临别前,他握住我的手,轻声地说:"我前年向你随便谈起的一个希望,不过两年时间,你们已快把它实现,这是出于我意料之外的,我一定马上写一段短文给你们,等我病体恢复,再为这部大系写一篇总序。"

不久,大约是6月中旬,他派人送来一封用中央研究院大信封封着的信,内附一页浅蓝色二十行宣纸的稿笺,上面亲笔为《世界短篇小说大系》写了一段美好的语言,表达了他老人家对这套大系的期望。全文如下:

汉书艺文志,载小说十五家,千二百八十篇,知道小说一体,汉以前已经盛行。但汉志列小说家于诸子中,并不与诗赋并列,直

>至近代，始确定为文学的一种。于是有参考外国作品的需要，而翻译外国小说。最近时期，短篇小说的译本，又较长篇的为多，于是有首先整理的必要。
>
>短篇小说的译集，始于三十年前周树人（鲁迅）、作人昆弟的《域外集》，但好久没有继起的。最近十年，始有《世界短篇小说选集》、《世界短篇杰作选》、《现代小说译丛》与法、德、英、俄、波兰、西班牙、日本等短篇小说译集出版，在文学界很添一点新激刺。但各从所好，不相为谋，还不能给我们一个综合的印象。
>
>良友图书公司新编一部世界短篇小说大系，取已译的本，重加审核，选取合格的译品，并补以新译的代表作。又加以各国短篇小说的发展历史，名家传记与最近十年译本索引，不但对已往的短篇小说界作一普遍的介绍，并且对于将来的短篇小说定有良好的影响！

文末署"二十六年六月蔡元培"。这篇短文，我今天抄录时，才初次发现，过去在《人民日报》、《新文学史料》第三辑和《读书》发表时，都把最重要的第一节漏掉了。

现在有关《世界短篇小说大系》的文献资料，我手边仅存这幅蔡元培手迹的复制本。我清楚记得当时为样本出版用送去制版后，就把手迹原件带回家中珍藏起来。"八·一三"抗战爆发，我再没有到北四川路的办公室去过，所以样本的清样和其他原件，都已毁于战火，而这份手迹一直和我在一起。1940年3月5日，蔡元培先生在香港逝世，我曾在5月号《良友画报》上，写了一篇哀悼文章，题为《回忆蔡元培先生》，除了印上蔡先生遗像外，我第一次把这幅手迹制版发表。解放后，我还曾把它镶在镜框中，挂在书室的东壁上。1966年8月红卫兵抄家时，才被搜劫，不知去向。

四

1957年3月间，我应《人民日报·文艺版》编辑姜德明同志的约请，第一次用《编辑忆旧》为题，写了两篇编辑史料，第一篇《关于〈中国新文学大系〉》,第二篇《关于〈世界短篇小说大系〉》。当时,在我的书柜中,还留存着戴望舒编选的《南欧集》和郑伯奇编选的《日本集》的部分清样,傅东华编选的《英国集》和巴金、鲁彦编选的《新兴国集》的部分选稿,而30、40年代许多作家写给我的六七百封信,完整无缺地供我随意选用。发表在5月17日第二篇文章的结尾处,我提了一个希望:"今天广大读者急需资料性读物,《中国新文学大系》之类的书,旧书店索价奇昂;《世界短篇小说大系》的编辑计划,有关出版社如加以适当的修改重订,也许还是一个值得考虑的选题。"

报纸刊出后一天,我突然收到北京中国青年出版社来的一个电报,表示愿意考虑这个选题,并要我把这套书的出版权留给他们。接着收到他们的一封公函,既关怀我手中留存的稿件情况,又表示将来约我完成这个编辑计划,他们愿意出版。这是我在青年时代未完成的一个理想,如果能在新社会中给我一个付诸实现的机会,我哪有不乐意接受之理呢?当时我正在上海人民美术出版社任副总编辑,分工主管一个新成立的摄影画册编辑室,这并不十分符合我的志愿,而中国青年出版社的出书方针,他们当时出版的几种少而精的文艺读物,受到文艺界的好评,给我留下很好的印象。这次虽素昧平生,看到一篇文章,立即函电交驰,热情相约,说明主其事者是具有一定目光和胆识的,我认为这样的编辑,是我的知己,我的同志,我立刻去信同意了。同时,为了表达我意外的喜悦,写信告诉姜德明,感谢他促成了一件好事。我却没有想到他会把我的信,加了花边框框,安上一个《关于〈世界短篇小说大系〉续闻》的题目,发表在6月8日的《人民日报·文艺版》上。我的信是这样说的:

> 《编辑忆旧》第二篇刊出后的第二天,我就收到中国青年出版社的电报,愿意出版《世界短篇小说大系》,并将派人来和我面洽。……假如二十年前的一个梦想,因此而得以实现,首先要感谢《人民日报》在这里起了重大的作用。

对姜德明同志的一片善心,我至今怀有感激之情。特别值得一提的是,当时上海文艺界正在鸣放高峰,对新文艺出版社意见很多,老朋友如章靳以、傅雷等，私下都敦促我去那里工作。最后发展到主持宣传工作的石西民和周而复两位领导同志，约我去华山路那座大楼谈话，表示要把我正式调到新文艺出版社去，据说是文艺界的群众意见。我那时，既接受了中青社的邀约，日夜思念的就是如何去实现我二十年前的一个编辑梦，对调动我工作单位事，婉言辞谢了。因此，真做到了"两耳不闻窗外事"，少参加了许多鸣放会，也就少说了许多错话。等"反右"斗争的号角一吹响，中青社再无什么下文，我为编书而一度发热的头脑也冷静了下来。回想过去，我要感谢逗我遐想的几位同志，如果那时不让我做了近乎一个月的好梦，我自问我是大有可能跌入万丈深渊的。这几年老友相叙，回首当年，才知中青社的那位编辑，后来遭遇了噩运；文艺版的编辑事后也挨了批。

1966年6月一开始，"文化大革命"的旗帜还没有拉起，我在本单位（那时我已调入上海文艺出版社）最先被勒令靠边，而最早贴我的大字报中，有一张就是根据1957年的两篇《编辑忆旧》，说我妄想走回头路，作为定我为"漏网右派"的罪状之一。这些事，现在已一去不复返了。

1979年，为了纪念"五四"运动六十周年，我为《读书》第八期写了《想起蔡元培先生的一个遗愿》，把《世界短篇小说大系》的旧事又重提了一下，最后又表达了我的夙愿。我说："这样一部《世界短篇小说大系》，既有文献价值，又是学术研究项目，对青年文艺工作者，更是一部有阅读、研究、参考价值的资料书。一旦完成，也是对伟大的'五四'运动的一份有意义的献礼。蔡元培先生地下有知，定会含笑九泉的。"我记得事后，当时还担任上海译文出版社社长的周晔同志，曾问起过我，手中还有多少存稿，我说，经过"十年浩劫"，已片甲不存。现在她也离开了这个世界。我衷心盼望，我们文艺出版界，是否会有一位有识之士来考虑蔡元培先生的这个遗愿呢？我这一生已是无法完成的了。

1983.12

原刊于《新文学史料》1984年第2期。此次有增补。

郑振铎和他的《中国版画史》

郑振铎先生不幸于1958年10月17日因公遇难，岁月易逝，他离开我们已二十五年了。在我漫长的编辑出版生涯中，曾不断地受到他的关怀、鼓励和支持。现在，我把他在上海孤岛时期，如何将他自编自印的二十四卷《中国版画史》交上海良友复兴图书公司出版发行的经过略述如下，以作纪念。

1941年底，日寇发动太平洋战争，侵入上海租界，"良友"随即遭受非法查封而内迁。《中国版画史》的图录虽然极大部分已与读者相见，正文四卷，作者因环境恶劣，尚未动笔，我一直认为这是最大的遗憾。前年才从尔康同志处初次获悉，他父亲生前已把这一未完成的工作，于1956年任文化部副部长期间，用另一种方式默默地做完了。他那种为保卫和发扬我国民族文化遗产，整理并编纂历代木刻版画珍品，填补中国美术史上一段空白的锲而不舍、金石可镂、卒底于成的崇高精神，永远值得后辈学习。更称得上不朽的是，这类伟大的文化建设工程，理应由国家来做，郑振铎处身于荆天棘地的孤岛之中，竟独自一人担负起自编自印的重任，无怪受到后世文学史家的尊重。《中国抗战文艺史》作者蓝海（田仲济）说："在孤岛的上海，那里有特殊的政治环境，给那里的文艺战士们以特殊的任务：和汉奸们肉搏，在敌伪的压制、恫吓下奋斗。在那里，《鲁迅全集》和郑振铎编的《中国版画史》的出版，不能不说是抗战期间文艺界的大事。"[1]

这套书，美术界早有定评。但因该书印数极少，又经战乱，国内保存全套者寥寥无几。解放初期，上海旧书店收购价已达五百元；我当时还留有一整套，十年浩劫，也荡然无存。如果研究孤岛文学，研究中国

---

[1]《中国抗战文艺史》，第50页，上海现代出版社，1947年9月。

美术史，研究郑振铎，那么，了解《中国版画史》出版的前前后后，是不可缺少的重要资料。我为了写这篇文章，不但进行回忆，还在京沪两地作了些调查研究。先从我与郑振铎先生的交谊说起。

一

我和郑振铎发生编辑工作上的接触还在1934年，我在编辑《良友文学丛书》，向郑振铎约稿时，他把1927年旅行欧洲时写给他夫人高君箴一个人看的日记交给我发表。他当时告诉我，原来写的日记较此稿多三倍，因几次搬家散失了大部，如再不与世人相见，再经一次浩劫巨变，会全埋在灰堆火场之中。这里虽是作者私生活的记载，但因下笔时本来不准备发表，倒反而保持着一种更自然，读了有亲切感的素材。我前年在北京见到高君箴老太太时，我说起这部日记，她还记得她当时并不乐意把它公开印出，因为其中还有不少私房话。我倒认为作家日记，对作家研究者来说是最珍贵的资料，可惜"五四"时代老作家的日记，现已出版或发表的为数太少了。1934年，我计划编辑《中国新文学大系》时，振铎除自己答应担任《文学论争集》的编选外，对如何分卷，找哪位作家担任编选最适合，以及介绍胡适、周作人、朱自清三位编选者等等，给了我极大的帮助。1935年5月，我初次去北平旅游，同时看望已给"良友"写稿，和我准备向他们组织新稿的许多住在北平的作家朋友们。振铎知道此事后，他就热情邀约我留平期间寄寓他家。我乘车抵达北平车站时，他和章靳以二人同来车站接我。他告诉我临时有事回上海，急于南下，不能如约接待我。他已与章靳以谈妥，邀我改住三座门大街靳以寓所，那里还有几位文艺家朋友同住在那里。我从此认识了靳以同志，以后成为好朋友。隔了两天，反倒由我和靳以两人去车站为振铎送行。此后，他回上海，执教于暨南大学，便有更多的机会见面了。

1937年"八·一三"抗战爆发，"良友"处于战区边缘，损失惨重。经理（当时伍联德早已辞职他去）一边把《良友画报》迁往香港，向香港政府注册，继续出版；一边向上海法院宣告破产，使我和其他几十位职工都告失业了。我原住上海南市区，也属战争区域，我把住在松江的家眷接来上海租界的旅馆暂住一月后,急于要觅几间房屋作久居之计,苦于找不到适当的。当时靳以住极斯菲尔路(现改称万航渡路)华邨一号。这幢三层住屋是靳以同学林登所租,林是华侨,单身汉的靳以寄居在他的三楼。这时战争爆发,林要举家离沪,回美国老家去,靳以就在我最为难的时刻,解决了我全家的住房问题。此后,靳以仍住三楼,贴伙我家,一日三餐,和我一家老小同桌共餐,真可称亲如一家人。当时巴金和靳以这一对好朋友都未结婚,巴金常来看望靳以;住在静安寺庙弄的振铎,因为相距不远,也来往频繁。我的贴邻二号又是王统照所住,茅盾和黎烈文那时也同住在一条马路上。文艺界朋友相叙时,谈论的最多的是国家民族抗战的前途,上海租界这种特殊地位能维持多久,文艺工作者在这样的大时代里应当作出怎样的贡献等等。而每人心里考虑得更迫切的是今后自己怎么办?不久,上海成为孤岛,靳以去福建,接着巴金、茅盾、黎烈文、王统照等都走了,可以说能走的都走了。我后来也搬出了华邨迁至愚园路,因为那里已成为汪伪"七十六号"特务中心所在地。留下来敢于继续保持联系,可以互相信赖、促膝谈心的越来越少,而振铎就是这样一位良师益友。那时,暨南大学已从上海郊区迁入租界,振铎每天照常去上课。我工作多年的"良友"既已关门,便在一所中学任教职,以后又进美商《大美晚报》当画报编辑,借以维持全家生计。虽然如此,但对自己已为之花上十年心血的"良友"出版事业,因日帝炮火而尽付东流,颇觉惋惜。于是,我们几个被解雇的主要职员同债权人共商善后,最后大家同意合作,另招新股,改组成立良友复兴图书公司,编辑方面由我主要负责。于是请了律师把非法迁往香港的《良友画报》依法收回,由张沅恒主编,文艺书籍也恢复出版。这一期间,我经常去庙弄找振铎商谈。当时日寇与英美之间也有矛盾,孤岛上的新闻出版事业,挂上一块美国注册的招牌,照样可以宣传抗日救国。《良友画报》每月花三百元请了一位名叫密尔斯的美国人当发行人,1939年1月出版复刊号;接着,旧版和新印的文艺丛书陆续出版了。我也回到了"良友",试图按照我的理想,把做好编辑出版工作,作为我对正在遭受苦难的中华民族的点滴贡献。

郑振铎对"良友"出版物素有好感,知道这个事业突然中断也表扼腕；听说我们正在另行招股，准备复兴，也竭力为我出谋献策。他为人善良耿直，对人对事，是非分明。和他熟悉的朋友，背后戏称他"老天真"，说明他待人接物具有一颗赤子之心。他爱讲具有绝对意义的字。他常说："这个人好极了！"看到一册精本画册，他会赞不绝口地称道："美极了！美极了！"对当时落水当汉奸的文人，就面红耳赤地骂："这个家伙可恶极了！"他对我复兴"良友"之举，总是用"这是一件绝对有意义的事！"来鼓励我。当我告诉他事情有所进展时，他就兴奋地说："这实在太好了！"如今回忆，我就是在这最苦闷的时刻，得到郑振铎先生的精神鼓舞，才鼓足勇气，终于把梦想变成了事实。1939年1月，良友复兴图书公司在四川中路215号企业大楼五楼一套办公室里正式开业；几天后，他亲自来看望我们，向我们祝贺。此后《良友画报》上经常发表有关新四军、八路军、"工合组织"等图文报道，以及由阿英交来赖少其创作的彩色木刻《抗战门神》等，振铎总是大加赞扬，要我们放大胆子，多刊从"那边"来的新闻图片。

二

1939年夏，"良友"基础逐渐稳定，虽处身孤岛，因尚有海路可通，既能把书报经香港运往欧美和东南亚，又可经海防送入昆明、重庆等后方城市，出版业务颇有起色。振铎有一次约我去他家商谈，说他自己苦心经营了二十年，投资巨万的《中国版画史》，图录部分已印成半数，现在要找个出版社同他合作，除担任出版发行外，还要在经济上支持他，使这部有二十四卷的大书在二三年内出齐。我乍听之下，想起他和鲁迅于30年代早已合作刊印过《北平笺谱》等名贵画册，他也经常向我谈起搜集、拍摄和印刷古代木刻版画的甘苦。现在他要把这部皇皇巨著交给刚刚成立的一家小书店出版，他怎么会放心得了呢？而如此重任，我是否能帮他完成呢？但我第二个念头，就感到这不但是他对"良友"的信任，更是对我的信任。当时资力雄厚的大书店，总机构都已内迁，而且都以出版教科书为主；留在孤岛上的中小书店无不在风雨飘摇之中。我们的《良友画报》是美术出版界一块老牌子，行销世界各地，颇有声誉。

依靠它，经济上尚能周转，画报本身在为出版物的宣传广告上也可起一定的作用。而促使我对振铎的建议必须郑重考虑的是，振铎过去对"良友"的复兴备极关怀鼓励，现在我们既已站住脚跟，理应为他尽一臂之力。我答应回去和大家商量，再给他答复。

他为了说服我，向我谈了他多年来的抱负。他说，在我国已出版的中国艺术史上，都没有谈到版画的，欧美人和日本人写的中国艺术史，版画也从未占据过一行半页的地位。商务印书馆出版英国人福开森用英文写的《中国艺术综览》，是一部国际上公认的权威之作，艺术各个部门都有，并详及纸墨笔砚等艺术用具，独无一语涉及版画。在日本艺术史上，"浮世绘版画"占的地位却很高。他说，为什么世界版画之鼻祖，且雄踞版画史最高座的中国版画却无人注意呢？他认为出版这样一套书，将是中国美术出版史上的一大创举，是值得我们合作完成的。

当时振铎急于要找一个出版社合作，使这套大书早日与读者见面，还出于他提倡的"保卫民族文化运动"的崇高思想。他那时曾用此为题，发表文章于茅盾、适夷在香港所编的《文阵丛刊》上。文章中感叹：固有文献，兵燹散佚，损失极巨，在平、津一带者已成沦陷，姑置不论；"八·一三"以来，大江南北的文化也扫地以尽；而三年以来，上海各书肆也常见各公私家图书馆的古籍公开出售，美国图书馆正在大力搜购。因此他呼吁"要在这最艰苦的时代，担负起保卫民族文化的工作"。[1]振铎从二十岁时主编《新社会》开始，他一生中几经坎坷，几易其职，但始终未脱离过编辑出版工作。当时他更看到自己积累的三千余幅历代木刻版画，有的仍是原书，有的已摄成照片；只有马上通过出版，才能保卫这些珍贵的民族文化遗产。而这些难觅的孤本，也只有通过印刷；化为多数，散发各地，才能分别保存，传之久远，免于毁灭。正如鲁迅生前鼓励振铎影印明代传奇插图时所说："使它能够久传，我想，恐怕纸墨更寿于金石，因为它数目多。"[2]振铎这种抢救文化遗产的迫切心情，还抒发在《中国版画史自序》中。他说：

---

[1] 见《文阵丛刊·水火之间》，署名源新，1940年7月。
[2] 《鲁迅全集》第12卷，第319页，人民文学出版社，1981年。

  世事瞬息万变，及今不为纂辑，则并二十余年来所已搜集者或将荡为轻烟。虽百身何赎乎？因悍然不顾其疏漏，先就所已得者次第刊印行世，庶或稍减杞忧而有裨此大时代之艺人史家乎。

  那时的上海孤岛，已被敌军层层包围，国际形势一旦有变，随时有被日寇一口吞下的危险。"良友"复兴伊始，规模资力虽远非过去可比，但考虑到振铎自己负担了印刷装订等费用，我们经办出版发行，只要按期交货，不失信于预约订户，经售工作也无什么风险可言。至于资金周转上予以方便，那也是做朋友者应尽的义务。实际上，这一合作，与其说是振铎有求于"良友"，毋宁说是振铎给了刚刚复兴的良友公司以莫大的光荣。

  1940年1月号《良友画报》上，郑振铎发表了题为《谭中国的版画》长文，附插图二十余幅，作为对读者的首次声明。他在文末说："我二十几年来，专意搜集我国版画，所得附插版画之图籍在三千种以上。所见所得单幅之年画亦不下二千幅。有见必收，有闻必录，在各公私图书馆及各收藏家所摄得之版画影片亦盈数箧。近发愤聚集所得之材料，编为《中国版画史》四册，《中国版画史图录》二十册，交上海良友复兴图书公司经售，或足一雪世人忽视我国版画之耻罢。"在同一期内，我们用大八开彩纸，插印了大幅套色广告（见附图），开始接受预约。第一辑图录四卷装入丝织锦缎书函，售价每辑大洋五十元（国外美金十元）。言明以后每隔四个月出一辑，估计二年出齐。因用珂罗版印，限印二百部，决不再版。同时，我们又用中英文，印了一本《中国版画史样本》，供预约者函购参考。这本样本用宣纸印，厚厚一册，包括刊印经过、总目、各册内容提要和占二十四页的一篇长序，后附编例及引用书目。插入图录样张单色五页，彩色二页。另加英文部分五页，对国外订户作简单介绍。单单这本预约样本的内容也相当丰富，售价一元，共印一千册。现在这个样本，也已成为稀见之物了。

  最近，郑振铎在孤岛时期写的《求书日录》序和1940年1、2月份的日记在《新文学史料》（1983年第2期）发表，其中有几段，正好反映他当时在编写《中国版画史》的思想感情和活动，摘录如下，更可见他当时如何在强敌入侵、四面包围的恶劣环境中，坚持《版画史》的编写工作。他一心所想的就是他自己在《求书日录》序中所说的："为了抢救并保存若干民族的文献工作，没有人来做，我只好来做，而且做得并不含糊。"

1月4日（星期四）

　　傍晚，蔚南来电话，说某方对他和我有不利意。我一笑置之。但过了一会，柏丞（即何炳松）先生也以电话通知此事，嘱防之。事情似乎相当严重。……予势不能不避其锋。七时，赴某宅，即借宿一宵。予正辑《版画史》，工作的进行，恐怕要受影响了。

1月6日（星期六）

　　晨七时起。眷写《版画史》自序，殊见吃力。因为太矜持，反而写得慢，写得不大流利痛快了。……睡在床上，独自默念着：家藏中西图书，约值四五万元，家人衣食，数年内可以无忧。横逆之来，心仍泰然。惟版画史的工作，比较重要，如不能完成，未免可惜，且也不会再有什么人在这几年内去从事的，自当抛却百事，专力完成之。因此，便也不能不格外小心躲避。然果无可避，则亦只好听之而已。身处危乡，手无寸铁，所持以为宝者，唯有一腔正气耳。

1月7日（星期日）

　　晨起写《版画史》自序三页，仍极慢，至午后，方才写毕。

1月9日（星期二）

　　午后，杨金华带了《版画史》的锦函来，函尚潮湿，即将书签贴好，尚为古雅可观。访家璧，见他正在校对我所写《谈版画之发展》一文（按：应为《谭中国的版画》）。

1月15日（星期一）

　　至良友，晤家璧，与他约定，每四个月，可出《版画史》四册。想来不会失约的。但须看第一辑销路如何而定继续与否。予向来有一自信：但肯做事，不怕失败。且往往是不会失败的。

从以上的日记中，看出当时对《中国版画史》的销售前途，振铎既有自信心，又不免担忧在"孤岛"的特殊环境中，是否能不遭失败。

271

事实证明这两百套书，除振铎自己留下二十部，由他直接赠送他的朋友外，国内各大图书馆或收藏家都来向"良友"订购；国外订购者我记得有美国哈佛大学、康乃尔大学、普林斯顿大学、夏威夷艺术学院和苏联的版画协会等。足见此书在国内国际学术界都受到了重视。

三

此后为了工作关系，我与振铎你来我往，相处融洽，也加深了相互间的友谊。他几次都谈到鲁迅和他在共同谋求复活古代版画工作中的亲身经历和深切体会。正如他在《谭中国的版画》中所说："我们应该感谢鲁迅先生，他是最早提倡版画复兴运动的。……对于欧洲近代版画的介绍，他尽了最大的力量。同时也不菲薄我国古代版画；曾与我合印了《北平笺谱》与《十竹斋笺谱》第一册。这一切，都开导了我们研究的与技术的先路。"

《鲁迅书简》所收集的给郑振铎的四十九封书信里，极大部分都是谈合作刊印笺谱和明代版画的，从中也可以证实这个编印《中国版画史图录》的庞大计划，早在鲁迅生前，这两位先辈早已共同筹划过，而且已迈出了第一步。当《北平笺谱》顺利完成后，鲁迅在1934年1月11日致函中，讨论如何利用这笔资金继续印书时说："我个人的意见，以为做事万不要停顿在一件上（也许这是我年纪老起来了的缘故），此书一出，先生大可以做第二事，就是将那资本，来编印明代小说传奇插画，每幅略加题解，仿《笺谱》预约办法。"振铎的反应可见于鲁迅2月9日的复信。当时振铎已在北平找到连鲁迅先前也未见过的胡曰从的《十竹斋笺谱》，征求鲁迅继续合作刊印的意见。鲁迅答复说："如先生觉其刻本尚不走样，我以为可以进行，无论如何，总可以复活一部旧书也。至于渐成《图版丛刊》，尤为佳事。"这就证明郑振铎第一次向鲁迅提出系统出版一套名为《图版丛刊》的宏图大业，已获得鲁迅的首肯。是年底，《十竹斋笺谱》第一册印成，鲁迅看到非常高兴，因为他这时已看到了出版成套图册的一个起点。他在设计《十竹斋笺谱》的里封和版权页（鲁迅称之为"封面"和"牌子"）时，就在《十竹斋笺谱》书名之左，加上了"版画丛刊之一"六个字（见附图），《图版丛刊》又正名为《版画丛刊》了。鲁迅又为此书亲拟了一幅广告，加上"鲁迅、西谛合编"的署名，交生活书店刊登于1935年5月号《文学》上。所以振铎当时曾对我说，《版画丛刊》可以说是《中国版画史图录》的前身，也是它的雏形。但现在他不仅要大量复印古代木刻，而且要根据这些作品，写出一部中国版画发展史来，所以用《中国版画史》为书名，而把插图合集作为附册，称为《中国版画史图录》。这说明振铎已把过去纯属复活旧书的计划，提到据以写史的高度了。

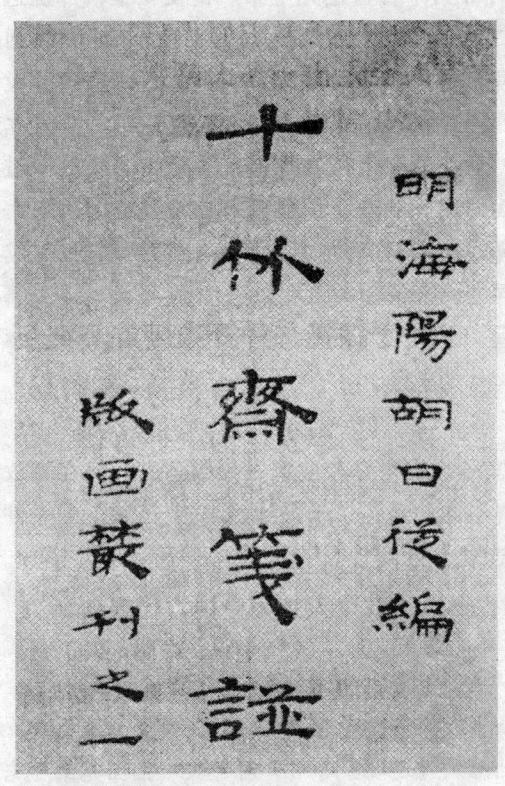

鲁迅、西谛（郑振铎）合印《十竹斋笺谱》的里封，由鲁迅亲笔设计题字

鲁迅当时对复印古书的计划兴趣甚浓。《十竹斋笺谱》既列为《版画丛刊》之一，第二种拟印的是陈老莲的《博古叶子》。鲁迅于是年12月2日复信中，有这样一段话鼓励振铎："明年一年中，出老莲画集一部，更以全力完成《十竹斋笺谱》，已大有勋劳于天下矣。"所惜《十竹斋笺谱》印成第一册后，未能及早按时续出，致使鲁迅生前没有见到四册《十竹斋笺谱》复印完成，更谈不到他理想中的《版画丛刊》的实现了。孤岛时期振铎急于要我帮他完成《中国版画史》的出书计划，也可以说是从怀念鲁迅先生的感情出发，所以决心要赶快实践鲁迅先生这个遗愿吧！当我回忆起1936年4月7日鲁迅先生来"良友"编辑部挑选苏联版画展览会展品时，我口头上提出过，将来我们既可按《苏联版画集》形式出其他国家的，也可以出我国现代木刻家的。鲁迅称赏我的设想，但对我着重指出的是，欧洲的版画来源于中国，从唐到明，中国木刻图画有过极为光辉的历史，至今没有人在这些丰富的历史遗产里下过功夫，也没有书店出过这方面的书。他表示希望将来有人会走出一条大路来。当我把这些话告诉振铎时，我们应共同努力把这部大书早日完成，更具有了共同的感情和共同的语言了。

四

关于振铎怎样开始爱好和搜集古代版画的，他在解放前所写文章虽有谈及，都语焉不详，而且从未提到过1931年发生的一件事情。我前年在北京尔康同志处，见到他父亲的一篇遗稿，其中有一节颇有史料价值，摘录如下：

> 我个人搜集中国古代木刻画，已经三十多年了。最初，为了研究小说、戏曲，买了些近代木刻的、石印的或铅印本的《水浒》、《红楼》和《西厢》、《还魂》等书，对于其中插图感到了兴趣。后来在上海一家旧书店里，得到了明刊本的《李卓吾评琵琶记》、《玉茗堂评红梅记》、臧晋叔改本的《四梦》等，乃如贫儿暴富，摩挲不已，觉得这些明代所刊的木刻插图，又胜过石印、铅印本和暖红室等近代

木刻本插图不知多少倍。明刊的木刻插图,笔致生动,刀法精工,一翻开来就会令人感到神采奕奕,秀丽异常。这不是平常的庸俗的刀笔,这乃是上乘的精美的艺术创作。于是便着意于搜罗明刻的小说、戏曲乃至其他有插图的明刊本书。然此类书往往可遇而不可求。辛勤阅肆三十年,所得不过五六百种。曾向友人吴瞿安、马隅卿、王孝慈诸先生摄得他们所藏的明刊本书籍的插图数百幅。然所见者都是明代嘉靖(1522—1566年)到清代康熙(1662—1722年)的东西。后来又补收了康熙以后的木刻画。但嘉靖以前的木刻画却极为罕见。1931年在北京市上得到了从"佛藏"中掏取出来的古刻本佛、道二百多种,其时代从宋元到嘉靖都有。中国木刻画史的一段空白时期乃得以填补起来。……〔1〕

文中提到的"佛藏"的所在地,据说就是北京法源寺。这所法源寺即唐代的悯忠寺,具有悠久的历史,其佛像最晚是明代前期所塑,其中也有金、元二代的塑像。原来泥胎或木胎的佛像或菩萨像背后都有一个方孔,这在任何庙宇中至今还能看到。但在古代,塑造或重修佛像时,都把历本、经卷等投入方孔,以记年月,以祈福佑,其中也有其他各种书卷。投入的时代越早,便越被埋置在下面,一般僧人也不了解这些文物的价值。1931年"九·一八"事变发生,东北三省,沦入敌手,北平形势,岌岌可危,僧人生活困难,便开始想起把这种深藏在佛像肚子里的破旧书卷,偷出去卖给旧书商,借谋温饱。一旦被识货的书商发现,视为珍品,便互相勾结大量盗卖;而且越挖越深,越是深藏肚底的书,年代越久,价值越高。后来逐渐引起在京外国研究汉学专家的注意,顷刻间成为国内外内行人争购的对象。上述振铎遗稿中,接着就讲到他从这个来源,买到了许多彩印木刻珍本,如《程氏墨苑》、《花史》、《十竹斋画谱》、《十竹斋笺谱》,彩印插图本《三国志演义》和初印本《芥子园画谱》一至三集等。从获得"佛藏"珍本起,他就决心要在中国古代版画艺

---

〔1〕 郑振铎作《中国古代木刻画选集序》。此文已发表于《版画世界》1983年第2期,北京,人民美术出版社。

术方面进行收购、整理、研究,随后就有复印传世之意。孤岛时期,终于实现了他的伟大理想。

振铎喜爱插图本古籍,而这类旧书,书肆都视为奇货,索价甚昂。大家知道他是个穷书生、穷教授,他如何搜购如许版本古籍呢?在他专为《中国版画史》写的长序(刊于样本内)中,有他自己的一段描述。他说:"凡兹所收图籍,类多得之维艰,或节衣缩食,或更典售他书以得之,

《中国版画史》发售预约时,刊登在《良友画报》内的插页广告

有已得之,竟以无力而复失去,有获一见,而力不能收,竟听其他售。一书之得失,每至形之梦寐,数年不能去怀。"他常引用庄子的一句话:"如鱼饮水,冷暖自知。"来描绘他的喜悦和复杂的心情。他在自序中还说:"集此千数百种书岂易事乎?往往斥半月粮,具大决心,始获得一二种。岂富商大贾、纨袴子弟辈之以书饰壁壮观者所能知其甘苦?殆如猩猩血,缕缕滴滴而出,无一非呕心镂肺之所得耶?"

振铎编印此书所花的精力是无可估量的。除他自己节衣缩食搜购原本外,留平期间,还经常带了几名摄影师去北平图书馆,收藏家周越然、吴瞿安、王孝慈等处,"尽摄所欲得之版画而归。"当时彩色木刻如《北平笺谱》和《十竹斋笺谱》,都由北平荣宝斋刻工用木刻复印,工程浩大,费时甚久。单色木刻如《博古叶子》就用珂罗版,鲁迅原已列为《版画丛刊》之二,但北平珂罗版印工贵,进度也慢。1936年9月29日鲁迅致振铎的最后一信中就说道:"《博古叶子》早收到,初以为成书矣,今日始知是样本,我无话可说,不作序矣。"鲁迅写此信时,振铎早已从北平迁沪。不久鲁迅逝世,接着"八·一三"抗战爆发,振铎自印版画的工作时断时续,但印刷珂罗版工作早已改在上海进行。所以自序中有一段是记述这套图录的印刷过程的。他说:"惟刷印之工,至为繁琐,数载经营,尚未及半。初拟复刻(日本大村西崖所辑《图本丛刊》皆为木刻复印者),然精良之刻工不易得,且易失原作精神,遂决用珂罗版印行。"自序写成于我们谈妥之后,可见有一半印工,当时尚未完成。珂罗版要先把原画翻印在玻璃版上,所以孤岛时期到庙弄振铎家去的朋友,都可以看到楼下室内四角以及屋外廊下,随处堆放着一堆堆黑漆漆的玻璃片,谁知这些都是振铎心血的结晶呢。

为了进一步了解振铎一个人如何负担起把一千三百多幅版画用珂罗版印成《中国版画史图录》的经过,我今年在上海找到了当年为他担任这方面工作的珂罗版印刷工胡颂高同志,他今年七十岁,已自上海古籍书店退休。据他说,珂罗版是近代印刷术中最早适用于复印图版的。把原作用照相机摄成底片,然后在太阳下晒制在涂过感光胶的玻璃片上,再翻印在石头上,以纸覆盖其上即成,所以又名石印;都是手工操作,一次仅能印二三百幅,需一天时间。这种印刷术,现在早已被淘汰了。

"八·一三"抗战后,他在他叔叔画家胡汀鹭所开设的安定珂罗版社工作,能制图印刷,经常为艺苑真赏社复印碑帖字画,出品与原作相比,几可乱真。他经常去中国书店送货,见到郑振铎先生,振铎欣赏他的技术,就请他到庙弄去谈,从此大量的印刷任务就交他带回去做。此外,还有一位专印珂罗版的戴圣保,开了一家仅有两架珂罗版机的印刷厂,也一直替振铎印版画;后来就搬到庙弄郑振铎寓所的底层,振铎还帮他添置了两部印刷机,专印各种艺术画册。振铎自编自印的工作一直继续到上海解放。为了保卫民族文化,发扬并传布我国伟大的艺术传统,他独自一人担起了这副重担。现在回顾,这样的一位作家、学者,在旧中国是极少见的。鲁迅生前,早就高度肯定他的这种实干精神,所以在一开始就给以精神上和经济上的支持。许广平在《鲁迅和青年们》一文中写到郑振铎时说:鲁迅"先生爱一切人,爱一切有专长的人,就是肯印书的人,他极力夸奖鼓励。他说:'他是老实的,还肯印书。'又说:'在唯利是图的社会里,多几个呆子是好的。'先生自己亦明知是呆子而时常做去"。[1] 郑振铎先生在编印中国木刻版画方面,就是这种最可宝贵的呆子精神的表现。

五

郑振铎是国内著名的文学史家。著有《文学大纲》、插图本《中国文学史》、《中国俗文学史》等。这套二十四卷的美术巨著,是作者从美术史研究者的角度,评述一千余年来中国版画发展之经过,所以定名为《中国版画史》,英文名为 A History of Chinese Woodcuts(1886—1934A.D.)。当时估计正文三十万字,准备分载四册,仿古书的出版方式,用木刻朱印,样书中有这样的一页样张,确是古色古香,别开生面。作者在这方面已搜集了许多参考资料,并在图录中做了不少基础工作。那就是每册图录,都附有中英文说明书数页,每册数百字,简要介绍入选作品的出处,绘画者或刻工姓名,旁及有关背景资料,也有发表编者评语

---

〔1〕 许广平:《欣慰的纪念》,第74页,人民文学出版社,1981年。

的。所有英文都是振铎自己写的。至于二十册图录仅是本书的附属部分而已。可惜当时振铎忙于编印图录，又加孤岛形势所迫，他也无心关起门来做学术研究工作，几经蹉跎，孤岛也落入敌手，他于日寇入侵租界后八天（1941年12月16日），离开庙弄老家，改姓易名，另在友人处租一小屋，躲藏起来。写史计划随告中断。现在大家几乎仅知道有《中国版画史图录》，而不知有《中国版画史》了。

　　至于《图录》二十册的内容目次，因为时隔近半个世纪，又经历了几次变乱，出版中途又换了手，现在国内藏有全套者，因书目、编号混乱，众说纷纭，莫衷一是。北京中国历史博物馆美术组去年就曾派员来沪向我核对了解，我自己也仅在上海出版公司刘哲民同志协助下，才弄清了《图录》的后期出版情况。原来振铎制订的《图录》编排次序是先以时代分。唐、宋、元三代作品不多，合成一册，为第一卷。明代作品丰富共分十一册，内以时间分的有明初、嘉隆二册；以地区分的有金陵一册，安徽歙县黄氏所刻二册；以内容分的有《画谱墨谱选》一册，诸家作品选一册；另外是彩印的《十竹斋笺谱》四册。明清之际分上下二册，内一册彩印；属于同一时期的专家作品集有陈老莲《水浒叶子及博古叶子》和肖尺木的《太平山水画》各一册。清代至民国四册，以时间分的有康乾、嘉道以来各一册；以内容分的有《风俗画选集》和《北平笺谱选》。

　　这二十册《图录》的出版前后，并不依上述的编目程序，而是根据先印先出的方法，凑足四册，即装成一函，发售预约。从1940年5月出第一辑起到1941年12月8日日寇发动太平洋战争，入侵租界，26日，"良友"遭日寇非法查封为止，在一年半时间里，实际出版的是四辑十六册。当时尚未印成的是三册彩印本，即《明清之际下集》、《北平笺谱选》和《风俗画选》。这些都需要有专业训练的刻工，在上海孤岛上到哪里去找呢？（过去的《十竹斋笺谱》和《北平笺谱》都是在北平刻印的；《图录》中的四册《十竹斋笺谱》，也是早在北平印就的。）因此，已印刷装订完工的《嘉道以来版画集》一册，也就无从配套出版了。1942年1月18日启封时，发现未售出或未寄出的《图录》数十函，都被日寇劫去。这些书的内容虽无关日寇规定的抗日和宣传共产，但伴同日寇陆军报道部军人来查封者中间有同文书院的日本学生，他们对这类复印古籍的经济价值是知道的，所以全部劫走了。此后"良友"迁往桂林和重庆，振铎因另有任务，留居上海。抗战胜利，"良友"迁回上海，不久因故停业。振铎早已把他自编自印的其他古代艺术画册的出版发行工作改交给上海出版公司。为了实践对预订者的诺言，他就另外编印了《诗余画谱》上下二册，《万历版画集》上册，加上已印成未发的《嘉道以来版画集》，配成一函，把《图录》部分二十册草草结束，其用心也良苦矣。后来他还有续出《图录》第六函四册的计划，而且已付印半数，据刘哲民同志告诉我：五七年前曾几次谈到要把它出齐，但未成事实。"反右"运动后，他再也不提这类事了。另外，我们还替振铎发行过《顾氏画谱》一函四册，那是与《图录》计划无关的。

六

　　解放后，我每年都要上北京，每次总不忘记去找老友振铎。他当时已担任了文化部领导工作，在北海公园门外高高的团城上办公。他还是和过去一样热情地接待我，几次约我去地安门寓所聊天吃饭，畅叙别情。他到上海来出差，这里的一群老朋友总是兴高采烈地邀请他欢宴叙旧。他丝毫没有"当官"的架子，仍然平易近人，谈笑风生，不失"老天真"的本色。于是大家和他一起无拘无束地互开玩笑，当时靳以还健在，朋友们仍亲热地称他为"老郑"。他对我在解放前搞的一些编辑出版工作，常常说些鼓励的话；接着就催问我何日参加社会主义出版事业（当时我在主持晨光出版公司）。1953年5月我结束"晨光"，参加上海人民美术出版社后，有一次，他又来上海，见到我已参加了革命，就拍拍我的肩膀表示赞赏，要我今后为党为人民作出更大贡献。他对大家开玩笑地指着我说："家璧'弃邪归正'了，为他祝酒一杯！"这四个字一直深印在我的脑海中，这也说明他喜用带有绝对性字眼的习惯仍然未变；同时也表示了这位解放前曾给我以极大帮助的良师益友，对我今后工作的深切期望。至今老朋友们相叙谈到振铎时，都说起，如果他五八年没有遇难，"十年浩劫"中，他的日子是不会好过的。那时，大家都有自己的新任务，见面都不大再提解放前的旧事。我从重庆回来后也没有问过他关于《图录》的后事，当然也不去问他是否有意把《中国版画史》正文继续写下去等等了。但他交上海出版公司出版的《伟大的艺术传统图录》和《中国历史参考图谱》等名贵画册，每有新著问世，不论售价多么昂贵，都签名送我一部。《十竹斋笺谱》四册一函，他也另外送我一套签名本。所有这些，都在"文革"期间不知去向了。

1980年初，我写信告诉尔康同志，我将写一篇有关《中国版画史》的出版史料，问他有无资料可供参阅；他才第一次告诉我，他父亲生前除新编一部木刻选集外，还写成一部《中国木刻史略》，文稿早于"反右"前送交人民美术出版社。这对我来说，是一个大发现，一个好消息，因为我总感到孤岛时期预告过的《中国版画史》正文部分没有如约完成，是一大遗憾。我就多方打听。开始有朋友告诉我："郑先生在遇难前，确曾将《中国版画史图录》交出版社再版。"以后才弄清楚，振铎认为已出二十卷《图录》分量过大，绝版已久，重印也极困难，而且数量如此浩大的原始材料，对一般爱好美术的读者也无此必要。此外，近几年来，又有许多新的重要的资料陆续发现，应当加以补充。于是在1952年，他费了五个月时间，从已出版的《图录》中选出有代表性的三百多幅，加上新发现的材料中择优补充二百多幅，编成一部《中国古代木刻画选集》；这部选集，振铎是准备用普及本形式出版的，这正是鲁迅于1934年2月9日给振铎信中所提出的夙愿。鲁迅信中说：

> 上海之青年美术学生中，亦有愿参考中国旧式木刻者，而苦于不知，知之，则又苦于难得。所以此后如图版印成，似可于精印本外，别树一种廉价本，前者以榨取有钱或藏书者之钱，后者则以减轻学生之负担并助其研究，此于上帝意旨，庶几近之。

因此我想起孤岛时期我和振铎商议出版精印本时，也提到过是否要"别树一种廉价本"；但当时出于抢救性质，且限于当时的物质条件，对于为木刻青年设想的普及本，当然只能待之来日了。

全国解放后，振铎看到实现这个普及本计划的时间已成熟，于是在1952年就毅然着手编选。这部木刻选集共收作品五百余幅，分为十卷：

一，唐、五代；二，宋代；三，元代；四，明代初期；五，万历时期；六，天启崇祯时期；七，清代前期；八，清代后期。还有九，彩色木刻画；十，年画。据负责这部画集的编辑李平凡同志最近来信告诉我，除第九卷外，"文革"前，遗稿大致都已编好。较之《图录》的规模，紧缩多矣。编成后为什么没有立刻出版呢？这个问题，直到1981年我去北京，看到了其他遗稿，才恍然大悟。

去年初冬，我上北京参加鲁迅诞辰一百周年纪念大会，会后，我又专程去看望了高君箴老太太，并从尔康那里借到了《中国木刻史略》原稿（经人抄录的）半部，自第七章到第十二章，每章字数约万字左右，注释很多，另有补充注释。我花了几天时间把它摘录下来，带回上海与《中国版画史样本》中所载正文四册的内容说明核对，证明作者还是按原定的编写计划，仅仅改列为十二章而已。最后把"年画"特别写成一章，说年画的创始与木刻的创始是同时的，最早的作为人民供养的佛像，虽不能说是正式的年画，但性质相同，也许就是年画的开始。然后从历史上叙述了苏州桃花坞、石家庄、山东潍县等地木刻套色年画的发展经过。他认为木刻画作家们本身属于劳动人民，他们表现了劳动人民所喜爱的东西，满足了劳动人民对于艺术的需要。像年画这一类具有优良的民族传统的木刻画，还在不断地进步着，发展着，具有广阔的灿烂的前途。作者以年画作为木刻史的结束是具有深刻含意的。

在这部遗稿中，出乎意料地发现夹有《中国古代木刻画选集序》一文，虽仅数千字，却极富史料价值，脱稿日期写的是1956年1月8日。这篇序文，叙述了1940年《图录》陆陆续续地出版了五辑，第六辑只印成了二册，而"史"始终没有写成。1952年编成《中国古代木刻画选集》，又"因为关于'史'的部分迟迟未能写成，所以一直搁至现在才能出版"。接着他谈了"史"的材料搜集之不易，说明这里只是一个初稿，还有待于修正和补充。振铎治学态度的严肃认真，虚怀若谷，工作方法上多方考证，实事求是，殊堪钦佩。回想起孤岛上海落入日寇之手，"良友"被迫内迁前夕，我曾去庙弄向他辞行。我谈起没有能够帮他圆满完成《中国版画史》二十四卷出版计划向他表示歉意时，他非常乐观地对我说："将来终有一天会功德圆满的！"现在事实证明他于离开这个世界的两年多以前,已把这个伟大的工作用另一种出版形式圆满地完成了。这真是对读者负责,对历史负责的崇高精神的表现。

我现在一边读着这篇序文,一边翻阅留在我身边的唯一纪念物——《中国版画史样本》,思潮起伏,感慨万千。我去年旅京期间,为了参加在八宝山举行的周立波同志追悼会,第一次有机会在八宝山礼堂外面,凭吊了郑振铎的墓,那里,荒草丛中,还竖立着一块很大的墓碑。当时我已知道找到了《史略》的下半部,还没有看到这篇序文。现在证明振铎于1956年初就殷切希望这部《选集》和《史略》早日出版,实现他于孤岛时期的一大愿望。不料1957年"反右"运动开始,这类出版物当然被搁在一边排不上队;1958年10月,作者因公坠机殒命,为国捐躯。此后一直到"十年浩劫",当然无人过问了。

郑振铎先生逝世已二十五年,他写成《木刻史略》距今已二十七年。我们后辈都有责任把他这部积数十年研究成果所总结的中国第一部有关木刻版画的史书,同包括五百幅古代木刻的选本早日公之于世,这才是纪念这位与鲁迅一起,为研究、搜集和复印中国历代木刻,为积累、流传我国古代文化艺术而奋斗一生的先行者的最好的方法!

1982.11

后记

本文在我心头虽已酝酿多年,但从1980年春,从尔康同志处得悉他父亲生前曾写过一部《中国木刻史略》,但原稿尚未找到后,我就停笔等待。以后知道在他姊姊小箴同志家中,无意间已发现该书后半部(自第七章至第十二章)原稿约五万字,我乘1981年冬去京开会之际,借来拜读摘录,这就增加了我们要找寻全稿的决心。我便向有关同志分别写信,要求协助,把前半部查个水落石出;尔康同志也四处奔走呼吁,冀获全豹。但时越年余,杳无音信。看来前途渺茫,我便放弃原意,只能根据已有资料,于去秋写成此文。

事有出人意料者。今年元月22日,忽得尔康来信,说:"家姊小箴给我来电话,说在找其他东西时,无意中又发现父亲的几包遗稿,要我去她家看看。次日,我即赶往她家。稿子有四包,一包就是《中国木刻史略》一至六章抄录稿,两包为《木刻选集》画稿……。这样一来,加上已找到的,两部书都'破镜重圆'了!……父亲的心血总算没有白费,他的遗愿终于将要实现了!我们全家都非常高兴!我想您看了此信也一定会为您的老友而高兴的吧!……这部书若不是您'旧话重提',恐怕早已被人们忘却,我也不会为此事而奔走,……"在纪念作者逝世二十五周年的日子里,经各方努力,这部《史略》原稿,终于重见天日,有了和读者见面的机会,确是值得庆幸的!用"最后消息"的报道形式,刊此后记,以慰读者。

另附一条"最新消息",同刊篇末。春节期间,上海市出版局局长宋原放同志来看望我,见我在写此后记,他向我提供了一件海外书讯。去年,他作为中国出版代表团副团长,曾去英国伦敦参观访问。有一家专售中文图书名为"寒山堂"的英国书店,曾派员去旅馆向他联系,说他们有意在英国重印郑振铎编二十卷本的《中国版画史图录》。据说,欧美图书馆和国外的中国古代美术研究者对此书评价甚高,可惜流传极少,觅购不易,因此有此打算。我想这也是读者所乐于听到的吧。

1983.2

原刊于《新文学史料》1983年第2辑,有补充。

耿济之在"孤岛"的上海

研究中国现代文学史现在已成为国内外学者的一个热门课题,但关于"孤岛"时期的上海,至今还是一段空白,很少人触及。上海社科院文学研究所有鉴于此,号召曾经参加过当年文学艺术和出版活动的老人,写下一些自己亲身经历和熟悉的先辈事迹,以供后人参考,是件极有意义的事。他们约我写耿济之先生,我认为是义不容辞的。今天的中年青年读者,几乎不大会知道这位在中国文学翻译界,特别是介绍俄罗斯文学方面的先驱者之一的辉煌业绩了。

一

我认识耿济之是通过郑振铎介绍的,见面并且建立友谊正好在"孤岛"时期的上海,但我和他开始文字之交还在抗战以前。他们两位的文章,我在中学念书时经常读到,他们长我十岁,都是我的前辈。对他们二人早年结交经过和文学活动,后来从郑振铎那里知道。

"五四"运动前一年,他们二人都在北京念书,常去青年会图书馆看书,那里有七八个玻璃柜的英文书,其中有很多俄国文学名著的英译本,如契诃夫、托尔斯泰、安特列夫的作品等。由于共同的爱好,他们就在那里交上了朋友,同时还有瞿秋白、许地山等人。正好青年会要办个学生刊物《新社会》,他们都成了这个刊物的编委。但不数月,因宣传新思想而被封。他们接着就自己办个《人道》月刊,因没有经费,出一期就停了。1919年,伟大的"五四"运动爆发,耿济之、瞿秋白当了俄文专科学校的代表,郑振铎当了铁路学校的代表,投身于轰轰烈烈的政治斗争中。就在这个唤醒青年一代的划时代的文化革命运动里,他们突然对文学同时发生了炽烈的兴趣。正好耿济之有一位姓叶的前辈办了一个《新中国》杂志，需要文艺稿子，耿济之、瞿秋白就利用已掌握的俄语，试译俄国文学作品。耿济之的第一篇译作是托尔斯泰的《家庭幸福》；郑振铎也第一次从英文译了篇俄国小说投给这个刊物。当时翻译俄国文学作品的还有耿济之的两个弟弟：耿式之、耿勉之，和瞿菊农等。1920 年冬，有十一位志同道合爱好文学住在北京的青年聚在一起开会，商量组织一个文学团体，发了一个宣言，这就是文学研究会的开始。开会的地点就在耿济之所住的万宝盖胡同寓所。当时，商务印书馆负责人高梦旦到北京，代表文学研究会同这位出版家商量如何改革《小说月报》，以后改由沈雁冰担任主编等会谈，也就是郑振铎和耿济之二人。[1] 此后，又通过蒋百里的关系，组织翻译大量俄国文学名著，列入商务印书馆的《共学社丛书》，取名为《俄罗斯文学丛书》和《俄国戏曲集》。耿济之译了托尔斯泰的《复活》三大卷，屠格涅夫的《父与子》，托尔斯泰的《艺术论》等，还和瞿秋白合译了《托尔斯泰短篇小说集》等。这些早期的俄国名著译本，都是用白话文从俄文直接翻译过来的，他们把这以前由鸳鸯蝴蝶派旧文人用文言文意译节译，称之为外国言情、侦探小说的旧译本，一下子推到历史的幕后去了。驰誉世界的俄国文学名著第一次以本来面目与中国读者相见。从尼古拉二世以来就是"为人生"的俄罗斯文学，从这时候起同这一部分外国文学介绍者合流。他们认为这些是被压迫者的呼声，是"血与泪"的文学，通过译作，既可以加强我们对俄国人民的了解，从而激起中国人民反抗的呼声，也可以从中吸取艺术上的营养，繁荣我们自己的创作。这些先驱者们的丰功伟绩，我们今天万万不能忘怀。在这些翻译家中间，后来各奔前程，另有建树，而耿勉之、耿式之都不幸早死。唯独耿济之从俄专毕业后就参加外交部，接着在莫斯科和西伯利亚一带干外事工作，一直到抗战发生，才因病回国。他在公余之闲，每夜伏案翻译，孜孜不倦，数十年如一日，从未间断，有很多部俄罗斯文学名著，就是在业余翻译，这才是最难能可贵的。

1936 年，我在良友图书公司筹备编辑《中国新文学大系》的姊妹篇《世界短篇小说大系》时，曾得到郑振铎的大力支持。他也认为"五四"

---

[1] 郑振铎：《想起和济之同在一处的日子》，《文汇报·笔会》，1947 年 4 月 5 日。

文学运动所取得的伟大成就,当时的翻译文学,特别是介绍来的俄罗斯文学,对从事文学创作的人起到过一定的影响。当我和振铎讨论到《大系》中俄国部分应请谁来担任编选时,他立刻推荐在苏联工作的耿济之,他介绍我第一次和他通信。这套《大系》的计划,因1937年"八·一三"抗战爆发,全部告吹了。

去年,我为《读书》第八期写了《想起蔡元培先生的一个遗愿》,文中提到这套未完成的大系计划时,我还说:"耿济之的《俄国集》(文稿)可能还保存在他的遗族手中。"那是因为济之逝世后,我虽曾和振铎二人同车去静安寺参加追悼会,深为遗憾的是解放三十年来,我再也没有去看望过他的遗族。四届文代会后,我在北京曾去安定门外拜访过郑振铎夫人高君箴老太太,这次为了写这篇文章,我才多方打听耿济之遗族的住处。原来他们还是住在"孤岛"时期我常去找济之促膝谈心的旧居,从未搬动,虽然路名弄名都换了。我于3月7日登门拜谒时,他夫人钱福芝老太太年高八十有一,腿虽跌伤过,身体很硬朗,谈起往事,记忆力犹不逊当年。三女一儿都光荣入党,合家老小过着幸福的生活。她指给我看济之生前伏案写作的那张写字台还放在卧室窗下,书柜里堆置了许多杂物。我问她还留下济之的遗稿、信札和图书否?她喟然感叹地说:"'文化大革命'期间,虽未抄家,儿女都要向造反派交代他们父亲的历史。我躲在北京小女家。留在上海的二女,胆小怕事,她像当时所有知识分子的家族一样,把家藏的中外图书论斤当废纸出售,一大包父亲留下的文稿,全部付之一炬。现在后悔也来不及了。"我原来还有去发掘故友遗作的梦想,结果都已化为灰烬,空手而归,令人长叹。

二

1937年抗日战争开始时,耿济之正在海参崴工作。他原有高血压症,此时职务繁忙,病情加重,医生劝他长期休养,他就请假回国。本拟经香港转往重庆,在香港心脏病复发,只得回沪,留在"孤岛"长住下来。他杜门索居,轻易不见人,仅仅和郑振铎、王统照、徐调孚等几位老朋友偶尔叙谈,相濡以沫。我和济之认识来往,就从这个时候开始。

第一次见面记得是在郑振铎家里,看到他胖胖的面容似乎有些苍白而浮肿,吃饭时不喝一滴酒,菜也有很多忌口的。他谈了这次不能从东北走,绕道意大利回国途中的见闻。对祖国前途,和我们久居上海的一样感到忧心忡忡。他诉说不但血压高,心脏也不好,常觉体力支持不住。对外交工作这口饭决心不再吃了,只希望安顿下来,专事翻译,就怕稿费收入不能维持十数口之家。当时他上有老父,下有五个儿女,还要负担他二弟式之的家族,米珠薪桂,度日维艰。我当时在一所中学校担任行政工作,后来在美商办的《大美画报》当编辑,宣传抗战。通过振铎的关系,我们就交上了朋友,互有往来,有时我约振铎、济之在外面吃顿小馆子。我那时和王统照先生曾同住在一条里弄,比邻而居。济之去看王统照时,有时顺便来一起谈心。王统照后来在《追悼济之》一文中所记,正是"孤岛"时期的一幅生活写照:"至于那个窘困、逼迫、隐避……,一言难尽。就是这样,他(济之)经常还可保持他从容的态度。大家偶得聚谈,顾忌环境的恶劣,受经济的窘迫,往往短呼长叹,甚至瞪目切齿,虽寄希望于未来,在当时可难免沉郁。他出于真诚也说几句,却不大看见他有几次紧蹙眉头,面容苦悴,其实他的忧郁深藏在心。"[1]回忆沦陷时期上海的"孤岛"文艺界,强敌入侵,四面受围,生活艰难,精神愁闷,却人人都在自己的岗位上,进行着不屈的斗争。

1939年1月,改组后的良友复兴图书公司成立,我又回到了自己原来的岗位上。我还是负责文艺书籍方面的编辑工作。1938年冬,我就把良友改组复业的事告诉了郑振铎先生,他极为高兴,以后他就把他编印的《中国版画史图录》二十卷的出版发行工作交给"良友",这是他对我们的最大支持。同时我们二人不约而同地想到应当为耿济之的翻译作品的出版尽最大的努力。我们考虑的不是要为他出一本书,而是要为他订个长期规划,让他安心译事,出他一套书。

当我去亨利路看望耿济之,告诉他这个好消息时,他高兴极了。我看到他的写字桌上堆满了俄文书、工具书和一大叠的稿纸。据他说,现在每天早饭后开始工作,一天可译三四千字,正在为开明书店译书。我告诉

---

〔1〕 王统照:《追悼济之》,见《文艺春秋》第5卷第1期,1947年7月。

他，我和振铎商量后，拟请他搞一个比较长期的规划。他马上给我看写在一张稿纸上的翻译选题程序表，他表示预备以几年时间，完成《高尔基全集》的翻译工作。我们商讨一番后，他就答应全部交由"良友"出版。他给我看了已翻译部分的《阿尔达莫诺夫家的事情》，共三十万言。他告诉我革命胜利后高尔基在意大利写了两部长篇巨著，这是第一部，写俄国新兴的资产阶级的兴亡盛衰史。接着他准备译另一部描写俄国知识分子阶层在各种不同时代的兴替史，那就是《马特维·克日米亚金的一生》，长四十万言。那天他送我出门时，我看到他脸上显示了满意的笑容。

不料上海另一书店也有同样的出版计划。他们是集合许多人的译作合成全集，预期短时期内即可完成。济之听到后，有一次找我来谈，他表示不愿在这方面浪费精力，与他人作无谓的竞争，所以要变更翻译计划。我们商议的结果，决定由他挑选旧俄名著十部，陆续翻译出版，争取五年出齐。由我们用特定的二十五开大开本印，统一编排，统一封面设计，每册二十万字左右，称为《耿译俄国文学名著》，作为一套系统的丛书出版。当即决定以高尔基的《阿尔达莫诺夫家的事情》作为第一种，1941年5月出版了（出版时，书名简称《家事》）。译者选的第二种是他已译了一部分的陀斯妥也夫斯基的《卡拉马助夫兄弟们》。

这部百万余言的长篇巨著，同托尔斯泰的《战争与和平》、果戈里的《死魂灵》，有人称之为旧俄文学宝库中鼎足而立的不朽之作。郑振铎在该书序文中谈了翻译这部巨著的最早的一段史话。他说，"五四"运动期间，"我们曾经谈过，要译"这部书，"由我动手，从英文译本里译好后，由他（济之）用俄文原本校订，记得我还曾译过头一两章。但因我没有那末大的耐性，一搁便是好几年。以后便再也提不起兴致来译下去。想不到，他却埋头苦干地把这么一部大书译完了。前半部是在西比利亚时候译成的……"。振铎接着说："当他写信告诉我要译这部书时，我极力怂恿他开始做，一半也为了庇护我自己的惭愧。"这部译稿的上半部于1940年4月交来，1941年11月出版，书名简称为《兄弟们》，先出上册。

此书出版前，我请茅盾、郑振铎、王统照和傅东华替我们各写几句向读者推荐的话。茅盾的一段话是这么说的："这是一部世界名著，无论如何是中国人应该一读的,对于中国的文艺工作者,这部书在技巧方面的助益也绝不容低估。现在由耿济之先生由原文译了出来,不能不说是近年来中国文艺界的一件大事,耿先生以前光辉介绍的事业,保证了这中译本的《兄弟们》是一部权威的翻译。"[1]我记得当时茅盾已不在上海,他是从大后方寄来的。这段话虽然是应出版者的要求,作为书刊广告的一部分发表的,但是他的以及其他三位译者多年老友所说的美好的语言,岂止是为了多推销几本书而已?当时"孤岛"上出版的有分量的翻译作品已寥若晨星,进步出版社所存无几。出版者和译者一样,犹如漂流大海中的一叶孤舟,能够听到大后方来的赞美的声音,壮大了我们的胆,增强了我们的信心,使我们感到我们的事业不是孤独无援的,全国人民和我们的心是联结在一起的。

《耿译俄国文学名著》丛书第一种《兄弟们》书影

---

[1] 见《良友画报》第171期封二,1941年10月。

《兄弟们》（上册）出版不久，1941年12月8日珍珠港事变发生，太平洋战争开始了，同一天，日帝军队侵入公共租界和法租界，苟安一时的"孤岛"局面从此宣告结束。十八天后，"良友"因宣传抗战，被日帝宪兵队查封，同时被封的有商务、中华、世界、大东、开明、生活、光明七家。《耿译俄国文学名著》丛书的出版计划从此寿终正寝，离开《兄弟们》（上册）的出版不过一个月而已。

日军入侵租界后的日子真是天昏地黑，狐鼠横行。进步知识分子惴惴不安，度日如年。郑振铎从庙弄迁出，隐姓埋名，寄居在居安典路（现称湖南路）的一个偏僻小巷里。耿济之的家也有人去查问过，因为他的"良民证"上写的是耿孟邕，躲过了敌人的搜索。"良友"启封后，公司内部有人想拿《良友画报》同日本人合作，几经斗争，才保持了"良友"的清白，随即宣告歇业。当时的经过，我都告诉了振铎，他也表示无比的愤慨。我对他说，我将只身去桂林，那里听说已是一座文化城，作家云集，书店如林，我如能到得那里，向内地同学朋友筹些股款，把"良友"牌子竖起来，画报不能出，文艺书仍可以继续印，至少还能为抗战事业尽一分力量。他完全同情我的处境和设想，并劝我要走快走，既有前车之鉴，难免还有文章。当时生活在敌人刀光枪影之下，有条件的都想早离苦海。但振铎留沪，负有任务；济之家累重，身体有病，无法成行。我离沪前夕，他们二人约我在小饭馆饯行。振铎多喝了一点酒，情绪激动，脸通红地大骂几个新近落水的汉奸文人。济之话说得很少，但也为自己的不能远走高飞而满腹愁肠。大家举杯互祝健康，互祝胜利的早日到来，"孤岛"时期的朋友就这样黯然分手了。

三

1943年春良友复兴图书公司在桂林复业，第一批用土纸本重印的《良友文学丛书》中，就把耿译《兄弟们》列入，先出第一分册。不久，湘桂战争发生，事业再度被毁。1945年春，又在重庆复业。抗战胜利后的除夕，我回到阔别三年的上海，满怀信心，认为可以重操旧业了。不料还是那个企图同日本人合作的家伙，施尽软硬手段想要控制"良友"。经过一系列的斗争，我们决心把它结束了。从此有过二十年光荣历史，与我共了十八年命运的"良友"成为历史上的名字了。我做出这个决定时，振铎给了我极大的勇气和支持，因为他是了解前情的。他后来有意约我参加上海出版公司，我未同意。

从重庆回沪见到郑振铎时，他就告诉我，耿济之已于前月飞往东北，在中长铁路理事会总务处任职。振铎说，济之此去，实非他的本意，但胜利后，他还是不能在上海找到适合的工作，只好去沈阳谋生。振铎还告诉我，我离开上海后，济之为了压在他身上的家庭负担，每天抱病坚持翻译，为开明书店等译书，而且把《卡拉马助夫兄弟们》的下半部也默默地全部译完了。我听到这里，心中既感且愧，这已是耿济之为"良友"第二次白花了劳动，把译成的文稿，又塞进了他的抽屉。那时我也爱莫能助，徒唤奈何。他既远去东北，我也未能向他当面诉说内情，仅仅写了封信去，告诉他我的行止。

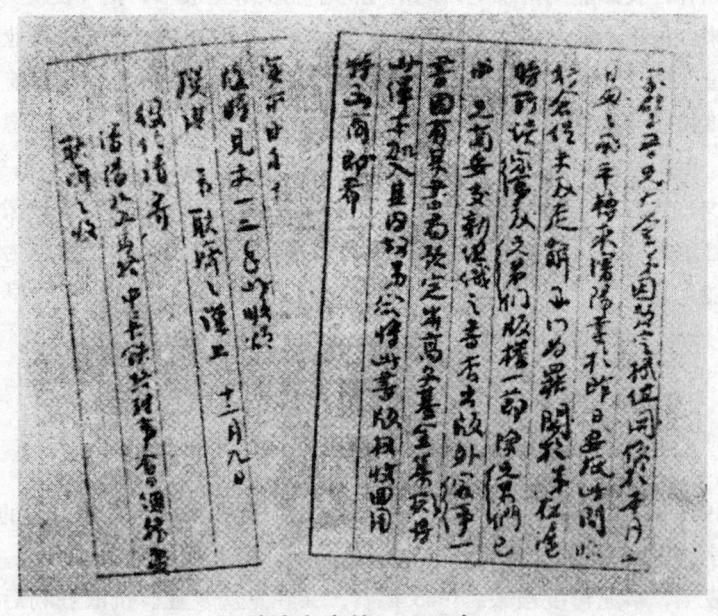

耿济之来信，1946 年

1946年冬，晨光出版公司成立了。《晨光文学丛书》以老舍的《四世同堂》三部曲第一、二两部《惶惑》、《偷生》和巴金的《寒夜》、《第四病室》共四部长篇小说打开了局面。接着我想到的是先要还耿济之的这笔债。这部百万余言的翻译巨著既是我在"孤岛"时期怂恿他动笔译下去的，六七年来，历经沧桑，现在国土收复，蒋介石又挑起了内战。译者既已全部脱稿，不论"晨光"的条件还很困难，我有责任要千方百计地把它印出来。这时济之正好请假回沪休养，我又去看望他。他知道我已参加"晨光"，继续干文艺编辑工作，非常兴奋。当时物价飞涨，民不聊生，他在沈阳干了几个月，薄俸所入，依然不能解决他一家的生计，而公务繁琐，深感体力不支，因而又动念回沪继续做翻译工作。继而想到笔耕所入，决不能维持他一家清苦的生活，在上海呆了一个月，又找不到别的事做，终于回沈阳去了。他答应把《卡拉马助夫兄弟们》分成四册，编入《晨光文学丛书》出版。至于《家事》版权已移交生活书店，他还在为生活书店译《马特维·克日米亚金的一生》。1946年12月9日，我收到他的信。信上说：

> 弟因预定机位关系于本月三日匆匆飞平转来沈阳，业于昨日安抵此间，临行仓促，未及走辞，至以为罪。关于弟在沪时所谈《家事》及《兄弟们》一节，除《兄弟们》已与兄商妥交新组织之书店出版外，《家事》一书，因有某书店出高尔基全集，拟将此译本加入其内，故弟欲将此版权收回，用特函商，希即同意，实所盼祷。

这是我收到的济之的最后一封信，因为当时曾制版印在书前，今天还能看到他的手迹（见书前插图）。

当时上海排印工飞涨，而重庆的排工便宜一半多，为了减轻成本，这部百余万字的书稿我们发至重庆付排，清样由沪寄沈阳，送译者自校。译者虽忙于公务，对这部一半完成于西伯利亚，一半完成于"孤岛"后期的心血译作，寄予深厚的感情，一字一句，校阅得一丝不苟。每次寄回签字付型的清样，校读得那样仔细，每个字写得整齐清晰，捧读之余，对前辈译者认真负责的精神，肃然起敬。不料清样没有全部校完，1947年

列入《晨光文学丛书》的耿济之译《卡拉马助夫兄弟们》第一卷书影,共四卷

3月4日,译者突患急性脑溢血症与世长辞,最后一批清样由邮局退回。接到邮局退回原件时,已从报上读到了噩耗。我慢慢撕开原封未动的一束校样时,双手哆嗦,不禁凄然泪下。他不但在生前最后几天还在读《卡拉马助夫兄弟们》的清样,同时还在译《马特维·克日米亚金的一生》的最末第二章。如果从1919年译第一个托尔斯泰短篇算起,近乎三十个寒暑,呕心沥血,为介绍翻译俄罗斯文学而献出了他最后的生命。正如戈宝权同志所说:"耿济之先生是我国最早和最著名的俄国文学研究者和绍介者,同时又是一位工作得最久和工作力最强的翻译家。"[1]但是在旧社会,特别是他的最后十年,在"孤岛"时期和以后的一段日子里,他一直在贫病交迫之中。明知有高血压和心脏病,也得不到应有的休息和疗养,年只半百,就离开了我们,而留下的译作有二十余部七八百万言之多,真是吃的是草,挤的是牛奶。知识分子在旧中国的悲惨遭遇,耿济之先生是一个典型例子。

《卡拉马助夫兄弟们》分印四卷,加上了英译本名画家威廉·夏泼的许多插图,外加护匣一只,终于在1947年8月出版了。郑振铎先生在该书序文中说:"他时常没有忘记这部大著作的出版,而不幸,它的运命却恶劣异常……他最后一次离开上海而到东北去时,还念念不忘于这部书的运命。……本来我曾答应替他写一篇序,也因为他事所牵,竟未及写。现在,这篇短序终于写成了,而他也不及读到了!想到,当初我们几个人在暗中摸索着走路的时候,兴致好,勇气大,而经过了这三十年的磨

---

[1] 戈宝权:《俄国文学的绍介者——耿济之先生》,《文汇报·笔会》,1947年4月6日。

折、打击与阅历,许多人早已两鬓渐霜,心情萧索的了。"王统照先生在《大公报》为此书写的书评中说:"济之客死沈阳已过半年,荒坟秋草,入土日深,于今家璧先生竟发大愿,将他费过生前好多时间的巨译公布于世,标上'耿济之遗译'五字,人生茫忽,世态侵寻,故友凋零,文章落寞,使老友在风雨凄凄的秋灯前,翻阅怀思,精神纷扰,真有无从说起之感。"[1]我当时虽然私自庆幸了却了一件多年的心愿,但亡友生前未见全书问世,仍然是我的终身遗憾。

今天,我们这里早已换了人间,受百年屈辱,遭异族蹂躏的旧中国已一去不复返了。"五四"先驱者们所开拓的外国文学翻译和研究的道路上,成群的后来人,正在党的领导下,踏着他们的足迹迈步前进。最近钱福芝老太太来信告诉我,人民文学出版社已通知她,耿济之先生译的《卡拉马助夫兄弟们》即将由该社重印出版,这是纪念这位翻译界先驱者最好的方法,我同她一样感到无限的欣慰!

1980.4

原刊于《新文学史料》1980年第4期,此次有修订,原题名为《怀念耿济之在"孤岛"的上海》。

---

[1] 见王统照作《耿济之和他的〈卡拉马助夫兄弟们〉》,《大公报·副刊》,1947年12月25日。

悼念蔡元培先生

二十一年前的今天,光耀中国近代历史的"五四"运动在北京大学里燃起了第一把烽火,因为参与这一运动的人,抱着不惧迫害、不愿妥协的革命精神,便不但把古文学打倒而建立了以白话文学为中国文学的正宗,他们所提倡的民主思想和科学精神,更在中国思想界引起了一个极大的革命,其影响一直发展到七七的抗战。

当时倡导这一运动的人很多,值得提及的如胡适、陈独秀、鲁迅、周作人诸先生,但是最重要的莫过于成为新文学发源地的北京大学的校长蔡元培先生。胡适、陈独秀一辈人假如没有北京大学做他们讲学的地盘,他们的主张所能发生的影响就不会如此大;那时的北京大学,假如没有如蔡元培先生那样崇仰法国革命,主张学术自由,实施民主教育的校长,"五四"运动就不会如此的自由发长。这是每个熟悉这一运动经过的人所共认的。

民国二十三年春,因为自己憧憬于这一历史上伟大的时代,而对于那些"三代以上的人物"所辛苦完成的工作,更有无限的仰慕,环顾出版界中既没有一部有系统的结集,作为这伟大工作的记录,想到与我同感的青年,一定不在少数,于是计划了一部《中国新文学大系》,把新文学运动第一个十年间的收获作一次总结。这部书得到胡适、鲁迅、茅盾、郑振铎诸先生答应担任编选后,就要找一位适当的人在前作序,这件工作当然只有请教蔡元培先生了。

一个和暖的春天,我到现在改为仁济医院的中央研究院去看望蔡先生,我和蔡先生虽曾见过几次面,但是作深切的谈话,这还是第一次。我把计划的内容和编选人的名单告诉他以后,他的喜悦是使我永远不会遗忘。他为我叙述他个人在当时所参与的几次大事的经过,他告诉我怎样进北大,怎样为了请教授而受到外界的攻击,胡适和林琴南怎样在北大发生笔战。蔡先生像回到过去的世界中去一般，一切的往事，重又活现在他的忆念中，流露在他眉目之间的是一种满意的微笑。他问起现在写诗、写小说的是哪些人，新的作品有了些什么进步。他很谦逊地说，因为院务太忙，所以有好几年不和新文学刊物发生接触了。他对青年人和白话文学的关怀，正像一个年老的母亲，殷殷垂询他儿女的健康一般。他在赞许这一计划以后，一口就答应了我的要求。

这年夏天，蔡先生到青岛避暑，总序原稿由邮局递来。附来的一封信里，还表示因为天气太热，所以交稿略迟，希望不因他的文章而影响了全书的出版期。这篇序文，长约一万余字，把欧洲文艺复兴运动和"五四"运动相比，结尾处，他说："自'五四'运动以来，不过十五年，但是我国历史，现代环境，督促我人，不得不奔逸绝尘的猛进，吾人自期，至少应以十年的工作，抵欧洲的百年。"他接着希望"在第二个十年和第三个十年时，有中国的拉飞尔和中国的莎士比亚应运而生"。现在第二个十年已过去，第三个十年正在开展中，拉飞尔和莎士比亚虽未产生，但是中国思想界进步的速率，确在以十年的时间赶上欧洲的百年。

《新文学大系》全书出版的那天，我带了几本书去送给蔡先生，又在中央研究院的楼下会客室里，蔡先生把这十本书抚摩了好久以后，才说出了如下的愿望："假如这部书销路不坏，你很可以继续地编第二个十年，但是我个人觉得比这更重要的是翻译作品的结集。'五四'时代假如没有西洋的优秀作品介绍到中国来，新文学的创作家就不会获得目前所有的成绩。当时从事翻译工作的人，他们所留下的种子，是一样值得后人珍藏的，所困难的是这些作品散佚的情形，比这部书更难着手去整理而已。"

蔡先生无意间的建议，引起了我的又一个梦想。在以后的二年间，经过许多朋友的讨论，得到郭沫若、曹靖华、巴金、傅东华、黎烈文诸先生的答应担任编选，作为"新文学大系"姊妹篇的"世界短篇小说大系"计划，终于由梦想而开始实现了。这一计划的内容，虽和蔡先生所说的翻译结集略有不同，但是"五四"以来介绍到中国来的文艺作品中，短篇小说既占最大的多数，而中国新文学作品中进步最快成绩最佳的也莫如短篇小说，所以计划大体决定以后的民国二十六年的春天，我又去谒见蔡先生。

这一次是蔡先生大病初愈后不到一个月,虽然每天到院办公一小时,但是因为遵照医生的劝告,绝对不接见客人。我去后在楼下坐了好久,才有一个听差的把我引上楼去,到了蔡先生办公室背后的一间小客厅里。刚坐下来,听差的就郑重地告诉我:"蔡院长病未复原,他既特别答应接见先生,先生和院长谈话的时间,请以五分钟为限。"话刚说完,蔡先生已从门外进来了,面容虽很苍白,精神还极矍铄,我把来意说明以后,蔡先生的欣喜是出于我望外的。他给了我许多可贵的意见,并且在分国方面作了极重要的修正。他立刻答应为《世界短篇小说大系》的样本写一段短序,还答应将来出书时和《中国新文学大系》一样写篇总序。正在蔡先生兴奋的谈话中,听差的进来报告:"蔡院长,五分钟已过了。"我知道我不应当过分消耗蔡先生病后的精神,便起立告辞。这篇短序,在三天以后,蔡先生就派人送了来,是他亲笔所书的二十行笺,现在还保存在我的书夹中,已成为我所珍藏着的蔡先生最后的遗墨,将来《世界短篇小说大系》出版时,也要权当做总序来纪念这位伟大导师的盛意了(见书前插图)。

　　《世界短篇小说大系》因为抗战关系而暂告停止,蔡先生逝世的噩耗,突然从香港传来。我从书夹中拿出蔡先生的遗墨来展读,我像又看见他那从眼镜背后发出的慈祥的目光,他那谦恭的态度,他对青年人的热心和对他所领导的"五四"运动的忆念。当国家民族正进入又一个"五四运动"的今日,他的撒手长逝是莫可弥补的损失。蔡先生对中国文化的贡献,是无可估计的。没有"五四"运动,也许不会有今日的抗战,没有蔡元培先生,"五四"运动也许要迟来几十年。在5月4日纪念这一位青年导师,更使我们感觉我们有太多的地方得益于先生,而我们所能纪念先生的只有继续他的"五四"精神而已。

1940.5.4

原刊于《良友画报》,1940年5月号,良友复兴图书公司,上海。原题名为《忆蔡元培先生》。

关于钱锺书的《围城》和师陀的《结婚》

——《晨光文学丛书》中的两本长篇小说

作为一个文学编辑的最大喜悦,莫过于看到从作家手里接过来的一大叠手写原稿,通过自己的劳动编印成书;又经过漫长的时间考验,不但在本国读者中被公认为传世之作,而且被译成各国文本,流传遐迩,赢得国际文坛的声誉。1946年底创刊《晨光文学丛书》时,老舍的《四世同堂》和巴金的《寒夜》,就是这样两部长篇小说。

但是于1947年6月同时编入这套丛书的还有另外两部长篇——钱锺书的《围城》和师陀的《结婚》(见书前插图)。1961年在美国出版的美籍华人夏志清所著英文本《中国现代小说史》(此后由香港出了中译本)中,述及40年代现代小说家时,对三位有代表性的作家,特辟专章详加评述,其中就有钱锺书和师陀。该书对《围城》评价之高,连作者也觉得碍难接受。[1]但是这就导致了英、法、德、日、俄、捷的翻译本相继出版。他对《结婚》也认为从"叙述技巧与紧张刺激而论,在现代中国小说中是罕有其匹的"。1977年瑞典诺贝尔基金会编印《诺贝尔专题论丛》第三十二种《近代中国文学与社会》的英文版论文集里,捷克斯洛伐克汉学家斯卢佩思基博士所著讨论《儒林外史》与现代中国小说关系一文中,也把《围城》和《结婚》相提并论;他还曾在1973年的《亚非研究》上发

钱锺书作《围城》封面

---

[1] 袁良骏:《评夏志清〈中国现代小说史〉》,《文艺报》1983年8月号。

表过题为《师陀的世界》的论文。

1979年冬我到北京，看望了钱锺书同志。我向他祝贺《围城》所获得的国际荣誉，还共同回顾了初版本出书的经过，那是由陈西禾同志帮我约到的。当年出版后，曾一度引起文艺界的各种反应，包括文艺评论家的谴责。前年作者去美国访问时，据说，美国记者问他为何《围城》未在国内受到重视时，作者用诙谐的口吻，举了两位美国著名作家为例，含笑地说："爱伦·坡不是最早受到英国读者的欢迎吗？福克纳的作品不是最先受到法国萨特的欣赏吗？"但情况到次年发生了变化，在拨乱反正精神鼓舞下，人民文学出版社大量重印了《围城》，立刻轰动了我国文坛，重要报刊上连续发表赞赏的书评。直到上月，《读书》上柯灵一篇专论中还说"三十年的'李追大梦'，一觉醒来，《围城》已经蜚声国际，举世传诵"，[1]确是感慨言之的。

现在师陀的《结婚》虽姗姗来迟，也重印出版了。这还是前年冬天的事，四川人民出版社来信要我在过去所编几套文学丛书中，推荐一两部最值得重印的。我毫不思索地想到了《结婚》。可惜出版社在四川找不到原书，作者家里也没有，我把自己珍藏三十五年的样书寄去做母本。出版社立刻打电报来要我代向作者敲定。此后经过一些周折，这部师陀在40年代的代表作，换上了新装，增添了插图，并在书后加添了作者新写的一篇谈创作经过的长文，又与千万新老读者相见了。"晨光"初版印二千，四川一印近十万。

师陀从小是个听书迷，长大了爱读中国古典小说和欧洲现实主义作品，受俄国作家影响很深，但不喜欢陀斯妥耶夫斯基。《结婚》的艺术结构具有引人入胜的特色。师陀在抗战前一年才从北方来到十里洋场，上海成为孤岛时期他一直留居上海。当时的作家，个个经历了严峻的考验，不少人仍然没有放下那支战斗的笔，但能写出反映那个特殊时代和那个特殊环境的长篇小说，颇为少见。这部长篇分上下两卷。上卷是中学教员胡去恶写给善良诚朴的女友林佩芬的六封信。当时林的老父不愿在日寇统治下教书，回老家去过清苦生活，她也同去乡下；而胡企图在

---

[1] 柯灵《钱锺书的风格与魅力》，《读书》1983年第1期。

上海弄些钱将来与林结婚。下卷六章为叙述体，写缺乏世故的胡，为了想发笔横财，把自己的两部心血之作当抵押品，向人借了一万块钱，托人代买外国股票。太平洋战争爆发，一夜之间股票跌得一文不值，而且实际上钱早已被人骗去花用；那两部著作也被人冒名出版。他单恋上的一位有钱有势的阔小姐，把他戏弄一番也丢了。在各方面感到受骗上当输个精光而精神上陷于半疯狂状态下，他用刀子把情敌扎死了，还自认为向社会挑战，为了正义而报仇。在那个人吃人的旧社会里，知识分子所遭遇的这幕悲剧，对今天的青年读者来说，是一面很好的镜子。小说当时曾在《文汇报》上连载；我是从巴金手里拿到的，他说这是一部难得的好作品。

我把四川版翻到最后版权页，上面仅印"1982年4月第一版"一行字，没有说明初版本的出版年月和何处出版，那么青年读者很可能误认为是作者新写的作品。我再查阅这几年各地重印的《四世同堂》、《寒夜》、《围城》，版权页上和《结婚》完全一个样。这引起了我的一点感想。文学作品一旦印成了书，它本身在社会上就是一种独立存在，在历史的长河里载浮载沉，经受它自己命运的摆布，有的历经沧桑，有的昙花一现，而一本书的生命史就记录在版权页上。所以国外的版权页，初版本、修订本、移交另一出版社出的新版本或纸面本，样样都作说明。我们的《鲁迅全集》，对各书初版本都有交代。这样做的好处，一则尊重出版的历史，二则对文学史研究者提供了重要的参考资料。我还见到新出《老舍文集》内连众所周知的《二马》、《赵子曰》，都不注明是"商务"出的初版本。看来这些都是小事，但也同如何尊重历史，如何保护著作权都是不无关系的。

1983.3

原刊于《人民日报·大地》，1983年4月22日，原题名《编辑杂忆》，此次有补充。

出版《美国文学丛书》的前前后后

——一套标志中美文化交流的丛书

一

中美两国人民友谊的金桥在太平洋上架起以后,在介绍和研究现代美国文学方面,已出现了冬尽春来,百花争艳的新气象。这自然而然地唤起了我在三十一年前经手出版的一套标志着中美文化交流的文学丛书的回忆。这套书共十八种,二十卷,1949年一次出齐。出版时正值上海解放前夕;出书后,全国人民欢欣鼓舞,迎接社会主义新中国的诞生,这套在当时确实有些不合时宜的丛书,便默默无闻地被人们所遗忘了。现在,外国文学的种种禁区既被突破,那么,让我回头来谈谈这套丛书出版的前前后后(其间得到许多译者的热情协助,共同回忆,在此致谢),我内心既无所顾虑,对外国文学研究者和广大读者,也许还有些史料价值吧。冯亦代已在1979年《新华月报·文摘版》第二期上,用《〈美国文学丛书〉的始末》为题,第一次在解放后的报刊上写了专文,介绍这套丛书;并且是第一个人为这套丛书公开地恢复了原名。因为当年出版时,我临时把它改用《晨光世界文学丛书》的总名,打算以后一个国家一个国家地出下去,而以美国之部开其端。

事情发生在抗日战争末期的重庆。1945年初秋,日本投降前夕,有一天,乔冠华、龚澎和徐迟等人应当时任美驻华大使馆文化参赞的费正清(Dr. John. K. Fairbank)之邀去会谈。费正清提议由中美双方合作,编译一套系统介绍现代美国文学作品的丛书,由我方负责组稿,美方负担部分译稿费,将来交中国的出版社出版发行。关于丛书里应包括哪些具有代表性的作家和作品,也初步交换了意见。临别时,费正清拿出两本现代美国文学史书,说可供参考,那就是卡静的《现代美国文艺思潮》(A. Kazin: On Native Ground) 和范·威克·勃罗克斯的《新英格兰的繁荣》(Van Wyck Brooks: The Flowering of New England)。费正清夫人费慰梅(Wilma Fairbank)当时是文化专员,大力支持这个计划。最近据徐迟同志回忆说:"这只是初次的谈话。以后见面,又谈论书目,但都是泛泛而谈。我当时不大相信,这样大的丛书计划,恐怕不容易编出来。在重庆,我算是一个研究外国文学的人,龚澎他们在和美国人接触谈美国文学时,是把我作为咨询人的。但在重庆商谈没有什么结果。可以肯定的一点是,这套丛书的商谈经过是在重庆,在我们党的领导下进行的,是乔和龚澎等出面联系的。"我最近去信北京的马彦祥同志,请他便中问问夏衍同志,因为当时夏衍正在重庆工作。马复信说:"昨访夏公,问起美国现代文学丛书翻译一事,他说,此事是得到党的支持的,是美方费正清提出的,费为此事很积极。"当时我虽在重庆良友复兴图书公司工作,但一无所闻,也不可能知道,因为那还是在最初酝酿阶段。

二

抗日战争胜利后,费正清于 1945 年底调到上海任美国新闻总处处长。很多寓居重庆的文艺界著名人士纷纷返沪。费正清对这套丛书计划还是念念不忘,在由上海美新处举行的鸡尾酒会上,他曾对郑振铎谈过,也对冯亦代讲过。他第二次对冯提出这个计划时,冯告诉了夏衍和郑振铎,夏、郑两位决定要费向文协正式提出,当即由冯通知了费。费便正式向郑建议,经上海文协讨论,最后决定接受。当时郑振铎是上海文协负责人,冯亦代正在上海搞新闻工作。这个在重庆开始酝酿的丛书计划,不久在上海逐步落实,而郑振铎就成为中国方面的主持人。联络工作最初是徐迟,后来他回故乡去办学校,改由冯亦代担任,而冯的爱人郑安娜正好由龚澎介绍,进了美新处做文化联络员的工作。

当时,美国政府对华外交政策,在杜鲁门总统扶蒋反共思想指导下,急剧地向右转,费正清不得不挂冠而去,回到哈佛大学当教授了。

1946年6月，费离别上海前，郭沫若设宴为他饯行，出席作陪的有夏衍、郑振铎等。徐迟、冯亦代等在黄浦江滨和费正清握手送别时，他还表示希望早日组织翻译，早日与读者见面，也算替他为中美文化交流事业留下一个永久的纪念。此后，国民党反动政府挑起全面内战，上海局势日趋恶化，夏衍离沪去港转新加坡，乔和龚澎也撤退到香港。但丛书计划早经双方商议决定，主要任务落在郑振铎身上。美国方面，留下的费慰梅经常与郑商谈；具体工作由美新处上海分处副处长耿美丽（Marion Gunn）和总处的康纳司（Bradley Connors）负责，而郑安娜正是耿美丽的助手。

时间进入1947年春，为了编译这套丛书，在文协上海分会下成立了一个编委会，委员有郑振铎、夏衍、钱锺书、冯亦代、黄佐临、李健吾、王辛笛、徐迟；文协北平分会下也成立了一个编委会，由马彦祥、焦菊隐、朱葆光组成。当时文协总会已由重庆迁往南京，实际上早已人去楼空，翻译工作者都集中在沪平两地。最近据吴岩同志回忆："在郑振铎家里，曾举行过两次碰头会，我是参加的，除钱锺书、冯亦代、辛笛等编委外，还有部分译者。"郑老太太烧得一手人人称道的福建菜，在沪编委能参加的都参加了。他们边吃边谈，各抒己见。徐迟同志来信告诉我："四七年春，我经常到振铎家去，说这件事一定要办了。有一天，郑要我拟一个约稿合同，抄了二十份给郑，后未签，说不需要了。"美国人办事向来都要搞那一套法律手续的，这次以诚相见，倒也是一个例外。至于上海北平两地如何分工的，我从马彦祥同志最近来信中才知道。他说："1947年夏，北平文协分会接到上海文协寄来一个通知，说总会受美国新闻总处（大概就是费正清）的委托，准备有计划地选择一批美国进步作家作品，总会决定由上海和北平两会的会员分别担任翻译，并规定全部译稿须于1947年年底前完成。此外还附了一张准备翻译的书目，约有二十种左右，其中约有三分之二的作品已经上海会员选定翻译，留给北平的大约五六种。"他当时任北平文协主持会务的常务理事。

二十种丛书选目，基本上由我方决定。费正清在重庆交给徐迟的那本卡静著《现代美国文艺思潮》后来转给了冯亦代。冯、徐两位同志对现代美国文学都感兴趣，且有研究。中美双方在沪作出原则决定后，就由他们二位拟订一个初步选题计划送给郑振铎。在郑家举行的第一次碰头会上由编委讨论后转送美方。第二次碰头会上不但确定了选题，在上海的译者队伍也肯定了。所拟书目，有些仅提作者，具体译什么由译者自己选择。张骏祥同志（笔名袁俊）选了休伍特的《林肯在依利诺州》，据他回忆说："我是由冯亦代从中联系的，当时约我去西谛（郑振铎）家，有好几本书，由我自选一部，我就选了休伍特的《林肯在依利诺州》，因为我早就读过这本书。此人是罗斯福的捉刀人，在美国算是个开明的。"徐迟选了梭罗的《华尔腾》，冯亦代愿译卡静的《现代美国文艺思潮》。至于惠特曼的著名诗集《草叶集》是由编委转托许广平约请楚图南担任的（出版时用笔名高寒）。当时楚图南刚从昆明回到上海。据楚图南同志最近回忆："20年代末期，在吉林国民党反动派监狱中，30年代在流亡生活中，都陆续翻译过一些惠特曼的诗作。"他认为："惠特曼是美国资本主义发展初期的民主、进步思想的一位代表，这对当时反对蒋介石的独裁政治是有积极意义的。"此外，洪深认译了萨洛扬的剧本《人生一世》，吴岩认译了休伍·安特生的《温斯堡·俄亥俄》。美国短篇小说合集由罗稷南选译，诗歌集由袁水拍选译。

北平方面，据马彦祥同志回忆，共承担五六种书："最后约定了焦菊隐（译爱伦·坡的两部小说：《海上历险记》和《爱伦·坡故事集》），朱葆光（译德莱塞的长篇《珍妮小传》）和荒芜（译奥尼尔的剧本《悲悼》）。书目都由各人自选的，最后只剩下海明威的三本小说集（《在我们的时代里》、《康波勒托》、《没有女人的男人》）没有人译，大家说是留给我的。"荒芜同志回忆，毕树棠译的马克·吐温的长篇《密西西比河上》也属北平组稿；而署名简企之翻译的《朗费罗诗选》，实际上是荒芜和朱葆光合译的。至于译勃尔门的剧本《传记》的石华父，真名陈麟瑞，他是柳无非的爱人，研究美国戏剧的专家，可惜他和洪深、朱葆光、罗稷南、焦菊隐六位同志都已先后作了古人，而陈麟瑞和罗、焦二位同志都是在"十年浩劫"时期，受林彪和"四人帮"的爪牙迫害致死的。

现在回顾这套丛书的选目，除两种没有出版外，已出十八种都编列书号，安排先后，具见匠心。第一种是现代美国文学史论，接下去是三部长篇小说，一部中篇集，五部短篇集；后面是一部散文集，两部诗集和四部剧本，文学各个部门都有了代表作。至于作家，既有老一代的朗费罗、爱伦·坡、惠特曼、马克·吐温等，也有当年还算年轻一代而已享盛名的德莱塞、休伍·安特生、奥尼尔、海明威和萨洛扬等。另外一种各家小说合集里还选了斯坦贝克、陶乐赛·派克等；诗选中选了二十九家，并附民歌三十八首。至于译者都是我国文坛上进步的知名人士和有经验的翻译家。这样一套比较完整而有系统的介绍一个国家的文学代表作的成套丛书，洋洋大观，可说是我国外国文学翻译史上的一大盛举。我们知道，美国文学直到19世纪末叶，才逐渐摆脱维多利亚时代风尚和殖民主义的精神枷锁，以独特的民族风格和文学语言，崛起在新大陆的土地上。这种土生土长的以各种不同文学形式从各个方面反映美国社会生活的现实主义文学，以及这以前19世纪的浪漫主义文学，对我国读者认识美国的历史、社会风貌和人民思想都能起到一定的作用，其中大多数是健康的、进步的；当然不包括那些大量流行的通俗小说在内。但在当时的中国文艺界，特别在专搞外国文学者的圈子里，美国文学一直没有得到应有的重视。

三

  大约是1947年的深秋吧，我接到郑振铎先生的电话，约我到他家去谈一件事。那时，良友复兴图书公司因内部对经营方针有斗争而关门，我已改在晨光出版公司主持编辑工作。静安寺庙弄他家那间随处是出土的唐三彩立俑和马、骆驼，四壁书橱里大部分是古色古香的线装书，屋角堆满了影印用版画玻璃板的书房，我是一位常客。那天刚坐下，振铎就兴致勃勃地拿出一份丛书目录和译者名单给我看。他告诉我这二十部译稿，共约有四五百万言，有的已译成，有的年底或略迟数月可完成。"这是我们文协同美国国务院和美国新闻处合作编译的。今天同你商量，文协可以把丛书出版权交给晨光出版公司，你是否愿意接受？"据冯亦代回忆：这套丛书交"晨光"出版是他向郑振铎建议，然后经大家商议决定的，理由是出版这套丛书，应有最好的装帧设计和精致的印刷，他们认为当时在上海可以承担这份工作的，晨光最为适宜；最后决定由郑振铎约赵家璧谈。我看完了书目单,真如天上掉下了一块宝,说不出地高兴。我情绪激动地感谢文协把这样一套译稿交我们出版。这不但从出版角度而言,不用吹灰之力凭空到手了一大批现成的珍贵的第一流的译稿;从个人感情上说,我年轻时就爱读美国现代文学作品,读完一个作家的主要原作后,我就试写一篇评介文章,陆续发表在30年代的各种文学刊物上,如《现代》、《文季月刊》、《世界文学》等,包括关于德莱塞、休伍·安特生、格特鲁德·斯坦因、海明威、福克纳、杜司·帕索斯等,1936年编成一本题名为《新传统》的文集,列在《良友文学丛书》中。以后我也有过编译一套美国文学丛书的设想,但是哪里来的条件,谈何容易呢?振铎今天答应给我的不正是我梦寐以求的一批现成的译稿吗?我开始简直不相信这是不是在梦中。振铎看出我已表接受,他就向我提了四个条件:1.译稿将于1948年上半年交齐,全部丛书必须在年底前一次全部出齐(包括精装本);2.编排、装帧、印刷和用纸都要保证高质量,文稿内容由文协负全责;3.出书前后,要在全国各大报刊登大幅广告,广告费用可由美新处负担一部分;4.晨光出版公司应分别与各译者订立约稿合同,出版后按常例付百分之十五的版税。对此,我全部同意。他又对我说:"还得由文协通知美方说明是哪家出版社负责出版,然后你们之间可能还要签个合约。如果美方无异议,译稿将来由你直接去美新处向安娜陆续拿。"过了几天,振铎来电话说,美方同意交"晨光"出,合约也不必签了,就这样一言为定。

　　四条中最难办的是第一条,二十部译稿是否能全部按期交稿呢?1948年是国内解放战争全面展开的一年,国民党反动政府还在军事上作垂死的挣扎,经济上已日趋崩溃,币值一日数变,物价飞涨,民不聊生。上海出版界遭到前所未有的困境。马路上站立着不少叮叮当当的银元贩子,不明时局真相的小市民,惶惶不可终日。我从安娜手中陆续拿到的译稿,到1948年冬只来了十七部。北平的毕树棠,来信说明,因病,《密西西比河上》将推迟交稿。我们为了争取时间,把该书书名编号列入第三种后,于1949年3月中旬,尽了最大的努力,终于把丛书十七种十九册(内两种分上下两册)先行一次出书。《密西西比河上》在是年8月初补出上册,当时上海已庆祝解放三个月了。

《美国文学丛书》精装本全套书影

　　郑振铎是在1949年1月离沪去香港的。临行前，他特别约我作了一次深谈。他向我分析了当前国内外形势，预言不久全国各地都将得到解放。他一方面向我了解丛书的印制进程，一方面嘱咐我要把这件工作做到善始善终，不能失信于国际友人。他谆谆教导我：中美人民的友谊是永存的。当前美国执政者的反华政策将来肯定要失败。这套丛书所收的美国作家大多数是比较进步的，作品是健康的，具有各自的价值，应当按原计划出书。我建议放弃用《美国文学丛书》的原名，改用《晨光世界文学丛书》的总名，而把这十八种译作作为第一批——美国之部，以便今后续出其他各国的，他同意了。同时，他要我在每本书前印一篇《出版者言》，实事求是地把中美双方合作编译经过扼要说明，刊出全体编委名单，并将曾经出力的美方友人都写进去表示感谢。我拟了初稿送他过目后，他作了些文字上的修改，又在美国友人的名字前面，加上了费正清博士。我过去不认识费，和他并无接触，在我接手出版事务以前，他早已回国去了。振铎填上他的名字后，郑重地对我说："这套丛书如果能有一天与中国读者见面，费正清之功是不可埋没的！"

　　1949年8月，全国第一届文代大会在新中国的首都北京召开。我到北京后的第一件事就是上北京饭店看望早已从香港回来的郑振铎同志，我把当时已全部出书的十八种二十册丛书精装本双手捧给了他。当他看到他曾花了极大心血主编的（这套丛书，事实上应当写上"郑振铎主编"五个大字)《美国文学丛书》已整整齐齐地放在他的写字台上时,他那粗壮有力的手把我的手紧紧地握着,高兴得久久说不出话来。可惜就是这样一位为中美人民文化交流事业作出过巨大贡献的老作家,不幸在1958年10月17日,又为了促进亚非各国人民间的和平友好活动,而英勇地牺牲在飞往阿富汗的天空之中,距今已有二十二年了。

《晨光世界文学丛书》在解放后,又续出了一种美国的,三种苏联的,不久就停刊了。现在把最先出的十八种名符其实地恢复它最初决定的原名是符合历史事实的。冯亦代在《新华月报·文摘版》介绍这套丛书时还说:"丛书的封面装帧,记得是钱君匋设计的,十分美丽大方,精装本尤其精致,封面用充皮面,烫金字,在当时还是罕见的。"他在这里把美术家的名字弄错了。这套丛书的装帧设计者是现任北京中央工艺美术学院副院长、著名美术家庞薰琹,当时他刚从法国回沪不久。晨光出版公司成立前,他为我们设计了一个商标,运用唐朝砖刻上的一幅鸡,制成一个美丽的图案,象征雄鸡一鸣天下白,形象古雅,线条优美。这套丛书出版前,我又去请他设计封面(见书前插图)、环衬等,他又慨然同意。他用寥寥数笔,画了一艘十八九世纪主要航海工具的多桅大帆船,驶行于太平洋东西两岸之间的惊涛骇浪上,夜空中繁星点点,船舷前一只海鸥在振翼疾飞。环衬中,又加画了一束美丽的花环,一支钢笔和一支铅笔交叉横贯其间,象征着通过翻译者的笔,把两国人民的友谊结合在一起。这样一幅给人以美感享受而又富有诗意的设计,一看就知道出于名家的手笔。这些小事,今天,庞薰琹同志自己也许早已淡忘了。

"十年浩劫"期间,为了和这套丛书沾了边,许多编委,特别是译者都受到了无理的审查,吃尽了苦头。我是丛书的出版者,当然被诬为"美国文化特务",全套丛书被称为"大毒草"。所有译者工作

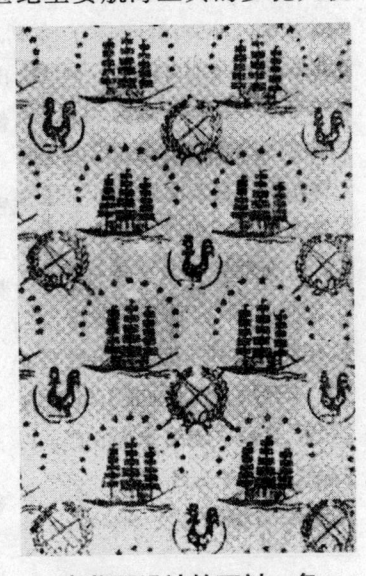

庞薰琹设计的环衬一角

单位的造反派,几乎个个都派人来向我外调,无一幸免,我一共写过二十多份类似的交代材料。马彦祥同志这次来信一开头就说:"关于翻译美国文学丛书的过程,我也记不清楚了,只因'文化大革命'期间,此事亦以受审,写过材料,大致还有点印象。"徐迟同志告诉我:"在'文化大革命'中,我和费正清的关系是主要审查内容,革命小将一个劲地审问我是否美国的文化特务,后来平反了。"以后读到费正清的书[1],里面说到他在美国被麦卡锡分子诬为中国的文化特务,可见东西方在这些事上倒也差不离。冯亦代同志夫妇为了这套丛书而遭受的冤屈,自不待言了。

丛书中解放后重印的只有惠特曼的《草叶集》。1956年,世界和平理事会纪念世界文化名人惠特曼,根据国内纪念活动的安排,由译者修改删选,改名《草叶集选》,署译者真名楚图南,另写后记,由人民文学出版社出版,1978年又再版一次。吴岩译的《温斯堡·俄亥俄》,1965年在香港被人易名为《小城故事》改头换面地翻印,连后记都照抄了一大段。现在译者修订重印,改名《小城畸人》,由上海译文出版社出版。徐迟把《华尔腾》中的一章《湖》修改,发表于《长江》丛刊,1982年把全书修订后由译文出版社出版,书名《瓦尔登湖》。他来信中说:"现在作为一个散文作者的我译了梭罗,人们会认为很合适,其实我正是在译了梭罗之后,受到影响,这才使我有可能写散文写得好一些的呢。"其他几位译者,也都有意把旧译重新修改,但大家都因年迈事忙,就怕抽不出时间。

这套丛书印数少,又逢战乱,知道的人不多,影响也不大,但为编译这套丛书而由中美文化界人士所付出的辛勤劳动,今天来看,并未白费。在中美人民文化交流日益频繁的日子里,替三十多年前出版的这套丛书记下它的一笔坎坷的历程,还它以历史的本来面目,也不无意义可言吧!

1980.4.20

原刊于《读书》1980年第10期,此次有补充。

---

[1] John K.Fairbank: *The U.S.and China*,1958年版,第273页注。

一面战斗、团结的旗帜

—— 纪念生活·读书·新知书店成立五十年

一

邹韬奋等创办的生活书店是在国民党反革命文化"围剿"进入高潮、白色恐怖变本加厉的 1932 年在上海成立的。经过艰苦斗争，发展壮大，在 1937 年抗战爆发前几年，已成为上海几十家中小型书店中一面战斗的旗帜。这些称为新书业的中小书店，正如叶圣陶所说："虽然并不标榜只拘一格，实际上是偏向于文艺的居多。"[1]而生活书店在这方面起巨大作用，则开始于《文学》月刊的出版。这一继《小说月报》后成为 30 年代权威性的文艺刊物，是由郑振铎向胡愈之、邹韬奋建议创办的。以后几年，虽先后由郑振铎、傅东华、王统照负责编辑，实际上自始至终都在茅盾主持下进行工作的，还得到过鲁迅的大力支持。接着生活书店又出版陈望道编的《太白》、黄源编的《译文》，最后是郑振铎编的大型《世界文库》。鲁迅在这四个刊物上发表过近八十篇文章和一个翻译长篇。这四种文艺刊物无形中结成一条战线，在"左联"旗手鲁迅的领导下，向国民党进行文化反"围剿"的斗争，并取得了巨大的胜利。生活书店还出版了傅东华编的《创作文库》、《我与文学》，茅盾编的《中国之一日》等许多文艺著译作品，在 30 年代文艺出版方面作出了卓越的贡献。

国民党正在那时设立了图书杂志审查会，妄图扼杀革命文学作品于母胎之中，任何书店都被迫把原稿事先送审。最近出版的《新文学史料》总第十四期，正好发表了茅盾遗作《1934 年文化"围剿"和反"围

---

[1] 叶圣陶：《说几句心里话》，载于《上海出版工作》，1982 年第 7 期。

剿"》回忆录，使我们看到当时生活书店为了《文学》月刊，在对付那批色厉内荏、不学无术的审查老爷们所采取的各种坚韧而巧妙的战术。黄源同志最近来沪，也向我谈了当年鲁迅的《病后杂谈》和《之余》被删而发表的经过。他说，鲁迅有意把被删剩的一个头照样登，然后在下期刊《之余》，让它前言不搭后语，正好暴露审查会的丑恶嘴脸。据说，这类事都由生活经理徐伯昕亲自去同审查官当面打交道的。以上两件事，使我想起当年设立于南市区的那个作恶多端的审查会。我曾多次到那里去过。为了挽救一本好书的命运，我有时同他们平心静气地磨，有时面红耳赤地向他们争。那套十卷本《中国新文学大系》后来得以比较顺利地通过，良友公司被他们敲去了五百元大洋。于此可见群官们是一批什么东西！

那时出版文艺书的比较进步的中小书店，在不同程度上，虽然具有抗日救亡的爱国心和不满国民党统治而要求变革的思想，但还没有把出书看做是革命工作的高度认识。真像是一批杂牌军，各自为政，各奔前程。但当出现了生活书店这个革命书店时，就像在我们面前树立起了一面鲜红的战斗的旗帜，为我们指出了前进的方向，也壮大了我们的胆略，敢于进行一定程度的斗争。我们默默地仰望着这面旗帜，然后，有先有后地跟随着它，迈向光明，迈向胜利。

当时，生活书店还举起了一面团结的旗帜，对这些中小型书店在某种场合做些团结工作。例如那时《申报》销路大，广告费贵，封面第一版套红广告索价更昂，中小书店出了好书无力刊登。生活书店创办"新书业联合广告"，经常在《申报》上包下一整版，然后有选择地分块让给需要的同业，眉题用红字印上"生活书店联合广告"。这样，既便利和团结了同业，又对进步新书起了评选推荐的作用；同时也为三万多邮购户提供了出版消息。当时，他们的邮购工作普及全国，也远达南洋海外各地，做得受人称赞。还有李平心编的那本厚达一千余页、纸面精装的《全国总书目》。编者自谦地称为做了一件"近于傻的工作"。这种一心为整个出版事业着想，一心为广大读者服务的大好事，只有抱傻子精神的生活书店，才会想得那么远，又做得这么周到的！

二

上海成为孤岛期间，生活书店早已内迁。上海方面，有个门市部，挂兄弟图书公司的牌子继续营业。但日寇情报灵通，早知此事。1941年12月8日发动太平洋战争，同一天入侵租界，随后，上海被非法查封的大书店有五家：商务、中华、世界、大东、开明；中小书店三家：兄弟图书公司、良友、光明。但在汪伪的《中华日报》于次日新闻报道里，生活书店的名字也列在其中。一个月后启封。当时"良友"已改组复兴，董事会内部有个别别有用心的人，暗中企图拿《良友画报》去同日寇商谈合作。这是我一生中最危险的时刻。我一方面用尽全力应付这个家伙，一方面托管发行的老同事设法去找生活书店的王泰雷同志，打听生活书店的行止。当我知道生活书店已决定结束全部业务，门市部人员尽可能分散到其他经营文具业务的商店，一部分输送到新四军和内地生活书店去时，我们才决定采取上海先停业，然后内迁桂林的办法，"良友"的生命幸得保住。三年前，在长沙又和王泰雷同志见面，谈起往事，恍如隔世。他知道我准备把这一段历史写入回忆史料中去，回北京后又寄给我不少珍贵的资料；我准备今后把它写下来。

抗战时期，读书出版社、新知书店和生活书店同时迁往重庆。我在湘桂战争后，才从桂林撤退到重庆，良友复兴图书公司随后在重庆复业。三家革命书店虽遭受国民党反动政府的种种严重迫害，但在1943年，还不忘记从上海和各地迁渝营业、处境困难的二十几家中小书店，把他们联合起来，组成"新出版业联合总处"。由读书出版社的黄洛峰任董事长，上海杂志公司的张静庐任总经理，下设联营书店，向国民党反动政府进行各种合法斗争，显示了党的统一战线的巨大威力。通过这个统一战线的组织形式，把进步的新书业中小书店，真正团结在党的周围了。抗战胜利，三家革命书店合并为三联书店，很快迁回上海；联营书店也在上海宣告成立，参加者多达五十四家。这个组织为解放后上海私营出版业的改造打下了结实的基础；不久，大家都心情舒畅地跨进了社会主义出版行列。百川归大海，革命的出版队伍从此空前壮大了。饮水思源，怎能忘记这三家革命书店在此以前一直高举着的那面团结的旗帜呢？

　　重庆时期，我和黄洛峰同志时有来往，他在民主运动中担负着统战任务。1979年底中国出版工作者协会在长沙成立，上海去的四位代表和从北京来的黄洛峰同志到达较迟，大会组织我们几个人坐面包车去韶山瞻仰毛主席故居。我和洛峰同志久别重逢，倍感亲切。旅游途中，并肩畅谈，都感到过去三四十年代的出版史料，值得大家来写，可供后人作参考。他知道我在尝试着做，便极力鼓励我放手写，不要有什么顾虑。同时，他告诉我他自己也有一个写长篇回忆录的打算，准备返京后开始动手。不料壮志未酬，不到一年，他就不幸离开了我们。我和他在韶山的一幅合影，成为我们多年友谊的唯一纪念品了。

　　30年代，上海是全国的出版中心；今天，除北京外，仍然高居全国第二位。上海又是三家革命书店的诞生地，它们在这块土地上生根发芽，然后在全国各地开花结果。它们过去具有许多优良的传统，到今天还值得我们好好学习。纪念过去是为了鞭策未来。希望上海的出版工作，在今后一个较短时期内，开创出一个令人感到耳目一新的局面。

1982.12

　　第一节原刊于《解放日报》，1982年12月19日。全文刊于《上海出版工作》1983年3月号。

后　记

我从1977年开始写这类回忆30年代编辑生涯的文章，最初只写与鲁迅有关的。一是因为鲁迅给我的近五十封信，一直珍藏在身边；而当时研究现代文学的人，都集中于研究鲁迅。1978年拨乱反正后，"双百"方针得到了真正的落实，我回忆的范围大大地开阔，余悸也逐渐消除了。

北京三联书店很早便盛情相约，将来结集后交他们出书，这对我是鼓励，也是鞭策。1981年鲁迅诞辰一百周年，人民文学出版社计划编一套丛书来纪念这个伟大的日子。我征得三联书店同意后，把有关鲁迅的十篇，先单独集成《编辑生涯忆鲁迅》，准期在9月25日在京出版。所惜印数不多，市上早无供应，再版的机会，看来暂时也极渺茫。

这几年，我又为《新文学史料》、《读书》、《文汇月刊》、《书林》和《人民日报》、《解放日报》等报刊，陆续写了二十余篇；又从旧作中选出尚有重印价值的二篇；连同征得"人文"同意而列入有关鲁迅的五篇，共选二十八篇，编成这个集子。编排次序依主要事件发生的时间先后，分三个时期：30年代；40年代前期，也就是"孤岛"时期；40年代后期，直到解放。其中正文二十篇，附录八篇。

书名借用1957年3月，我在《人民日报·文艺版》上，最早发表此类文章时所用的篇名——《编辑忆旧》。我爱这个书名，因为编辑，在我看来，是个光荣的职责和称号。我认为，只有认识了我们过去的进步文艺出版事业，怎样在旧世界中，作家和编辑，互相信任，互相支持，并肩作战，奋斗图存，才能体会社会主义是一条通向人类文明、自由、幸福的唯一大道,而文艺读物这一精神产品,是可以发挥极大的推动和鼓舞作用的。试看当年蔡元培、鲁迅、茅盾、郑振铎、郑伯奇和阿英等先辈对我的培养和支持,岂止是为我这个文学青年而已,他们更远大的目光,是在设法扶植、卫护并发展这个素来不为人们所注意的小小的出版阵地——良友图书公司,通过它,发挥出版物这个武器的作用,来唤醒人民,教育人民,促使早日出现像今天这样繁荣富强的新中国。"十年浩劫"一开始,无知而又无耻的"造反派",在大字报上,指斥我用这个题目写文章,意在"颂古非今"。殊不知没有过去,何来今天?只有认识了旧世界,才能更加热爱新社会。

  30年代,我似初生牛犊,敢闯敢为,因而回忆文章比重较大,也还有不少值得一写的书人书事;更不用说以后两个时期了。如天假以年,我准备继续写下去,虽然六七百封作家书简,至今下落不明。对现代文学研究者,如能起到点滴参考作用,对编辑出版工作者,如能有所借鉴,对一般读者,如果还不至认为言不及义、浪费笔墨,那我于愿已足。下笔时,自认力求做到认真严谨,实事求是;但回首当年,已半个多世纪,文献不足,记忆有误,势所难免,务希读者匡正。集中文章都是单独发表过的,许多细节,不免有重复,编集时已注意及此,加以删节,恐尚有疏忽,希读者鉴谅。

1983.12.31